Bożena Jarnot

# Moje Hawaje

Honolulu, styczeń 2015

ISBN: 978-83-63565-01-5
WYDAWCA
Agencja Jeremy RAM Polska sp. z o.o.

KONSULTACJE i WSPÓŁPRACA REDAKCYJNA
Robert Andrzej Dul

FOTOGRAFIE
strony: 12, 14, 15, 19, 22 – Voyek Jarnot,
strona185 oraz portret na IV okładce
– Zuza Krajewska i Bartek Wieczorek dla Polsatu,
pozostałe – archiwum autorki

PROJEKT GRAFICZNY
Tomek Wajnkaim

REDAKCJA i KOREKTA
Dorota Frass

firma księgarska
J&K Olesiejuk

WYŁĄCZNY DYSTRYBUTOR
Firma Księgarska Olesiejuk sp. z o.o. S.K.A.
ul. Poznańska 91, 05-850 Ożarów Mazowiecki
tel. 22 721 30 11, fax 22 721 30 01
www.olesiejuk.pl, e-mail: biuro@olesiejuk.pl

**www.mojehawaje.pl**
**e-mail: bozena@aloha.net**

Bożena Jarnot

# Moje Hawaje

***Dla mojego Kochanego syna Marka i wnuka Kaia***

*Obaj urodzili się w Honolulu i obaj mieszkają w Warszawie.*
*Będę dumna i bardzo szczęśliwa, gdy pokochają swoją drugą ojczyznę – Polskę.*
*Pięknie jest czerpać z bogactwa tych dwóch kultur...*
*Aloha nui loa!*

*Mama i Babcia*

**Spis treści:**

# Prolog

Tsunami zabija jak rozwścieczona kobieta – mówi tajlandzkie przysłowie. Raczej nie topi, uderza czym popadnie: deskami, wyrwanymi fragmentami budynków, kołami samochodów, wszystkimi tymi przedmiotami, które zabiera wpadając na ląd, z siłą zdolną łamać słupy telegraficzne jak zapałki.

Kiedy w drugi dzień świąt Bożego Narodzenia 2004 roku układano w niekończące się rzędy ciała wszystkich tych, którzy zginęli, większość miała rany tłuczone i szarpane, nie zdążyli się nawet uchylić przed pędzącą wodą, która wyrywała żerdzie stalowych ogrodzeń hoteli i w ułamkach sekund uderzała nimi w głowy gości z siłą odbicia baseballowego.

Główny wstrząs na Oceanie Indyjskim nastąpił 25 grudnia 2004 roku o godzinie 8 nad ranem (ok. 13 w *Honolulu*) i wynosił ponad 9 stopni w skali Richtera. Było to najsilniejsze trzęsienie ziemi na świecie od 1900 roku. Przyrządy sejsmologiczne na Hawajach, oddalonych od epicentrum o blisko 10 tysięcy kilometrów, przekroczyły czerwoną skalę. Amerykanie mieli kilka minut na wszczęcie alarmu. Naukowcy z centrum badawczego w *Honolulu* zaczęli dzwonić do Waszyngtonu. Inni próbowali bezpośrednio połączyć się z hotelami na wybrzeżu Indonezji i w Tajlandii. Nikt tam jednak nie odbierał. Zła pora, śniadanie. Wedle jednej z relacji, słuchawkę w luksusowym kurorcie podniósł znudzony portier i kiedy usłyszał, że za 15 minut do jego spokojnej wyspy dotrze dwudziestometrowa fala, powiedział, że bardzo chętnie ją zobaczy...

Załatwienie sprawy odgórnie trwało zbyt długo. Zanim administracja amerykańska połączyła się z odpowiednimi organami w zagrożonych krajach, fala już była na lądzie, pruła zabijając po drodze ponad 200 tysięcy ludzi.

11 marca 2011 roku syreny alarmowe zawyły w *Honolulu*, *Kailua Kona*, *Wailea-Makena* i w innych hawajskich miastach, leżących nad brzegiem oceanu. Był piękny słoneczny poranek, na schodach prowadzących do konsulatu spotkałam Nikodema, mojego współpracownika. Czekał tam na mnie blady jak ściana.

– Idzie fala! – powiedział bez „dzień dobry". – W Japonii już przygrzmociła w elektrownię atomową, mają awarię.

– Za ile będzie u nas?

– Cholera wie, dopiero pierwszy raz wyły syreny.

Wjechaliśmy windą do biura Konsulatu Honorowego Rzeczpospolitej Polskiej w *Honolulu*, które mieści się na 27 piętrze eleganckiego apartamentowca i zaczęliśmy obliczać ile mamy czasu. Hawaje, które są wręcz naszpikowane aparaturą wykrywającą najdelikatniejszy nawet wstrząs, leżą w stosunkowo bezpiecznym miejscu: pośrodku wielkiej płyty tektonicznej. Jedna jej rozpadlina jest w okolicach San Francisco (sławny Rów św. Andrzeja), druga u wybrzeży Japonii. Tam właśnie znajdowało się epicentrum. Układaliśmy sobie w głowie wszystko, co wiemy o tsunami. Wkrótce w lokalnej telewizji podano, że trzęsienie ziemi było tak silne jak to z 2004 roku, a fala dojdzie do Hawajów za jakieś trzy godziny. Zadzwoniłam do znajomych, sprawdzić czy są bezpieczni, przestawiłam samochód na najwyższe piętro parkingu i wróciłam do konsulatu odbierać telefony, które dzwoniły już bez przerwy. Pytano czy to prawda, że do wysp zbliża się chmura radioaktywnego pyłu z rozbitej przez wodę Fukushimy. Polscy turyści i dyplomaci martwili się jak przetrwać kataklizm. Czy mają wejść na dach? Czy bezpiecznie jest w wieżowcach, bo niskich domów fala nie przewróci, ale takie wysokie, to kto wie?

Wyjrzałam przez okno na gładką jak lustro taflę Oceanu Spokojnego. Jeden z moich współpracowników powiedział, żebym „zapięła pasy", bo fala z Japonii będzie u nas za 10 minut. Spojrzałam jeszcze raz. Nadchodziła. Z daleka jej grzywa wyglądała jak z pocztówki zachęcającej do surfowania.

W takich chwilach mówi się, że przed oczyma przewijają się człowiekowi obrazki z jego całego życia. Wszystkie mi się nie przewinęły, bo by nie zdążyły, ale westchnęłam sobie bardzo głęboko i pomyślałam, że jeśli ja, dziewczyna ze Stalowej Woli, dotarłam w życiu aż na czubek tego wieżowca, to z pewnością nic złego mi się tu teraz nie wydarzy. Tu mój świat się nie zawali.

Mój świat...

## Rozdział 1

# Moje Hawaje

Marzeniem wszystkich Amerykanów jest polecieć na Hawaje. Większości się to przecież jednak nie udaje. Magiczne miejsce! Honeymoon to w ich marzeniach właśnie egzotyczne i te tak dalekie Hawaje. Polinezja, ale jednocześnie pięćdziesiąty stan USA. Można oczywiście wybrać się do Meksyku czy na Tahiti – ładne miejsca, ale o nich się nie marzy, ich sie przecież nie pożąda...

Ja o Hawajach nigdy nawet nie myślałam. Jako 13-letnie dziecko, wychowując się w Polsce, nawet nie wiedziałam gdzie i co to są Hawaje. Same USA były wtedy odległym rajem. W ogóle pierwszy mój większy wyjazd to był właśnie do Ameryki... A gdy już mieszkałam w Chicago, miałam 17 lat, to jeden raz poleciałam do cioci, do Nowego Jorku!

A drugi mój lot, to od razu na Hawaje. Mogę napisać, że na tydzień miodowy. Ale tak naprawdę, to do męża, żeby go spotkać na parodniowej przepustce z Wietnamu. To było 44 lata temu. Tyle już czasu minęło od tej szczególnej chwili, gdy od pierwszego spojrzenia zakochałam się w Hawajach. Pierwszy raz je zobaczyłam, gdy wysiadłam z samolotu i szłam po płycie lotniska. Było gorąco, szumiały palmy, pachniały plumerie, na niebie tęcza. Było egzotycznie do bólu! Już w momencie, gdy schodziłam po trapie, wiedziałam, że to właśnie musi być to jedyne miejsce! Po prostu od razu byłam nim zauroczona, czułam w duszy, że jestem w świecie magicznym, urzekającym od pierwszych chwil.

Mój mąż – Wojtek Bednarczyk – w 1971 roku dostał z wojny przepustkę na „R&R" – Rest & Recuperation, a dla nas wtedy to był prawdziwy Honeymoon. Odtrzymałam z wojska informację, że mam lecieć do *Honolulu*, cały mój wyjazd zaaranżowała siostra mojej Mamy i jej mąż, bo mieli biuro podróży „Friendly Travel". Przyleciałam pierwsza, dopiero za dwa

Fontanna wybuchającej lawy.

dni, wojskowym samolotem, miał dolecieć z Wietnamu mój mąż.

W terminalu lotniska wszyscy ci, co przylecieli, dostawali od witających kolorowe i pachnące naszyjniki z kwiatów – *lei*. Ja ich oczywiście nie dostałam. Podszedł do mnie jakiś wojskowy, wcześniej patrzący na mnie z refleksją i smutkiem. Miał już na szyi świeżo powieszone *lei*, ale ściągnął je, przełożył mi przez głowę i powiedział: „Ty ich bardziej potrzebujesz, niż ja". Aż miałam łzy w oczach! Ten jego gest chyba też zaważył na dalszym moim życiu i już byłam pewna, że znalazłam swoje miejsce na ziemi. Hmm... Ja do dziś, gdy czekam na swoje grupy, wyszukuję na lotnisku w *Honolulu*

Hawaje w stanie narodzin. Bogini *Pele* wciąż tworzy... z jej gniewu rodzi się nowy ląd.

Wielki morski zielony żółw wygrzewa się na czarnej plaży na Big Island. One dożywają aż do 80 lat, największy zaobserwowany okaz ważył niemal 400 kilogramów, a jego skorupa miała 1,5 metra długości.

twarze, które wyglądają na zagubione, ludzi, których nikt nie wita, podchodzę do nich i mówię:

– Czy to Twój pierwszy raz?

– Tak.

– Ktoś powita?

– Nie.

– To Welcome! – I wieszam im *lei*, bo ten jeden mały gest kiedyś zaczął moje nowe życie.

Hawaje są naprawdę magiczne: okruchy ziemi rzucone na środek Oceanu Spokojnego, tysiące kilometrów od Ameryki Północnej i od Azji. Archipelag ponad 100 wysp, ciągnących się na długości aż 2,5 tysiąca kilometrów. Do tego z legendą najmłodszego, 50-tego stanu USA, tropikalnym klimatem i z renomą światowego centrum surfingu. Mieszkam tu już tak długo, a ciągle nie mogę się Hawajami nazachwycać. W tutejszym Centrum Kultury Polinezji przez wiele lat oglądałam różne filmy IMAX, które prezentowały historię Hawajów, pokazywały urywki przyrody Polinezji, jak i samych hawajskich wysp. Ale niedawno zobaczyłam nowy film, który trwa 15 minut, ale jest bardzo wyjątkowy! Zrobili tak niesamowite, krajobrazowe widoki, jak w Disneylandzie ujęcia z samolotu wręcz wlatującego do kraterów wulkanów, ślizgającego się po górskich wzgórzach, dżungli, plażach i wodzie pomiędzy wyspami. Niesamowite wręcz widoki, zapierające dech w płucach! I to mówię ja – zawodowy przewodnik po Hawajach...

Ten mój ciągły zachwyt nie jest wyjątkowy – mam bardzo wielu turystów i przyjaciół, którzy byli tu już wielokrotnie, i ciągle wracają! Po roku, dwóch-trzech latach. I znowu, i znowu. Bo Hawaje uzależniają. Oczywiście najpierw się wpada na sławną i malutką plażę *Waikiki*, otoczoną wieżowcami w centrum *Honolulu*, ale w 15 minut do pół godziny można stąd dojechać do najbardziej egzotycznych miejsc wyspy. Mieszkając gdzieś w Europie, trzeba naprawdę zrobić dalekie podróże w różne części świata, po tak zupełnie różną egzotykę, żeby zobaczyć to, co my mamy w zakresie kwadransa drogi na Oahu. A do tego przecież są pozostałe wyspy archipelagu... Pod jednym niebem Hawajów mamy 18 różnych klimatów i odmiennych krajobrazów, każda wyspa jest tak magiczna, zupełnie inna, że będąc na niej po raz pierwszy i kolejny – ciągle jesteś pod ogromnym wrażeniem. Śmieję się: pod tym jednym „parasolem", pośrodku Pacyfiku, 8 statków-wysp zakotwiczonych na środku Oceanu Spokojnego, powoli i bezpiecznie płynie z szybkością okoła dwóch cali rocznie w stronę Azji...

Na Hawaje koniecznie trzeba wrócić, szczególnie gdy ktoś kocha przyrodę, egzotykę i matkę naturę, w którą zechce się zagłębić. Bogaci Amerykanie przylatują do nas na wakacje, a najbogatsi mają tu przepiękne wille. Niektórzy budują je na Oahu, bo blisko metropolii, inni na Kauai – wyspie ogrodów, najstarszej, najbardziej dzikiej i nieskażonej przez turystykę i cywilizację. Ale Hawaje to nie tylko piękna przyroda i egzotyka czy najwspanialszy klimat na świecie, ale również fascynująca historia. A im więcej ja się o nich dowiadywałam, tym bardziej byłam w nich zakochana. Bo Hawaje są rajem już od ponad tysiąca lat! Zresztą: proszę, przeczytajcie sobie sami...

Pierwsi ludzie dotarli na te wyspy gdzieś z Południowego Pacyfiku, prawdopodobnie z Markizów, około V wieku naszej ery. Jak przemierzyli tė tysiące morskich mil bez przyrządów nawigacyjnych i GPS? Byli wspaniałymi żeglarzami, „Wikingami Pacyfiku", którzy podążali na swych ogromnych łodziach za ptakami, śledząc oczywiście gwiazdy. Po wielu tygodniach żeglugi pewnie zobaczyli na horyzoncie ognisty punkt wulkanu, który jak latarnia morska wskazywał im kierunek. Tak znaleźli swoją nową ojczyznę, pełną bogactw natury i którą jeszcze wzbogacili tym, co sami przywieźli – sadzonkami nowych roślin, wiedzą, religią i kulturą, która w odmiennych warunkach nabrała nowych treści i form. Groźne wulkany, z których zrodził się cały archipelag, są dla Hawajczyków domem potężnej, największej i najważniejszej tu bogini – *Pele*, której przypisują w mitach stworzenie archipelagu i której panowanie będzie trwać, dopóki z hawajskich wulkanów sączyć się będzie lawa... My na Hawajach twardo stąpamy po ziemi, wierzymy w nowoczesną naukę, ale też nie lekceważymy starych mitów i mądrości Hawajczyków, bo w nich tkwi wielka siła *mana* i prawda, która nie zawsze musi się zgadzać z naszym zachodnim sposobem myślenia.

Hawaje jako część Polinezji, ciągle są krainą bóstw, różnych magów, wciąż przytaczanych opowieści o starych wodzach, miejscem gdzie amerykańska cywilizacja miesza się z historią i mitami, gdzie w naszych codziennych zachowaniach mimowolnie uważamy, by nie drażnić tutejszych bogów. Ciekawe, że te magiczne odczucia mają wpływ na wszystkich mieszkańców, niezależnie od ich pochodzenia etnicznego, religii i światopoglądu. Hawaje zachwycają, wciągają, ale też wymagają pokory i szacunku dla przeszłości.

Pierwsze wyspy archipelagu zrodziły się około 25 milionów lat temu, czyli mniej więcej w połowie trzeciorzędu, wtedy, gdy w Polsce powstawały Karpaty i złoża soli kamiennej w Wieliczce. Dwie wielkie płyty geologiczne – Wielka Pacyfiku i Azjatycka – nacierając na siebie wypiętrzyły podwodne góry, wulkany, a wydobywająca się magma powodowała powolny ich wzrost i tworzenie się wysp. Wulkany na najstarszych z nich – *Ni'ihau* i *Kaua'i* – zamarły już kilka milionów lat temu... *O'ahu*, *Moloka'i* czy *Maui*, jeszcze „niedawno" buchały ogniem i strumieniami lawy... Mity wspominają też o niespodziewanych atakach gniewu bogini *Pele*: uśpione na jakiś czas stożki wybuchały nagle z ogromną siłą, kształtując krajobraz danej wyspy od nowa... Śladem takiego przebudzenia są kratery Diamentowa Głowa, Tantalus i Koko Head na *O'ahu*. *Pele* skrywa się do dziś na Dużej Wyspie i tam nadal mamy erupcje – raz silniejsze, raz słabsze, w zależności od nastroju bogini i ofiarności ludzi... Zwiedzając tamtejszy Park Wulkaniczny zobaczymy właśnie poustawiane na skraju kaldery małe stupy z kamyków, przyozdobione kwiatami lub innymi darami dla tej groźnej bogini. W rocznicę dawnych hawajskich świąt procesje Hawajczyków z *kahunami* udają się do krainy *Pele*, by złożyć jej dary i prosić o opiekę, lub przynajmniej o mniej gniewu... Dom bogini *Pele* – wulkan *Kilauea* na Dużej Wyspie, jest dziś największym aktywnym wulkanem świata, a wybuch z 1983 roku był największą zanotowaną erupcją wulkaniczną w nowożytnej historii naszej planety. Od tego czasu z wnętrza *Kilakuea* wypłynęło blisko trzy miliardy metrów sześciennych lawy! Gdyby z tej masy zbudować wieżę o bokach kilometr na

Dzień urodzin Króla, 11 czerwca każdego roku, to święto stanowe. Pomnik *Kamehameha* Wielkiego zdobiony jest wielkimi wieńcami *lei*. To hołd dla wielkiego wodza, który zjednoczył Hawaje.

kilometr, jej wysokość ponad dziesięciokrotnie przewyższyłaby Pałac Kultury i Nauki w Warszawie! Ale na szczęście dla mieszkańców, lawa „odkłada" się w postaci nowego lądu i z czasem zmienia w żyzną glebę, na której rosną krzewy kawowe i drzewa orzechowe.

Ale wulkany to nie jest jedyny żywioł, który wpłynął na obecny kształt i krajobraz hawajskich wysp. Co prawda zrodziły się one z ognia i lawy, ale też szybko uległy działaniu wody i powietrza. Skały z czasem wietrzały, a padające deszcze unosiły luźny materiał skalny z powrotem do oceanu. Obfite opady zasilały potoki górskie, które wrzynały się w zbocza gór, tworząc liczne doliny, żleby i rozpadliny. Silne prądy morskie i fale odrywały od brzegów kolejne skalne bryły i mieliły je na piasek, z którego powstały hawajskie plaże. Jak w młynku, w zależności od „wsadu", powstały na nich piasek ma kolor biały, czarny, zielony, czerwony lub żółty. Widać to szczególnie właśnie na Dużej Wyspie, gdzie te procesy zachodzą wciąż „na żywo" i gdzie geologia brata się z mitologią...

*Honolulu* oddalone jest od Los Angeles o ponad 4000 km i blisko 6200 km od Tokio. Odległość pomiędzy *Honolulu* a Warszawą wynosi ponad 13 tysięcy kilometrów. Mój znajomy podróżnik opowiadał mi kiedyś, że gdyby tak wykopać tunel z Hawajów dokładnie przez sam środek ziemi, to wyszłoby się... na Żoliborzu! W skład całego archipelagu wchodzi 137 wysp, z których 8 jest zamieszkanych, a tylko 6 dostępnych turystom. Geograficznie w skład Hawajów wchodzą także wyspy Midway, lecz formalnie nie są częścią stanu Hawaje. Podlegają wyłącznie armii i znajdują się tam bazy wojsk amerykańskich.

Późne odkrycie archipelagu dla świata zachodniego sprawiło, że najdłużej przetrwały tam wzory archaicznej kultury polinezyjskiej, a jej najsilniejsze elementy kształtują kulturę Hawajów do dzisiaj.

Odkrycie Hawajów dla zachodniego świata wiąże się bezpośrednio z wielkim brytyjskim podróżnikiem i największym nowożytnym odkrywcą, kapitanem Jamesem Cookiem, który ukochał szczególnie Polinezję, choć dopiero podczas trzeciej wyprawy w 1778 roku poznał ją do końca, odkrywając Hawaje. To było ostatnie ważne odkrycie geograficznych nowożytnego świata. Dowodzone przezeń żaglowce „Discovery" i „Resolution" zawinęły do zatoki *Waimea* na wyspie *Kaua'i* i był to pierwszy po ponad 1000 lat izolacji fizyczny kontakt Hawajczyków z ludźmi innej kultury, choć w ich wierzeniach mogli to być wysłannicy ich dawnych bogów... Cook zapisał w swoich dziennikach, że mieszkańcy z ochotą zaopatrzyli żeglarzy w świeżą wodę, owoce, mięso i ryby, a wszystko to pragnęli wymienić na... gwoździe. Nie interesowały ich szklane paciorki i świecidełka, które chciał im ofiarować. Ich fascynację i pożądanie wzbudził metal, którego dotąd nie znali. Przypadek sprawił, że Cook wylądował na Hawajach w czasie świąt *Makahiki*, które były oczekiwaniem na powrót mitycznego boga *Lono* z dalekiej wyprawy. Tysiące hawajskich łodzi wypłynęło mu na spotkanie i przyjęto Cooka z najwyższymi honorami. Żaglowiec mógł sprawić na Hawajczykach wrażenie „ogromnej pływającej wyspy", na któ-

Dolina *Kalalau, Kauai,* jeden z najpiękniejszych widoków na Hawajach.

rej miał powrócić ich bóg dobrobytu i urodzaju. Cook spotykał się z najwyższymi kapłanami i wodzami, a każdemu spotkaniu towarzyszyły tańce i uroczyste uczty wydawane na jego cześć.

Po dwóch tygodniach Cook odpłynął na północ, w poszukiwaniu nowej morskiej drogi do Europy, ale nie mogąc pokonać lodowych pól wokół

Obserwatorium na *Mauna Kea*. Hawaje są pełne kontrastów... Tego samego dnia możemy szusować na nartach na tej najwyższej górze świata i kąpać się niedaleko w ciepłym oceanie.

Krater *Haleakala* na *Maui* - Dom Słońca - to święte miejsce dla Hawajczyków. Kiedyś był domem *Pele*, dziś przyciąga turystów spragnionych widoków niemal jak na Marsie.

Alaski, podjął decyzję o powrocie na Hawaje. I tu zaczął się ciąg nieporozumień, które doprowadziły do tragedii. Cook zawinął ponownie do *Kealakekua*, ale wodzowie i kapłani tym razem zareagowali obojętnie, wręcz ze złością. Było już po *Makahiki*, więc jak to możliwe, że nagle bóg sobie ot tak powraca i burzy legendę kapłanów? Atmosfera się zepsuła, zwątpiono w boskie pochodzenie Cooka, zaczęły się kradzieże metalowych przedmiotów z jego okrętów. Cook chciał ukarać złodziei, musiała wywiązać się walka, kapitan zginął. Po kilku dniach zwrócono angielskim żeglarzom jedynie jego głowę i stopy. Dziś w miejscu potyczki stoi pomnik upamiętniający śmierć Cooka i kres jego ziemskich odkryć, wśród których Hawaje okazały się ostatnie i tragiczne...

Legenda powiada, że w walce z załogą Cooka brał udział niezwykle utalentowany młody wojownik, o którym później mieli usłyszeć nie

Czerwona plaża w *Hana*, na *Maui*... Zakazana, jak Czerwona Dzielnica w Amsterdamie, ale „izolowana" dlatego, że przeznaczona tylko dla nudystów...

tylko Hawajczycy z innych wysp, ale także świat. Mowa tu o *Kamehameha*, zwanym później Wielkim, nie tylko z racji jego postury i siły, ale także dokonań wojennych i politycznych. Był on pierwszym królem całych Hawajów, który zjednoczył niezależne dotąd wyspy i przeniósł królewską siedzibę z Dużej Wyspy na *O'ahu*. Dał początek Królestwu Hawajów, stworzył podstawy państwowości. Królewska przeszłość archipelagu widoczna jest do dziś w wielu miejscach i nazwach spotykanych na Hawajach, mamy tu jedyny przecież na terytorium USA Pałac Królewski i królewskie groby. Imionami hawajskich władców nazwano szacowne instytucje badawcze i szpitale, wciąż też żyją potomkowie rodziny królewskiej, którzy oficjalnie reprezentują Hawaje na forum międzynarodowym.

Każda z wysp archipelagu jest zupełnie inna, nie tylko pod względem historii, ale też krajobrazów i klimatów, każda ma swoje własne „best of the best" – niepowtarzalne uroki miejsc, które stanowią o jej wyjątkowości. Różnorodność Hawajów widoczna jest także w nazwach poszczególnych wysp, w których skrywa się zarówno historia, jak i natura każdej z nich.

Na Dużej Wyspie – *Hawai'i* – za sprawą lawy wciąż rodzi się ziemia, rządzi tu bogini *Pele*. Także tu jest najwyższa góra świata – tak, tak, *Mauna Kea* liczy sobie ponad 14000 m, z czego „jedynie" 4205 wystaje ponad poziom oceanu. Niebo jest tam tak czyste, że gwiazdy widać jak na dłoni,

*Molokai* ma piękne widoki, ale też i smutną historię... Powróciłam tu po latach, by spotkać się z moim przyjacielem, Makia, jedną z ofiar trądu.

więc to także królestwo astronomów i wielkich teleskopów, które ustawiono na szczycie tej majestatycznej góry. Wnętrze wyspy wypełnione jest warstwami zastygłej lawy, która przybiera nierzadko fantastyczne formy, niespotykane nigdzie indziej na świecie. Brzegi wyspy słyną z rozległych i płaskich plaż, które mienią się różnymi kolorami. Wulkaniczny tuf jest też łatwy w obróbce, stąd właśnie tu zachowało się najwięcej na Hawa-

Panorama turystycznej, centralnej dzielnicy *Waikiki* – widok z lotu ptaka na *Honolulu* i słynną plażę.

jach dawnych petroglifów i wielkich kamiennych budowli, wznoszonych przez Hawajczyków ku czci ich bogów. Także na Dużej Wyspie znajduje się sławne Ranczo Parkerów – największa prywatna posiadłość w całych Stanach Zjednoczonych, mająca ponad 900 kilometrów kwadratowych powierzchni (3% powierzchni całego stanu).

Na północ od Dużej Wyspy leży znana z pieśni żeglarskich *Maui*, zwana Wyspą Dolin, bo w istocie jej powierzchnia zdominowana jest przez wyraźne żleby, wcinające się miedzy wulkaniczne stożki i zbocza. Choć *Maui* jest drugą najczęściej odwiedzaną wyspą archipelagu, jest tu o wiele mniej hałaśliwie niż na wyspie stołecznej, wręcz sielsko. Pozostaje wciąż miejscem, gdzie w pełni można zakosztować uroków polinezyjskiego raju – dziewiczych plaż, wulkanów porosłych tropikalnym lasem, pięknych wodospadów i niezwykłego świata miejscowej przyrody. Tylko na *Maui* działa linia kolejowa, pozostałość po dawnym połą-

Diamond Head (po hawajsku *Lēahi*) – wygasły krater; wizytówka Honolulu i Hawajów.

Na wyspie *Kaua'i*: *Waimea* to największy i najpiękniejszy kanion na całym Pacyfiku. Choć nie jest tak wielki, jak Grand w Arizonie, ale zapiera dech kolorami, rzeźbą i wodospadami.

czeniu pomiędzy plantacjami i rafineriami cukru. Dziś to jedna z wielu atrakcji dla turystów, obok Wielkiego Buddy w *Lahaina* czy Drogi do Hana, uważanej przez niektórych za najpiękniejszą na świecie. Największą atrakcją *Maui* jest jednak wygasły wulkan *Haleakala*, (3055 m). Jego nazwa znaczy „Dom słońca", bo i też nie ma chyba nic piękniejszego na świecie od oglądania wschodu słońca na *Haleakala*. Ten „dom" jest całkiem spory – to największy na świecie krater wulkaniczny, długi na 12 km, szeroki na 4 km i głęboki na kilometr. Dla Hawajczyków to święte miejsce. To tu, według mitów, demiurg *Maui* miał pochwycić słońce i zmusić je do wolniejszego wędrowania po niebie, tu też moc kosmosu styka się z mocą ziemi. Żaden z Hawajczyków nigdy nie ośmielił się zamieszkać w pobliżu krateru, dziś jest to oczywiście park narodowy i nie brak chętnych do nocowania na szczycie góry, by przeżyć piękny wschód słońca, poczuć moc natury i kultury. Port *Lahaina*, leżący na zachodnim wybrzeżu *Maui*, był kiedyś wielorybniczą stolicą Pacyfiku. Jako marynarz praktykował tu także młody Herman Melville, który opisał swoje wielorybnicze doświadczenia i legendy w „Moby Dicku". Mało kto też już dziś pamięta, że to *Lahaina* była pierwszą oficjalną stolicą całych Hawajów, a dopiero w 1845 roku stało się nią *Honolulu*.

Nieopodal *Maui* leży skalna wysepka *Kaho'olawe*, o której mówią dziś Wyspa Odzyskana. Bo na przełomie XX i XXI wieku została przez amerykańską armię przekazana rdzennym Hawajczykom. Nikt tam nie mieszka na stałe, trudno się też tam dostać bez zgody Hawajczyków, bo to wyspa dla nich święta. Była w przeszłości sanktuarium hawajskiej religii, tu mieszkali potężni *Kahunowie* (czarownicy) będący w służbie *Kanaloa* – władcy oceanu i krainy śmierci. Po II wojnie światowej wyspa była jednym wielkim poligonem dla amerykańskiej armii, na którym testowano nowe pociski i bomby. Teraz trwa tu wielkie sprzątanie i przywracanie wyspie jej dawnego wyglądu, a także badania archeologiczne – bo to miejsce dotychczas niezbadane i kto wie, może uchyli z czasem jakąś tajemnicę z przeszłości?

Na *Kaua'i*: bajeczne klify *Kalalau* i *Na Pali* na północno-zachodniej stronie wyspy. Aby do nich dotrzeć, trzeba odbyć długi marsz przez doliny lub przypłynąć tu oceanem.

Wodospad Tęczowy w *Hilo* na Big Island.

Pomiędzy *Maui* i *O'ahu* leży *Moloka'i*, zwana Wyspą Przyjacielską, choć to wyspa o najsmutniejszej na Hawajach historii. Najstarsze pieśni opisują *Moloka'i* jako dziecko zrodzone z *Hina* – bogini księżyca i władczyni nocy. Bez wątpienia jest to wyspa archipelagu (jedyna poza *Ni'ihau*), gdzie wciąż można poczuć ducha starożytnych Hawajów. Wiele hawajskich opowieści opisuje *Moloka'i* jako miejsce narodzin hawajskiego tańca *hula*. Według legend bogini *Laka* miała stworzyć taniec *hula* (zatańczyć go po raz pierwszy) w świętym miejscu *Ka'ana* u podnóża góry *Maunaloa*. Bogini przekazała swój dar tańca mieszkańcom *Moloka'i*, skąd dotarł on szybko na inne wyspy. Dlatego rokrocznie w maju odbywa się na *Moloka'i* wielkie święto hula, upamiętniające miejsce narodzin tańca i jego boginię. *Moloka'i* stała się też miejscem, gdzie zsyłano chorych zarażonych trądem. Na trudno dostępnym półwyspie *Kala'upapa* działało leprozorium, które było prawdziwym piekłem na ziemi. Dopiero pojawienie się w kolonii trędowatych ojca Damiana de Veustera z Belgii, wniosło tu nowe życie i szacunek dla chorych. Oddany tytanicznej pracy dla swoich podopiecznych sam stał się ofiarą trądu i zmarł na wyspie w 1889 roku. W 1995 roku został beatyfikowany przez papieża Jana Pawła II, a w 2009 roku ogłoszony świętym przez Benedykta XVI. *Moloka'i* jest najsłabiej zaludnioną wyspą na Hawajach, z nikłą infrastrukturą turystyczną, ale dzięki temu właśnie zachowała swoją dziewiczość i archaiczność... Majestatyczne klify północnego wybrzeża *Moloka'i* należą do najwyższych na świecie (ponad 1000 m!) i przez znawców uważane są za jedne z najpiękniejszych. W parku *Pala'au* wewnątrz wyspy znajduje się jedna z wielkich atrakcji Hawajów i ślad dawnych wierzeń – kamienny fallus, do którego pielgrzymowały Hawajki z prośbą o dziecko. Pierwszy raz leciałam na *Moloka'i* będąc już w zaawansowanej ciąży, więc ja nie musiałam o dziecko„prosić", ale ponoć wielu kobietom on pomógł, choć co komu sądzone, temu będzie dane... Od dotyku setek tysięcy rąk fallus ma gładziuteńką powierzchnię.

Na *O'ahu*, w „Miejscu Spotkań", trzeciej co do wielkości, lecz bez wątpienia najważniejszej wyspy Hawajów, znajduje się stolica stanu. Tu także mieszka 3/4 wszystkich mieszkańców archipelagu. *O'ahu* i *Honolulu* stanowią także bramę i cel dla większości turystów, przybywających co roku na Hawaje. Tu są najważniejsze stanowe urzędy i muzea, uniwersytet i zabytki świadczące o królewskiej historii Hawajów, latach ich rozwoju i doświadczeń pod administracją amerykańską. Z jednej strony mamy tu hawajski pałac królewski i królewskie groby, z drugiej wrak-pomnik okrętu „Arizona" – zatopionego w grudniu 1941 roku podczas ataku Japończyków na Pearl Harbor. Chyba mało kto z turystów zdaje sobie sprawę, że tak naprawdę to wojsko jest siłą napędową – obok wpływów z turystyki – hawajskiej gospodarki. Na *O'ahu* znajdują się najważniejsze militarne instalacje na Pacyfiku, z wielką bazą morską w Pearl Harbor i bazą lotnictwa w *Kaneohe*. Czy pamiętacie film „Stąd do wieczności" i rajską scenerię pocałunku Burta Luncastera z Deborah Kerr? Ta urokliwa plaża dziś nosi nazwę od tytułu tego filmu i ciągle przyciąga romantycznych kochanków... Zresztą na *O'ahu* kręcono wiele znanych produkcji filmowych, a Elvis Presley nawet tu przez jakiś czas mieszkał. Jednak większość turystów spędza tu czas na plaży *Waikiki* lub na handlowych i restauracyjnych atrakcjach tej dzielnicy. Kiedyś były to królewskie... bagna, a dziś to raj dla miłośników radowania się życiem. Nie brak tu wielkich i znanych hoteli, świetnych barów i najlepszych restauracji, drogich sklepów i rewii, ale mimo to wciąż nad *Waikiki* unosi się jakaś magiczna siła, coś „przyciągającego" tu 8,5 miliona turystów każdego roku – głównie by poleżeć na plaży u podnóża Diamond Head. Ja od początku mieszkam na *O'ahu*, obserwuję zachodzące tu zmiany i jestem pełna podziwu dla ludzi, którzy budują naszą przyszłość na silnej więzi z przeszłością i z szacunkiem dla hawajskiej kultury.

Z *O'ahu* blisko już jest na *Kaua'i*, która jest geologicznie i kulturowo najstarszą z głównych wysp archipelagu. Zbocza gór wewnątrz wyspy są mocno naznaczone przez czas i działania przyrody, wnętrze poprzecinane jest głębokimi wąwozami i dolinami o wysokich i stromych zboczach, porośniętych tropikalną roślinnością. Wiele z nich uchodzi wprost do oceanu, co nadaje wybrzeżom *Kaua'i* dodatkowego uroku i malowniczości. Duża ilość opadów sprzyja bujnej i bogatej roślinności, stąd przydomek: Wyspa Ogrodów. To na *Kaua'i* narodziły się hawajska społeczność i kultura. Pierwszy tutejszy wielki wódz pochodzenia tahitańskiego, *Moikeha*, zaprowadził na wyspie ustrój królewski, wprowadził uprawy taro i słodkich ziemniaków. Wiele legend i mitów wspomina także o mitycznym ludzie *Menehune*, który zamieszkiwał *Kaua'i* na długo przed przybyciem pierwszych Polinezyjczyków – przez lata uważano ich za wytwór ludowej fantazji i legend, które nie miały potwierdzenia w badaniach naukowych, ale okazało się, że najstarsze z odnalezionych śladów pojawienia się ludzi na *Kaua'i* pochodzą z przełomu II i III wieku naszej ery, więc są o kilkaset lat starsze od przybycia na wyspę pierwszej fali polinezyjskich osadników z Markizów... Ciekawostką może być fakt, że wciąż wiele osób mieszkających w górskich partiach *Kaua'i* określa samych siebie, jako *Menehune*. Malownicze krajobrazy wyspy były tłem dla wielu filmowych produkcji, takich jak „Park Jurajski", „King Kong", serialu „Zagubieni" i wielu innych.

Na zachód od *Kaua'i* leży skalista *Ni'ihau*, Zakazana Wyspa, prywatna i całkowicie zamknięta dla turystów, gdzie żyje około 230 mieszkańców, głównie 100-procentowych Hawajczyków. Większość z nich mieszka w jedynej osadzie – *Pu'uwai*, założonej przez właścicieli tutejszego rancha. *Ni'ihau* jest jedyną wyspą w całym archipelagu, gdzie językiem dominującym jest hawajski. Nie ma tu sieci elektrycznej, wodociągów, bitych dróg, telefonów, służby medycznej i samochodów. Mieszkańcy poruszają się pieszo lub konno, wszak odległości nie są na wyspie zbyt duże. Zakazany jest alkohol, papierosy, broń i wszelkie narkotyki. Od 1991 roku stali mieszkańcy wyspy mogą swobodnie jeździć na zakupy i w odwiedziny na *Kaua'i*, lecz wciąż nie wolno im zapraszać do siebie nikogo spoza wyspy. Można tam przylecieć dosłownie na kilka godzin, ale i to jest bardzo trudne. Chyba jedynym Polakiem, który odwiedził Zakazaną Wyspę, był mój przyjaciel, wielki podróżnik i dziennikarz, Olgierd Budrewicz, ale o tej historii piszę później.

Współczesne Hawaje to bez wątpienia jedno z najbardziej zróżnicowanych pod względem etnicznym i kulturowym miejsc na świecie, gdzie czasami trudno postronnemu obserwatorowi jednoznacznie odgadnąć pochodzenie mieszkańców archipelagu. Mimo swej skomplikowanej historii, Hawaje są świetnym przykładem, że dzięki wzajemnemu poznawaniu się i tolerancji można zbudować harmonijne i pełne uroku wielonarodowe społeczeństwo. Wszyscy należą tu do jakiejś mniejszości, a są po prostu mieszkańcami Hawajów i czerpią ze wspólnej skarbnicy wielu tutejszych kultur. Paradoksalnie, rdzenni Hawajczycy stanowią dziś malutki procent mieszkańców i mają też nieznaczny wpływ na rozwój ekonomiczny archipelagu. Ale choć nieliczni i biedni w swej ojczyźnie, stanowią nierozerwalną część jej historii i do dziś mają ważny wpływ na jej kulturę. Dzięki temu bogactwu kulturowemu, Hawaje są barwne, intrygujące, przyciągające, pełne bogactwa etnicznych smaków – mogą zaoferować wiele wspaniałych wrażeń nawet podczas krótkiego pobytu i każdej wymarzonej podróży...

## Rozdział 2

# Polska na ośmiu wyspach

Na moich ukochanych Hawajach musiałam sobie zbudować kawałek Polski. Długo do tego dojrzewałam. Po 25 latach za granicą zrozumiałam, czym jest ojczyzna, jak bardzo jest dla mnie ważna. Pojęłam również, że całkowicie nie nadaję się na „bezpaństwowca". Nie ukrywam, trochę mnie zaskoczyło, że im więcej czasu mija, tym bardziej brakuje mi mojego kraju. Odwrotność relacji z drugim człowiekiem. Czas leczy z tęsknoty do ukochanego, ale w przypadku rozłąki z krajem nie jest w stanie pomóc.

W 1991 roku, gdy nasze dzieci – mojego męża córka i mój syn – dorosły i skończyły po 18 lat, to wyjechały studiować na kontynent. Jest takie amerykańskie powiedzenie: nasze dzieci i nasze pieniądze chodzą na studia... Czyli spełnienie kobiety miałam za sobą, już nie byłam tak zajęta domem, tworzeniem rodziny, edukacją. Teraz można było zacząć robić coś nowego, no bo wiesz: nie gotujesz, nie sprzątasz, nie dbasz o dziecko, nagle masz mnóstwo wolnego czasu do zagospodarowania. Musisz też szukać już czegoś bardziej wartościowego.

Zawsze byłam ambasadorem kultury polskiej na Hawajach, organizując spotkania dla Polonii i tworząc tutejszą mekkę polskości. Byli jeszcze starsi ode mnie rodacy, którzy zawsze chcieli coś robić, ale nie było takiej osoby, która miała fiu-fiu w głowie, jak ja, żeby oczywiście dać z siebie bardzo dużo, żeby jak gdyby skleić to całe towarzystwo. Staliśmy się centrum spotkań, bo byliśmy jedynymi, którzy mają własną firmę na Hawajach, mieliśmy sporą siedzibę, mieliśmy ciężarówki, mieliśmy ochotę i power: robiliśmy cykliczne spotkania i ogromne pikniki, różne festiwale – tworząc przestrzeń dla lokalnych Polaków i dla naszych odwiedzających Hawaje turystów, z których każdy był jak samotnie rzucony na tratwie w tej wielkiej egzotyce; przyjeżdżając tu pokochał to miejsce, ale zawsze mu brakowało własnego, polskiego kawałka świata, gdzie – kiedy się kończy dzień – trzeba się pospotykać, o ojczyźnie porozmawiać, pobiesiadować, wypić.

Wkładałam we wszystkie działania bardzo dużo serca, robiłam rzeczy niezwykłe: zwiedzania, grupy tematyczne, campingi w dzikim terenie, okolicznościowe spotkania i liczne towarzystkie wieczory. To było na takiej zasadzie, jakby do mnie rodzina przyjechała i trzeba ją naprawdę ugościć, żeby wszyscy się czuli wyjątkowo i zarażali tym następnych. To taka moja wielka pasja, bo mam dar kochania ludzi i kiedy słyszę polskie słowo, to mi się zdaje, że muszę przed każdym otworzyć serce, duszę oraz mój dom, a mój dom tu to jest... Polska.

Wiele lat ciężko tu w *Honolulu* pracowałam, byłam już osobą dość zamożną i mogłam zająć się też nie tylko zarabianiem pieniędzy, ale i czymś, co mogło dawać mi satysfakcję, a przy okazji zmniejszyć moją tęsknotę za krajem. Postanowiłam na moje Hawaje przyciągnąć wielki kawałek Polski.

Moja Polska na moich Hawajach. Świetnie brzmi. Zdecydowałam, żeby swoje działania zinstytucjonalizować. Założyłam Polskie Towarzystwo Kulturalne na Hawajach. Powiedziałam sobie, że Polinezyjczykom należy się solidna wiedza na temat Europy i ważnego w niej państwa, leżącego przecież w samym jej centrum. Ale to nie był prawdziwy powód mojej decyzji. W głębi serca strasznie tęskniłam za Polską. Im dłużej mieszkałam w Stanach, tym bardziej idealizowałam czas i wspomnienia z dzieciństwa: rozwodnione lody jedzone w Stalowej Woli, zabawy w ulicznym kurzu, podwórka, zapach mieszkania, stare meble – wszystko to układało mi się w ściskającą serce mozaikę pamięci o czasach dziecięcych.

Dla wielu Hawajczyków Polska była miejscem całkowicie egzotycznym. Totalnie! Kiedy mówiłam skąd pochodzę, pytali: „Poland? South Pole, or North Pole?” (Polska – kraj polarny, z południowego czy północnego bieguna? – *gra słów, przyp. red*). Ta niewiedza wcale nie była podszyta złośliwością, Polinezyjczycy to nie mieszkańcy Wielkiej Brytanii, nie toczy ich syndrom „splendid isolation”. Po prostu nie wiedzieli. Bo skąd?

No to postanowiłam im wszystko dokładnie pokazać. I wtedy zaczęło się wielkie, światowe życie!

Pierwsza myśl: wielkie festiwale polskiej piosenki. Szaleństwo! Chciałam, żeby nasze Towarzystwo zapraszało wyjątkowych artystów, którzy zgodzą się przylecieć na Hawaje i dać koncert dla garstki Polaków i zaciekawionych nami Amerykanów oraz dla Polinezyjczyków. Wtedy właśnie, (co było naturalną konsekwencją założenia Polish Cultural Society of Hawaii im. Fryderyka Chopina), pojawiła się kolejna myśl: a dlaczego to ma być tylko garstka Polaków? Należy przecież pokazać Hawaje jak największej liczbie rodaków! Oni są przecież rozsiani po całych Stanach i nie mają tu wcale tak daleko! Również w Polsce znajdą się tacy, którzy chętnie przylecą. Rozpoczęcie działalności Towarzystwa zbiegło się więc w czasie z założeniem przeze mnie biura turystycznego Hawaii Polonia Tours. Jeszcze wtedy nie wiedziałam, że oba przedsięwzięcia będą wielkim sukcesem i zaowocują przyznaniem mi tytułu Konsula Honorowego Rzeczypospolitej Polskiej w *Honolulu*. Ale po kolei.

Krzysztof Krawczyk, polski Elvis, z ukochaną żoną Ewą, na audiencji u króla *Kamehameha* Wielkiego!

Pierwszym artystą, który przyjechał podbijać nasz archipelag był Krzysztof Krawczyk. Krzysiek. Krzychu. Moja przyjaciółka Alicja znała ze szkoły Ewę, jego żonę, i w ten sposób udało mi się zaprosić go na Hawaje. Wysłałam po niego limuzynę. Był nie do przeoczenia, stał w hali przylotów z wieńcem kwiatów na szyi i wydawał się swoją fizycznością pasować do tego miejsca jak ulał. Musiałam powiedzieć mu jednak o jednej niedogodności i niespecjalnie wiedziałam jak to zrobić. Zdawałam sobie sprawę, że jest wielką gwiazdą, z całą pewnością przywykłą do luksusów, hotelowych marmurów i wykwintnych restauracji. Ja natomiast miałam mu do zaproponowania... camping w *Malaekahana* – pięknym, malowniczym zakątku Hawajów. Naturalnie, nie był to dziki camping, tylko naprawdę luksusowy. Przecież nie kazałabym mu mieszkać w dusznym namiocie „dwójce", do którego musiałby się po koncercie wczołgiwać. Nie zmuszałabym go do spania w śpiworze, na karimacie. Ale najbardziej nawet luksusowy camping, to jednak nie pięciogwiazdkowy hotel. Nie byłam pewna, czy na wieść o tym, w jakich warunkach ma mieszkać, nie odwróci się i nie wsiądzie w pierwszy lepszy samolot na kontynent.

– Nie ma sprawy! – tak tylko powiedział.

Nie ma sprawy. Żadnych fochów, kręcenia nosem, gwiazdorstwa. W ogóle przekonałam się, że te polskie mity o złotych klamkach w apartamentach Krzysztofa Krawczyka to same bzdury... Nie było szlafroków z purpurowego jedwabiu, nie było bizantyjskiego przepychu, król okazał swoje królewskie oblicze w inny sposób: przede wszystkim bez reszty zaangażował się w Festiwal Kultury Polskiej, na który został zaproszony. Dał fantastyczny recital w muszli koncertowej w *Kapiolani Park* – ważnym miejscu na mapie artystycznej Hawajów. Ale to, jak wielki ma do siebie dystans, zobaczyłam dopiero później, kiedy wybraliśmy się na nocny podbój *Honolulu*.

Było już chyba koło północy, kiedy dotarliśmy do jednej z najpopularniejszych w mieście knajp z karaoke.

– Kto teraz, kto następny?! – zachęcał prowadzący, ale jak to z karaoke bywa, mało kto był zainteresowany.

– Idę! – powiedział Krzysiek. Poprosił o numery Elvisa Presleya i w ciągu dziesięciu minut spowodował, że cały lokal milcząco i w skupieniu słuchał jego wykonania. Na koniec powiedział do mikrofonu coś w stylu, „no dzięki, to fajnie sobie pośpiewałem", zszedł ze sceny i zamówił drinka. Wielki aplauz! Wtedy podszedł do niego jeden z gości i od razu:

– Człowieku skąd tyś się wziął?

– Z Polski. – Krzysiek na to.

– A co ty tam w tej Polsce robisz?

– Eee, jestem urzędnikiem.

– Kim k...a jesteś?

– A co, to zły zawód? – Krzysiek stał oparty o bar i udawał, że jest skupiony na zawartości swojej szklanki.

– Człowieku, ja cię błagam, ty mi nie mów, że jesteś urzędnikiem, ty mi nie mów, że nie wiesz jaki diament masz w sobie. Słuchaj, ja mam znajomego, który ma znajomego, który może załatwić ci kontrakt! Tylko podpisz mi pełnomocnictwo. Człowieku, ty jesteś samorodnym talentem, wiesz? Musimy coś z tym zrobić, musimy sprawić, że podbijesz Stany! Jesteś amazing!

– Jutro. – powiedział Krzysiu. – Bo dziś mam randkę z żoną. – Dopił, założył kapelusz, wziął Ewę pod rękę i zostawił całe osłupiałe towarzystwo.

Miałam zaszczyt gościć u siebie i inne wielkie sławy polskiej estrady. Ich obecność nadawała rangę naszym festiwalom i balom. Byli na nich:

Michał Bajor: myślę, że dawni hawajscy pieśniarze też byliby zachwyceni pięknym śpiewem Michała, jego głosem vibrato i oczywiście wielkim sercem.

Lucjan Kydryński, idol mojej młodości… Prowadził dla mnie polskiego sylwestra na Hawajach, a ja byłam „konferansjerem po archipelagu" dla niego i jego żony Haliny Kunickiej.

Dwie „prawdziwe" kobiety na *Waikiki*. Danusia Rinn świetnie pasowała tu swoją energią i wielką radością życia.

Zdzisława Sośnicka i jej mąż na plaży *Makapu* – niemal jak w alei gwiazd… Zdzisia aż trzy razy była gwiazdą polskich balów sylwestrowych w Honolulu.

mój wielki idol z lat młodości Lucjan Kydrynski z Haliną Kunicką, były Danuta Rinn, Zdzisława Sosnicka, Irena Jarocka, Ewa Kuklinska. Był Tadziu Drozda, Stan Borys, Jan Pietrzak ze swoją pieśnią w nowym wydaniu „Niechaj Polska będzie Hawajami", Kabaret „Polskie ZOO" - Andrzej Zaorski, Marcin Wolski i Jolanta Zykun. Gościłam także DJ-ów: Bogdana Fabiańskiego i Mariusza Dumę oraz Iwonę Kubicz... Długo mogłabym jeszcze wymieniać tych wielkich artystów, którzy odwiedzili nasze bale i wsparli Polonię na Hawajach.

Fama o tym, że Polish Culture Society of Hawaii organizuje wspaniałe koncerty - rozchodziła się bardzo szybko. Był początek 1991 roku, Towarzystwo Kulturalne działało już od roku. Wróciłam po dniu pracy do domu, nacisnęłam przycisk na automatycznej sekretarce i odsłuchałam nagrane wiadomości: „Dzień dobry. Pani może mnie nie znać. Niedawno dowiedziałem się o działalności Polskiego Towarzystwa Kulturalnego na Hawajach. Moim marzeniem jest wystąpić w *Honolulu*."

„Doskonale cię rozumiem" - pomyślałam nie mając pojęcia, kto się nagrywa. Słuchałam dalej.

„Wysyłam pani kasetę z moimi piosenkami, może przekonają panią, że warto zaprosić mnie na jeden z polskich koncertów. To tyle. Nazywam się Michał Bajor."

Od bardzo dawna już mieszkałam kilkanaście tysięcy kilometrów od kraju i to nazwisko nic mi nie mówiło. Jak tylko przyszła pocztą kaseta, zabrałam ją do samochodu, wrzuciłam do odtwarzacza i zamarłam. Po pierwsze, była słabej jakości, jakby ją wciągnął magnetofon. Po drugie, i najważniejsze, z głośników wylał się wibrujący głosik, który domagał się tego, by ktoś go ogrzał. „Ooooogrzej mnie, oooooogrzej mnie". Szybko to wyłączyłam.

Po kilku minutach spróbowałam jeszcze raz. No nie. Nie udawało mi się wytrzymać dłużej niż kilkanaście sekund. Ale artysta nie zamierzał tak łatwo rezygnować. Dzwonił regularnie. Usiłowałam się wykręcać jak tylko potrafię. W końcu, za co do dziś dziękuję Bogu, Michał Bajor postawił mnie pod ścianą. Powiedział, że może spać gdziekolwiek i żywić się wyłącznie ananasami. Zgodziłam się. Przyleciał. A w dniu koncertu, który dał nad brzegiem oceanu, usłyszłam jak bardzo się pomyliłam! Było dobre nagłośnienie, wspaniały hawajski wieczór, do tego pełnia księżyca. Michał dał tak fantastyczny, przejmujący koncert, że kiedy wracam pamięcią do tamtego dnia, mogę przypomnieć sobie każdy dźwięk! Śpiewał wspaniale. Co tam wspaniale, śpiewał bosko! Było mi przed samą sobą głupio jak cholera, że się na nim nie poznałam. Jedyną wiedzę o jego talencie czer-

Irena Jarocka: z Irenką nie chodziłyśmy „po kawiarenkach", ale oddałyśmy cześć bogini *Pele* na skraju krateru *Halema'uma'u*, jej ziemskiego domu.

Ewa Kuklińska była prawdziwą gwiazdą na Hawajach. Oczywiście śpiewała swoje *„Blue Hawai'i"* dokładnie w tym samym miejscu, co boski Elvis.

Tadzio Drozda czuł się u mnie jak w domu, cieszył się jak dziecko z rajskich „przystanków" na Hawajach.

Stan Borys – polska „jaskółka" przyfrunęła na Hawaje... Zaśpiewał z taką mocą w *Honolulu*, że aż wysadził głośniki...

pałam z kiepskiej kasety, odtwarzanej przez niedoskonałe samochodowe radio. Wyrzucałam sobie, że nie załatwiłam sobie jego innych nagrań, że nie sprawdziłam, jaką ma w Polsce pozycję. Jego legendarne *vibrato* znane jest wszak chyba wszystkim, którzy interesują się muzyką. Michał jest moim przyjacielem do dziś. Wielka osobowość. Dość ciężko sobie radzi w dobie telefonów komórkowych, bo pamiętam, że jeszcze w czasach, kiedy ich nie było, non-stop wisiał na słuchawce. Kiedy dzwoni, od razu wiem, że minimum godzina z głowy. Ale za to jaka godzina! Wspaniały artysta, wspaniały przyjaciel, wspaniały człowiek.

Mniej więcej w tamtym czasie poznałam Olgierda Budrewicza, który za wszelką cenę chciał zobaczyć to, czego nie wolno.

Kiedy wysiadł z samolotu na lotnisku w *Honolulu*, miał jeden cel: obejrzeć *Ni'ihau*, ósmą wyspę Hawajów. Był zdeterminowany, żeby znaleźć się tam, gdzie od lat nie stanęła noga żadnego Europejczyka. Marzył, by sięgnąć po to, co dla prawdziwego reportera jest esencją jego powołania – możliwość zobaczenia niedostępnego i zakazanego.

Powiedzieć, że wyspa *Ni'ihau* to skansen rodowitych mieszkańców Hawajów, to nie powiedzieć nic. To rzucony na północny zachód archipelagu skrawek lądu, na którym mieszka około 230 Polinezyjczyków, bez elektryczności, bieżącej wody, a tym bardziej Internetu. Żywią się niemal wyłącznie tym, co złowią i co uda im się wyhodować na maleńkiej skalnej wysepce. Życie toczy się tam dokładnie tak, jak przed dziesiątkami czy setkami lat, zanim Hawaje stały się jedną z największych atrakcji turystycznych świata.

Dostanie się na tą wysepkę graniczy z cudem. Wtedy myślałam, że jest po prostu niemożliwe. Olgierd jednak spojrzał na mnie swoim surowym, ale i pełnym zapału wzrokiem i powiedział:

– Bożena, musisz mi pomóc! Przecież razem sobie poradzimy!

Pierwszy pomysł, który i tak wymagałby szeregu zezwoleń: przelot nad wyspą śmigłowcem. Dość nisko, ale krótko. Olgierd nie chciał o tym słyszeć. Pragnął dotknąć *Ni'ihau*, zobaczyć ją, posmakować.

Swobodny wstęp na wyspę, poza jej mieszkańcami, ma tylko armia amerykańska. Nie mogliśmy liczyć na zaproszenie z wewnątrz. Co prawda Polinezyjczycy z „rezerwatu" *Ni'ihau* odwiedzają od czasu do czasu inne wyspy archipelagu, ale z żadnym spośród nich nie miałam okazji się poznać. Znałam natomiast panią King i to mógł być strzał w dziesiątkę. Była moją bardzo dobrą przyjaciółką. Jej teść natomiast pełnił funkcję Sędziego Federalnego.

Poruszywszy niebo i ziemię udało się zdobyć dla Olgierda przepustkę. Otrzymując ją osobiście z rąk sędziego Kinga usłyszał: nie mam pewno-

W takiej obstawie czułam się bardzo bezpiecznie: moi polscy „bodyguards" na hawajskiej plaży – Tadzio Drozda i mój mąż, Voytek Jarnot.

Polskie ZOO... ileż to było radości! Zaorski, Zykun i Wolski rozbawili hawajską Polonię żartami i śpiewem.

Jan Pietrzak zaśpiewał swój hymn z pewnymi zmianami: „żeby Polska była Hawajami!" – to wciąż jest moje wielkie marzenia. Janek obchodził z hawajską Polonią swoje 60-te urodziny.

DJ Mariusz Duma z wielką dumą prowadził pierwszego polskiego sylwestra na Hawajach. Boguś Fabiański razem z Mariuszem drugiego, a Iwona Kubicz gościła nasze hawajskie delegacje wielokrotnie w studio i programie TV2, a także u siebie w domu.

ści, czy ostatnim Europejczykiem na *Ni'ihau* nie był kapitan James Cook... Nie było mowy o zabraniu kamery, aparatu fotograficznego czy choćby dyktafonu.

Olgierdowi Budrewiczowi jednak „udała" się ta niezwykła rzecz...

Olgierd Budrewicz zawsze podziwiał widok z mojego balkonu: z jednej strony ocean, z drugiej majestatyczny Diamond Head. Dzięki przyjaźni z nim zrozumiałam, jak ważne w życiu jest poznawanie świata i ludzi.

Kilkanaście dni później, kiedy na wspaniałej uroczystości w pałacu królewskim ściskał rękę pretendenta do tronu królewskiego, *Quentina Kūhiō Kawānanakoa*, powiedział:

– Pana kraj jest piękny, a ja mam zaszczyt wiedzieć to lepiej niż zwykły turysta.

Do mnie rzekł wtedy:

– Wiesz Bożena, jesteś jedyną blondynką, na której się nie poznałem.

„Nie poznał się" trzy lata wcześniej, na spotkaniu klubu rotariańskiego w warszawskich Alejach Ujazdowskich. Mój mąż, Voytek Jarnot, szepnął mi wtedy do ucha: widzisz tego wytwornego pana? To wybitny podróżnik, reporter i pisarz. Myślę, że powinnaś go poznać.

Naturalnie, że wiedziałam kim jest! Podeszłam i walnęłam mu prosto z mostu, po amerykańsku:

– Dzień dobry, ja pana znam, pan mnie nie. Ale mój mąż uważa, że powinniśmy się poznać. I opowiedziałam mu całą historię, związaną z moim planowanym wtedy książkowym przewodnikiem po Hawajach. Trochę się usztywnił, rozmawiał z dystansem, po czym uprzejmie podziękował, wymawiając się ważniejszymi sprawami. Powiedziałam, że jeśli zmieni zdanie, będę czekała na niego następnego dnia, przed południem w hallu hotelu Victoria.

Przyszedł uśmiechnięty:

– Hawaje? – powiedział na dzień dobry. – No pewnie, że napiszę o Hawajach!

Myślę, że plan zobaczenia wysepki, którą na własne oczy widziało zaledwie kilku Europejczyków, już wtedy kiełkował w jego głowie.

Czesław Miłosz był taki, jakim go sobie zawsze wyobrażałam: powściągliwy, uprzejmy, ale z dystansem. Serdeczny, ale ostrożny. Bardzo dobrze jego zachowanie podsumowuje anegdota, którą przytoczył

Czesław Miłosz to prawdziwa poezja na Hawajach. Wizyta polskiego noblisty była dla mnie wielką nagrodą za mój wkład w promocję polskiej kultury na wyspach.

kiedyś w polskiej prasie pisarz Jerzy Pilch. Kiedy Miłosz dostał najważniejszą polską nagrodę literacką – Nike, za zbiór esejów, Pilch również był do niej nominowany. Kiedy ze sceny ogłoszono werdykt jury, rzucił się na mistrza z gratulacjami. Miłosz odsunął się nieco, spojrzał na niego z ukosa, przyjął z ociąganiem jego wyciągnięta dłoń i powiedział z troską:

– Niech się pan tak nie denerwuje, w przyszłym roku pan ją dostanie.

A Miłosz mieszkał niedaleko. Z San Francisco leci się na Hawaje pięć godzin. Prawie 4 tysiące kilometrów – żabi skok. Zaproszenie naszego noblisty od razu przyszło mi do głowy, kiedy w 1993 roku postanowiłam zorganizować w ramach naszego Towarzystwa Festiwal Kultury Polskiej. Miłosz przyleciał rozluźniony, nie zdjął wieńca z kwiatów, który założyliśmy mu na szyję już podczas powitania na lotnisku. Został w nim aż do wykładu, którego udzielił na Uniwersytecie Hawajskim. Później czytał swoje wiersze. To, co mnie w nim naprawdę ujęło, to jego wieczna młodość. Uświadomiłam sobie, że mam przed sobą czterdziestoletniego osiemdziesięciolatka, ubranego w sportową tweedową marynarkę, dżinsy i półbuty. Miłosz nie musiał strzepywać z siebie oznak starości, ona po prostu się go nie imała. Miał w sobie ogromną witalność i wielką energię. Słuchałam tego, co mówi, podczas naszego festiwalu i zorientowałam się, że to człowiek, którego życiorysem można przecież obdzielić kilkoro innych ludzi. To co przeszedł: koszmar wojny, później uścisk stalinizmu i osamotnienie na emigracji – mogłoby niejednego wpędzić do grobu jeszcze przed pięćdziesiątką.

On jednak był twardy jak stal. Rozumiał, że życie już tak po prostu ma, że karmi nas „miodem i piołunem" jak napisał w wierszu „Modlitwa".

– Idziemy na miasto? – spytał po części oficjalnej wieczoru. I dodał po angielsku: – Zaschło mi trochę w gardle...

Poszliśmy.

W gości wpadł również Ernest Bryll. Chciał zobaczyć jak najwięcej z hawajskich atrakcji, miał bardzo dużo zapału i na zobaczenie wszystkiego jeden dzień.

– Tylko jeden?

– Nie dam rady dłużej!

– To rozegramy to fotografią – powiedziałam.

– Jak to?

– No na zdjęciach wyjdzie, że byłeś... dłużej, zaufaj mi.

Ernest Bryll – poeta, pisarz, autor tekstów piosenek.

– Rozumiem – powiedział i najpierw pojechaliśmy do sklepu z ciuchami. Ernest kupił sobie trzy hawajskie koszule i postanowiliśmy działać według planu: *O'ahu* – koszula czerwona, trzy godziny później na *Maui* – niebieska, hawajska w różowe kwiaty, a na *Moloka'i* – sportowy t-shirt.

– Jeśli chodzi o zdjęcia, to masz co najmniej trzy-cztery dni pobytu, utrwalone w dziesięć godzin – powiedziałam oddając mu aparat. Przebrał się z powrotem w swoje ubrania. Widać było, że nie jest do końca przekonany czy zrobiliśmy dobrze.

– Nie zachowałem się jak pusty, próżny, japoński turysta? – dopytywał niepewnie.

– Ernest – powiedziałam poważnie. – Jesteś pisarzem, ale i czytelnikiem, więc powinieneś wiedzieć, że już posiadanie książki jest formą lektury.

Hawaje są tak daleko, a ja zajęta tu swoimi sprawami w dalekiej Polsce bywałam tak rzadko, że nie do końca wiedziałam z kim się spotykam, kogo goszczę, z kim jako szefowa Centrum Kultury Polskiej na Hawajach rozmawiam. Może inaczej: często bywało, że nie zdawałam sobie sprawy jak znany w Polsce jest mój gość. Jadłam kiedyś kolację z grupą Polaków, opowiadając im o Hawajach. To było pod koniec lat 80. Siedział z nami starszy, skromny pan. Zadawał inteligentne pytania, ale nie starał się wyróżnić, nie usiłował zdominować rozmowy, nie przytłaczał.

Prof. Tadeusz Sendzimir wracał na Hawaje wielokrotnie, zauroczony tą „największą hutą świata", czyli naszymi wulkanami.

– Wiesz kto to jest? – spytała mnie jedna z turystek. – To Tadeusz Sendzimir.

Musiałam zajrzeć do polskiej encyklopedii PWN, przywiezionej wcześniej przez jednego z gości, żeby dowiedzieć się, iż siedziałam przy jednym stole z „Edisonem metalurgii", jednym z największych wynalazców XX wieku.

Innym razem poproszono mnie, żebym zajęła się grupą polskich księży, którzy odwiedzali Hawaje. Zobaczyłam ich z daleka, ubrali się po cywilnemu, i słusznie. Właściwie to byli w samych kąpielówkach, na mojej plaży *Waikiki*. Beztrosko pluskali się w Oceanie Spokojnym. Byli radośni, roześmiani, wyluzowani. Dopiero podczas jednej z moich wizyt w Polsce dowiedziałam się, że jeden z nich, dość charakterystyczny, to był kardynał Józef Glemp, Prymas Polski, słynący z trudnych kazań, do których wprowadza niebanalne słowa. Na przykład „ubogacić". Na hawajskich wakacjach, w surferskich szortach, zupełnie nie przypominał głowy polskiego Kościoła Katolickiego, ale podobno nawet Papież w drugim roku pontyfikatu, wymykał się z Watykanu, ukryty za ciemnymi okularami, żeby incognito poszusować na nartach w Cortina d'Ampezzo.

Ambasador Jerzy Surdykowski tak ukochał Hawaje, że uparł się i aż otworzył polski konsulat honorowy w *Honolulu*, powierzając zaszczytną misję jego prowadzenia właśnie mnie.

Od połowy lat 90. pełniłam już na Hawajach funkcję kogoś w rodzaju półoficjalnego opiekuna przybywających tam Polaków. A coraz więcej naszych rodaków odwiedzało tych osiem cudownych wysp. Niektórzy nawet nie wiedzieli, że do nich dopłynęli. Obowiązywało bowiem wtedy pewne idiotyczne prawo, wedle którego polscy marynarze, zaokrętowani na statkach handlowych, nie mieli prawa schodzić na ląd po przybiciu do *O'ahu*. Kapitan i pierwszy oficer spędzali kilka dni na odpoczynku pośród palm, a cała reszta załogi kołysała się w porcie, zamknięta na klucz pod pokładem, pilnowana przez stojących na nabrzeżu policjantów. Był to efekt gmatwaniny prawnej, niejasnych sytuacji związanych z błędną, jak mi się wydawało, interpretacją przepisów prawa morskiego i wizowego. Kiedy drobnicowiec z Polakami zawijał do hawajskiego portu, widok był przygnębiający. Do małych, okrągłych okienek, poprzyklejane były setki głów marynarzy, którzy usiłowali zobaczyć cokolwiek, choćby kawałątek naszego „raju na ziemi."

Trzeba było to zmienić! Uruchomiłam swoje kontakty. Najpierw chciałam zrozumieć powody, dla których marynarzy trzyma się pod pokładem, jak towar, czasami tylko donosząc im żywność. Nie będę się tutaj zagłębiać w gąszcz przepisów, szybko jednak zorientowałam się, że tak być nie musi. Zaczęłam wysyłać pisma. Przede wszystkim do Krzysztofa Kasprzyka – polskiego konsula generalnego w USA. Wskazywałam nie tyle na absurdy prawne, ile złe traktowanie polskich obywateli. Przyznał mi rację i w ciągu kilku miesięcy prawo zmieniono! Marynarze już mogli schodzić na ląd po zawinięciu ich statku do hawajskich portów.

Wtedy, po całej tej historii z uwalnianiem polskich marynarzy, po raz pierwszy Konsulat Generalny zaczął przebąkiwać o nadaniu mi tytułu Honorowego Konsula RP na Hawajach. Zostałam wstępnie zapoznana z procedurą, która musiałaby się odbyć, by tytuł mi przyznano. Oprócz polskiego Ministerstwa Spraw Zagranicznych, zgodę wyrazić musieliby również Amerykanie.

– Bożena, o Tobie słychać już wszędzie, jesteś tu, na końcu świata, przystanią dla Polaków, dbasz o ich interesy, robisz za tłumacza, przewodnika, dyplomatę i złotą rączkę rozwiązującą wszelkie problemy. Od zgubienia paszportu, po uwięzienie w kajucie kontenerowca. Ty powinnaś być konsulem! Zasługujesz na ten tytuł. – Usłyszałam od Konsula Generalnego RP w Nowym Jorku, Jerzego Surdykowskiego.

– A co znaczy konsulem, gdy tu jest tylko 100 Polaków? – Tylko się roześmiałam.

– Nie, nie! Tu nie chodzi o tych Polaków, będzie nas tam coraz więcej przyjeżdżać, a ty tyle promujesz, organizujesz polskie festiwale i Konkursy Chopinowskie, jesteś już dla nich punktem kontaktowym. Ty powinnaś mieć tytuł konsula. Jak się dowiedziałam również od innych dyplomatów: budowałam pozycję Polski na ośmiu wyspach i tytuł Konsula Honorowego dla mnie był, w ich odczuciu, czymś absolutnie koniecznym.

Ale to konsul Jerzy Surdykowski był tą osobą, która mnie popchnęła do ostatecznej decyzji. Procedura miała trwać (standardowo) dwa lata. Wiele innych ważnych osób musiało zająć w tej sprawie stanowisko. Nie sposób było nie mieć wobec tego wszystkiego dystansu... I nagle dostaję wiadomość, żebym wypełniła papiery, bo jest decyzja, że mam być konsulem na Hawajach. Papiery miałam wypełnione, coś mi tam ciągle nowego do uzupełnienia przysyłali i w 1998 roku dostałam już ostateczne dokumenty, podpisane przez świętej pamięci Ministra Spraw Zagranicznych RP, Bronisława Geremka. Czyli 17 lat temu oficjalnie zostałam mianowana Konsulem Honorowym Rzeczpospolitej Polskiej na Hawajach – za to, że promuję ojczyznę i jestem jej nieoficjalnym ambasadorem. W domyśle: żebym dalej robiła oficjalnie to, co i tak już robię. Zostałam zaproszona do Washington DC – ambasadorem był wtedy minister Jerzy Koźmiński – i uroczyście wręczono mi insygnia władzy, a później był jeszcze bal sylwestrowy. Mój konsul z Los Angeles, świętej pamięci Maciej Krych, osobiście przyjechał do *Honolulu* z tymi wszystkimi godłami, które teraz wiszą u mnie na drzwiach – to taka moja mała Polska na Hawajach...

W międzyczasie cały czas rozwijałam swoje biuro podróży. A było co rozwijać! Angażowanie się w organizowanie polskich festiwali pochłonęło mnie do tego stopnia, że na swoją firmę Hawaii Polonia Tours miałam coraz mniej czasu. Całe jej zaplecze mieściło się w dwóch szufladach.

– Zacznij od biurka – doradził mi błyskotliwe mój mąż, Voytek Jarnot, zwracając uwagę, że firma się powiększa. To wtedy symbolem moim i Hawaii Polonia Tours, stała sie noszona przeze mnie biała kapitańska czapka „nierozłączka". Nigdy się z nią nie rozstaję. Kiedy podróżuję, wiele osób pyta mnie: dlaczego ją noszę? Otórz mój pierwszy mąż, Wojtek Bednarczyk, służył w marynarce wojennej, kochałam go i jego mundur, a kiedy odszedł, zostawił mi właśnie tę czapkę.

Marek Śliwka: to nie tylko wielki podróżnik, globtroter, ale także mój wieloletni kolega w turystycznym biznesie. Jego poznańskie biuro „Logos Travel" jako jedno z pierwszych w Polsce przysłało na Hawaje grupę turystów i do dziś jest wierne Hawajom i Hawaii Polonia Tours. „Aniołki" od Marka to najliczniejsza grupa polskich turystów na Hawajach.

Była druga połowa roku 1991 i masowo zaczęły napływać zlecenia. Przede wszystkim od Polaków mieszkających na wschodnim wybrzeżu USA, ale również od tych, którzy przemierzali pół świata, by zobaczyć, czym jest legendarna magia Hawajów. Zaczęliśmy organizować niezliczone wycieczki po wyspach. Ogromnym zainteresowaniem cieszyła się wyprawa na Big Island. To ta, najniżej usytuowana na mapie, największa wyspa archipelagu, nazywana dla wygody „Dużą Wyspą". Jej oryginalna nazwa jest taka sama, jak całego archipelagu, mało kto jednak nazywa ją *Hawai'i*. To również wyspa najmłodsza, zbudowana z pięciu niezależnych

Lawa niemal na wyciągnięcie ręki... Chciałam z bliska zobaczyć, czy jest tak gorącą i niebezpieczna. Na szczęście bogini *Pele*, powiększająca wyspę, udzieliła mi swego „pozwolenia" na bezpieczne zbliżenie się do jej „ciała".

gór wulkanicznych. Co ważne: wulkany te w większości są aktywne. Czynny jest *Kilauea* i *Mauna Loa*, a *Hualalai* i *Manua Kea* drzemią, gotowe w każdym momencie wybudzić się z letargu. Z kolei *Kohala* tylko udaje, że wygasł. Dziś odwiedzając Big Island możemy zobaczyć erupcję czynnych wulkanów tylko z daleka, ale jeszcze 20 lat temu lawa wylewała się w bardzo wielu miejscach, wypływała wprost na drogę, bezpowrotnie tworząc na asfalcie jezdni bazaltową czapę. Na Big Island lawa towarzyszyła turyście cały czas, uzupełniając wiedzę o wulkanach praktycznymi pokazami. Tak spokojnie, „koegzystująco" z krajobrazem, wygląda bowiem erupcja wulkanów tarczowych. Gdy myślimy „wulkan", to staje nam przed oczami rzeka lawy zmiatająca miasta, powstała w wyniku erupcji wulkanu stożkowego. Bo i faktycznie stożkowe, strzelające zabójczą lawą na 500 metrów w górę, stanowią większość wulkanów na kuli ziemskiej. Ale na Big Island są wyłącznie tarczowe, które leniwie podlewają niewielkimi ilościami lawy cały teren wyspy.

Gdy mowa o hawajskich wulkanach, to pozwolę sobie na mały historyczny „odskok", bo ma on bardzo polski akcent. Dopiero po wielu latach chodzenia po parku wulkanicznym na Big Island, dowiedziałam się, że to Polak był pierwszym, który opublikował naukowy opis hawajskich wulkanów... i był to nie byle kto, bo sam Paweł Edmund Strzelecki! Jak większość, kojarzyłam go przede wszystkim z jego odkryciami w Australii, a tu okazało się, że miał on też wielkie zasługi na Hawajach.

Dla naszej Polonii na Hawajach to ważna postać, bo prawdopodobnie jest on w ogóle pierwszym Polakiem, który wyspy odwiedził. A przybył tu do *Hilo*, na pokładzie statku „Fly", 5 września 1838 roku i pozostał na Big Island do 17 września – był całe 2 tygodnie, które poświęcił na intensywne studia właśnie nad hawajskimi wulkanami. Ponoć większość czasu mieszkał w szałasie nieopodal wulkanu *Kilauea* i korzystał z pomocy hawajskich przewodników. Musiał zaskarbić sobie ich przychylność, ale też okazał szacunek i ciekawość dla ich kultury i wiedzy. Interesowała go jednak nie tylko geologia, bo w późniejszych artykułach o hawajskich wulkanach zwrócił uwagę na ich znaczenie w mitach i hawajskich tradycjach, pisał że te miejsca są prawdziwym królestwem bogini *Pele*, której także on, naukowiec, złożył hołd i pokorę.

Musiał być naprawdę niezwykłym człowiekiem, nie tylko wielkim badaczem, ale też tak po ludzku, uczciwym i wrażliwym. Można się zastanawiać, co mógł zdziałać raptem przez 2 tygodnie chodzenia po lawie i wokół kaldery... A jednak pozostawił po sobie pierwszy w historii geologiczny i geograficzny opis hawajskich wulkanów, oraz co jeszcze ważniejsze: wprowadził do języka naukowego hawajskie nazwy na rodzaje lawy i skał, które opisał na miejscu.

Z Big Island Strzelecki udał się na *O'ahu*, gdzie poznał miejscowych wodzów i był gościem w uroczystym *luau*, wydanym na cześć załogi statku „Fly". Strzelecki przez blisko 10 dni pobytu w *Honolulu* poznał wszystkich ważnych wodzów i misjonarzy, napisał też artykuł o swoich obserwacjach wulkanów dla miejscowej gazety. Jego pobyt – w sumie jednego z pierwszych badaczy na Hawajach – musiał być dla miejscowych notabli znaczący i ważny, skoro kilka dni po wyjeździe Strzeleckiego (udał się w dalszą podróż na Tahiti), w głównym miejscowym piśmie „The Sandwich Islands Gazette" zamieszczono taką oto notkę na pierwszej stronie: *The distinguished nobleman, son of an illustrious but fallen nation, who briefly touched these shores, a passanger on board, will be among the last of those whose memory will be unwept – unsung – at O'ahu...* „Nie przestanie być opłakiwanym i opiewanym na *O'ahu*... ten syn sławnego, lecz upadłego narodu... który choć na krótko zawitał na nasze wyspy..." – Cóż, to wzruszające i piękne, że mamy tak wspaniałe osiągnięcia i ślady Polaków na Hawajach już od tylu lat... Może by kiedyś spisać te wszystkie polskie historie na Hawajach w innej książce?

Ale wróćmy do naszej przygody na wulkanach...

To był styczeń 1993 roku, prowadziłam busa z polską wycieczką. Chciałam pokazać moim gościom tę gorącą lawę, wpadającą wprost do oceanu. W styczniu na Hawajach słońce zachodzi dosłownie w ciągu kilkudziesięciu sekund. Nie ma zmierzchu, trzeba pamiętać, o której godzinie

„gaśnie światło" i czujnie zerkać na zegarek. Dojechałam do tego miejsca na drodze, gdzie stał słupek zagradzający dalszy wjazd. Spodziewałam się przy nim strażnika, którego będzie trzeba ubłagać, by wpuścił wycieczkę bliżej, pozwalając zobaczyć z jak najmniejszej odległości zjawisko, którego przecież nie zapomina się do końca życia. Ale strażnika nie było. Wyskoczyłam więc zza kierownicy, przesunęłam szlabanik i za moment pędziliśmy już w kierunku centrum wulkanu.

Zatrzymałam się kilkadziesiąt metrów od miejsca, z którego bije lawa, nie mogliśmy już podjechać bliżej, bo droga nagle się urywała, dalej były tylko zwały zastygłego bazaltu, po których musieliśmy dojść do epicentrum. Wysiedliśmy z auta, doszliśmy do krateru, ujrzeliśmy ten jeden z najpiękniejszych widoków na świecie, zachwyciliśmy się nim bez reszty i... wtedy nagle zgasło światło!

Od razu wiedziałam, że nie jest dobrze. Samochód został kilkadziesiąt metrów z tyłu. Lawa nie rzucała żadnego światła, panowała przenikliwa ciemność. Być może dla Europejczyka, który przywykł, że wzrok może przyzwyczaić się do największej nawet nocy jest to trudne do wyobrażenia, ale wtedy, tam na wulkanie, nasze oczy do ciemności nie mogły przywyknąć, bo nie było absolutnie żadnego, najmniejszego choćby źródła światła! Nikt nie miał latarki, nie było jeszcze telefonów komórkowych, mieliśmy za to godzinę jazdy do samolotu na *O'ahu*. I to właśnie powodowało, że tak bardzo się spieszyliśmy. Tak bardzo, że zapomniałam patrzeć na zegarek.

Nie miałam pojęcia gdzie stoi samochód. Moglibyśmy nie dostrzec go, przechodząc dwa metry obok. Nie widzieliśmy się stojąc nawet obok siebie. Szybko oceniłam sytuację: okej, moja wina, ale nie ma co teraz się nad tym rozwodzić. Ile stopni jest w tutaj w nocy? – Zaczęłam się zastanawiać. Chłodno. Bywa, że dwanaście-trzynaście. No, ale przecież nie na tyle zimno, żebyśmy pozamarzali. Trzeba nocować. Nie wolno ryzykować poszukiwań wozu, bo to po pierwsze – to zadanie niemal beznadziejne, po drugie – nie mogłam dopuścić, żeby którykolwiek z uczestników wycieczki wpadł w jakąś wulkaniczną rozpadlinę. Byłam przecież za nich odpowiedzialna. Zakazałam dalszej wędrówki. Usiedliśmy i zaczęliśmy rozmawiać. Minęła godzina, później druga, ostatni samolot na wyspę *O'ahu* odleciał, a wraz z nim druga część naszej wycieczki, prowadzona przez mojego męża Voytka. Nawet nie chciałam domyślać się, co o mnie myślał, jak bardzo musiał na mnie pomstować. Nawet też nie próbowałam wyobrażać sobie, co tam się dzieje na lotnisku, w konsekwencji naszej nieobecności. Po cichu liczyłam, że Voytek na tyle mnie zna, że powie Rangersom, iż jestem „taką babą", która na pewno wtarabaniła się gdzieś za znak zakazu wjazdu, albo za nie pilnowane ogrodzenie. I dzięki temu ratunek przyjdzie do nas jeszcze przed świtem.

Około godziny 22 dostrzegliśmy z oddali rząd dachowych halogenów na pick-upie strażników Big Island. Dojechali. Mundurowy wysiadł, oświetlił latarką nasze twarze i zdumiony spytał co tu robimy.

– To pan nas nie szuka? – odpowiedziałam pytaniem na pytanie.

– Nie. Przyjechałem, bo zobaczyłem odsunięty szlaban.

– To nikt nie zgłaszał, że zaginęła grupa turystów?

Tylko westchnął. I wypisał mandat na dwieście dolarów. Znaleźliśmy naszego vana i mogliśmy wracać, by przenocować w hotelu w *Hilo*, największym mieście na wyspie. Najpierw, zupełnie się już nie spiesząc, postanowiłam zajrzeć na lotnisko, czy Voytek nie zostawił może dla mnie wiadomości. Musiał uznać, że jakoś damy sobie radę i nie ma sensu zawiadamiać władz. Znał mnie, wyszedł widocznie z założenia, że nie ma takich tarapatów, z których nie wydostanę się sama. Gdy dojeżdżaliśmy na lotniskowy parking, już z daleka widziałam, co się dzieje. Nawet nie zdążyłam otworzyć drzwi, a cała druga część naszej wycieczki, razem z Voytkiem, rzuciła się na nasz samochód, krzycząc i szarpiąc za klamki. „Czekał na nas, nie poleciał, no to mam przegwizdane" – tylko pomyślałam. Wysiadłam i wśród ogólnie panującej wrzawy usłyszałam pojedyncze słowa *„Lawa, wspomnienie, widok, dlaczego..."*

– O co chodzi? – pytam Voytka.

– Ci moi są wściekli, bo nie zabrałaś ich, żeby zobaczyli to, co twoi.

– Przecież to ty ich tam nie zabrałeś.

– Bo wtedy spóźnilibyśmy się na samolot.

– Jak widać i tak nie polecieliście – powiedziałam czekając jednak na szereg trudnych pytań, które musiały się w końcu pojawić.

– Nie polecieliśmy, bo się zepsuł, nowy podstawią za pół godziny – odparł mój mąż.

Uff...

Cudownym Polakiem odwiedzającym Hawaje był Marek Szufa. Mój wielki przyjaciel. Wybitny pilot-akrobata. Pasjonat latania, dokonywał podniebnych ewolucji na samolocie, który sam skonstruował. Na co dzień latał jako kapitan transatlantyckiego Boeinga 767. Zaprzyjaźniliśmy się podczas jego pobytu w *Honolulu*. Przyleciał na wakacje z żoną i córką. To było przed 11 września, więc nasza przyjaźń potrafiła łamać lotnicze procedury. Kiedy nie było miejsca w samolocie i naprawdę nie dawało się mnie upchać nigdzie indziej, Marek zapraszał mnie do siebie i sadzał na

Kapitan Marek Szufa. Nie mogłam się oprzeć pokusie i „uwodziłam" pilotów „LOT"-u, by podziwiać ocean z kokpitu ich samolotów. Nieodżałowany Marek Szufa był nie tylko wspaniałym pilotem, ale też cudownym człowiekiem i przyjacielem.

swoim drugim „wypoczynkowym" siedzeniu kapitańskim, w rogu kabiny pilotów. Dodatkowa osoba mogła lecieć tylko za zgodą kapitana. On nim był. Przebywać w kokpicie podczas startów i lądowań mogłam więc wyłącznie dzięki niemu. Zmieniło się to po zamachach w Nowym Jorku. Wtedy weszło prawo o bezwzględnej „sterylności kokpitu pilotów". Dzięki Markowi mogłam tuż zza dziobu obserwować jak wielki transatlantyk przyspiesza po pasie startowym, a później unosi nos w kierunku nieba i wyrównuje dopiero, kiedy miasto w dole przypomina wielkością paczkę zapałek.

W połowie czerwca 2011 roku leciałam z Chicago do Polski. Miałam godzinę na lotnisku. Sprawdziłam pocztę, odpisałam na maile, po czym położyłam iPada na krzesełku obok, wzięłam walizkę i poszłam do samolotu.

Zadzwoniłam z Polski, żeby spytać czy jest możliwość przesłania mi zostawionego tabletu. Okazało się, że na lotnisku w Chicago jest Marek Szufa, który tamtego dnia miał lecieć do kraju. Tak, naturalnie, weźmie dla mnie iPada, wpadnę po niego w Polsce, bo już wraca, ma pokazy lotnicze, ale później koniecznie się spotykamy i pogadamy, bo dawno się nie widzieliśmy.

Nie powinien był wracać jako kapitan. Po kilkunastu godzinach napiętej uwagi, z jet lagiem, do którego – nawet będąc rejsowym pilotem – ciężko się przyzwyczaić, musiał zaraz po wylądowaniu w Polsce wsiąść w samochód i jechać do Płocka na lotnicze pokazy.

Podobno poprosił swojego kolegę, żeby wziął za niego lot do Polski – chciał wrócić jako pasażer, co pozwoliłoby mu na wypoczynek przed akrobacjami w Płocku. Kolega odmówił, miał co innego na głowie.

18 czerwca zadzwoniła do mnie Basia, nasza wspólna przyjaciółka, która pracuje w biurze „LOT-u" w Chicago, i grobowym głosem powiedziała: *włącz telewizor*. Zobaczyłam jak mały samolocik wykonuje pętlę, zbliża się z zawrotną prędkością do tafli wody, po czym uderza w nią z pełnym impetem i rozpada na kawałki jak tekturowa zabawka. Pociemniało mi przed oczami. Jak przez mgłę pamiętam relacjonowaną na żywo akcję ratunkową, a później oświadczenie lekarza: mimo, iż zrobiono wszystko co w mocy współczesnej medycyny, wybitny lotnik Marek Szufa, zmarł

Genia Novak. Jest światowej klasy autorytetem w dziedzinie psychologii i terapii autyzmu, ale założyła też i prowadzi polonijny zespół „Vistula" w San Francisco. Genia i jej dzieci z zespołu zawsze były gotowe, by zatańczyć polskie tańce w Honolulu podczas „Polish Fair".

w wyniku odniesionych obrażeń. Kiedy później oglądałam tę feralną pętlę, odnosiłam wrażenie, że zabrakło mu metra, może dwóch, być może woda byłaby odrobinę niżej, gdyby Marek był wyspany. Kiedy rozmawiałam później z jego kolegami, pilotami, nie mieli wątpliwości, że zmarł w momencie uderzenia, a cała akcja ratunkowa, dwudziestominutowe wydobywanie go z zatopionego wraku, a później transport na sygnale do szpitala, to była czysta przyzwoitość organizatorów pokazów i lekarzy.

Był moim wielkim przyjacielem. Drugim pilotem, którego w życiu straciłam. Pośmiertnie został odznaczony Krzyżem Oficerskim Orderu Odrodzenia Polski. Na samolotach cywilnych wylatał ponad dwadzieścia tysięcy godzin. W tym czasie nie popełnił najmniejszego choćby błędu, nie oderwał samolotu choćby sekundę wcześniej czy później, niż nakazuje procedura. Dwadzieścia tysięcy godzin bezpiecznego cywilnego pilotażu. Ponad sto miałam zaszczyt oglądać z bliska na własne oczy.

Na wiele ciepłych słów zasługuje też cała rzesza osób, które pomagały mi przy organizowaniu „Polish Fairs", w ramach działalności naszego Towarzystwa. Muszę wymienić i serdecznie podziękować Pani Profesor Geni Novak – która od wielu lat prowadziła w San Francisco zespół pieśni i tańca Vistula. Przyjeżdżała do *Honolulu* na własny koszt. Poprowadziła swój zespół do wielu wspaniałych występów przed hawajską publicznością – tylko dlatego, że ją o to poprosiłam. Bardzo się przyjaźnimy. Genia pomaga dzieciom dotkniętym autyzmem. Stworzyła fundację, która się tym zajmuje. Wspaniały człowiek. Na wyróżnienie zasługuje także pułkownik Paul Stankiewcz, redaktor naczelny czasopisma *FORUM Asia Pacific*. To Amerykanin polskiego pochodzenia – bardzo przyczynił się do powstania naszej organizacji Chopin Society of Hawaii. Od pierwszego dnia sercem i duszą wspiera naszą polską organizację. Jego dom przypomina polskie muzeum. Paul jest naprawdę bardzo związany z krajem swojego pochodzenia. Za swoją działalność i patriotyzm został w 1999 roku odznaczony Krzyżem Kawalerskim Orderu Odrodzenia Polski.

Myśląc o Towarzystwie, które miało krzewić na Hawajch polską kulturę, muszę podziękować również Voytkowi Jarnotowi: za pomysł i wspieranie wszystkich moich wariackich pomysłów. I za to, że mimo wszystko do pewnego momentu był mi całkowicie oddany. Dzięki, Voytek!

Ilu ich jest? Jak wiele osób powinnam wspomnieć, spośród tych, którzy pomogli mieszkańcom Hawajów zapoznawać się z polską kulturą? Na pewno podziękowania należą się także Januszowi Wąsewiczowi z Chicagowskiego „Expressu", który pięknie opisywał nasze festiwale. Mój Boże... nasza hawajska Polonia, to w tej chwili ponad siedemset osób i tak naprawdę każdego powinnam wymienić z nazwiska! Powiem więc tylko wszystkim wam: *Mahalo Nui Loa!!!*

Pułkownik Paul Stankiewicz (w czerwonej koszulce)... był bardzo ważną postacią w amerykańskiej armii na Hawajach, ale też nie krył fascynacji historią i kulturą kraju swoich przodków. Nie mówi po polsku, ale całym sercem est za Polską i zawsze wspiera nasze polonijne działania na Hawajach. W swoim domu ma prawdziwe muzeum poloników i myślę, że można by się od niego uczyć prawdziwego patriotyzmu i miłości do Polski.
Zespół „Kurpie Zielone" z Białegostoku podbił serca Hawajczyków, występując na *Waikiki* podczas polskiego festiwalu. Te oberki, krakowiaki i fafury były możliwe dzięki wsparciu Lecha Pileckiego – biznesmena z Białegostoku (w granatowej koszuli).

Rozdział 3

# Hawaje w Sali Kongresowej

*„Wodzowie to rekiny chodzące po lądzie”*
*– stare hawajskie przysłowie*

Postępowanie, by mianować mnie Konsulem trwało. Amerykanie sprawdzali w najlepsze, czy nie jestem jakimś szpiegiem i czy mogę pełnić w ich kraju funkcje dyplomatyczne. Polski MSZ, którego szefem był wówczas Włodzimierz Cimoszewicz, zastanawiał się, czy aby honorowy konsul na końcu świata rzeczywiście jest Rzeczypospolitej potrzebny... Trwała dwuletnia procedura.

Ja natomiast postanowiłam zrobić coś, czego w Polsce jeszcze nie było. Kolejny mój zamach motyką na słońce... Zajmowałam się organizowaniem wydarzeń kulturalnych w *Honolulu*, przybliżałam mieszkańcom Hawajów polską kulturę, piosenkę, taniec. Pomyślałam, że wreszcie nadszedł czas na to, by teraz Polakom w ojczyźnie pokazać kulturę hawajską. Dosłownie: zebrać zespół, rozpisać program, znaleźć sponsorów i wystawić Rewię Polinezyjską w Warszawie. Mój mąż, Voytek Jarnot, odłożył gazetę i spokojnie spytał czy wiem, jak wielkiego przedsięwzięcia logistyczno-organizacyjnego mam zamiar się podjąć. Naturalnie: nie wiedziałam!

Potrzebny był mi zespół. Grupa tancerek i tancerzy, którzy zgodziliby się przygotować program taneczny i pokazać go na drugim końcu świata, w zimnym, nieznanym im kraju. Pięćdziesiąt kilometrów na północ od *Honolulu* mieści się jedna z głównych atrakcji turystycznych na *O'ahu*: Centrum Kultury Polinezyjskiej (*Polynesian Culture Center – PCC*), w którym takie rewie odbywają się codziennie. Wiedziałam jednak, że jako dobry lider i organizator, muszę otoczyć się ludźmi wiedzącymi o tańcu hawajskim więcej niż ja. Znalazłam więc prawdziwego samca alfa, oryginalnego samoańskiego wodza: Sielu Avea... Wódz był ucieleśnieniem tego, co potrzebowałam! Każdy jego gest, słowo, każdy element jego wyglądu był kwintesencją Polinezji. Przypominał nieco Wodza z „Lotu nad Kukułczym gniazdem" Kena Keseya, z tą różnicą, że częściej się odzywał. Autorytet budował jednak również spojrzeniem, dowcipem, konkretnymi uwagami i swoim solowym programem, który dosłownie zwala wszystkich turystów z nóg.

Prawdziwy Wódz z wysp *Samoa* – mój przyjaciel Sielu Avea – to mistrz tańca z płonącymi żagwiami, był największą gwiazdą rewii w Centrum Kultury Polinezyjskiej (PCC).

Podstawowym numerem Wodza było wdrapanie się na gładką palmę w piętnaście sekund, zerwanie kokosa, otworzenie go na dużej wysokości, zsunięcie się na dół, chwycenie dwóch pochodni i długotrwała żonglerka płonącymi żagwiami, przy jednoczesnym zabawianiu publiczności dowcipnymi opowiastkami o Hawajach. Słowem: *one-man stand comedy*, z tym, że zamiast mikrofonu – pochodnie. Wódz był wspaniały, nie miał pojęcia gdzie jest Polska, ale jego marzeniem było mieć własny zespół i móc przygotowywać tancerzy do rewii. Przyszłam i poprosiłam go o to. Zgodził się niemal natychmiast.

Historia mojego Wodza jest opowieścią na odrębną, fascynującą książkę. To rodowity Polinezyjczyk z Samoa, który bardzo rzadko rezygnuje z tradycyjnego stroju – a więc liściastej przepaski biodrowej i wieńca z kwiatów *lei*. Jego ubraniem i plemiennym uniformem są natomiast tatuaże, pokrywające niemal całe ciało. Tutaj żarty się kończą, bo rytuał „przejścia" w kulturze samoańskiej, polegający na pokryciu ciała tatuażami (podczas jednej zaledwie sesji), często kończy się śmiercią adepta na wodza. Jeśli przeżyje, to znaczy, że zdał egzamin – z takiego założenia wychodzi mistrz tatuażu oraz starszyzna plemienna. Wodzowi Sielu w tradycyjny sposób, a więc bez użycia igły elektrycznej, wytatuowano 70% ciała w 24 godziny. Leżał potem dwa tygodnie, zmagając się z czterdziestostopniową gorączką. Rozmawiał z duchami, które – jak dziś wspomina – rozważały czy pozostawić go na tym świecie, czy jednak może zabrać do siebie. Jego ciało jest niezwykłym, prawdziwym dziełem sztuki! Każda spośród tysięcy kresek na nogach, biodrach, pośladkach i ramionach – coś oznacza. Nie tylko przynależność klanową i pozycję, jaką zajmuje w swojej grupie, ale także liczbę żon, przyjaciół, krewnych.

– No i samochodów – dodaje i sam wybucha śmiechem. Bo spędził w *Honolulu* ostatnie 20 lat i widok półnagiego wytatuowanego Wodza, pędzącego nowym samochodem marki Dodge Challenger na występ do Centrum PCC nikogo już nie dziwi. Hawajska policja tylko go pozdrawia, nawet gdy przekracza prędkość.

Jeżeli chodzi o znaczenie tatuaży, Wódz Sielu jest jednak bardzo poważny. Wydał nawet dwie książeczki – przewodniki po własnym ciele, w których z bliskich ujęć przedstawia swoje tatuaże i wyjaśnia ich antropologiczne znaczenie. Oficjalnie publikacja nazywa się *The Art of the Samoa Tatoo* (Sztuka tatuażu samoańskiego), ale na wszystkich niemal zdjęciach jest Wódz, więc trochę jest to taki przewodnik po wodzu Sielu…

Sielu Avea zorganizował mi znakomity zespół. Rozpoczęliśmy próby taneczne, na których starałam się bywać regularnie, nie zapominając o tym, że potrzebuję sponsorów. A wyzwania się piętrzyły. Potrzebowałam transportu, wynajęcia sceny w Polsce, promocji, żeby ktokolwiek przyszedł na te nasze występy, zakwaterowania, itd. Biegałam nerwowo z telefonem po całym domu, a mój mąż tylko powtarzał: „czy wiesz jak wielkiego przedsięwzięcia logistyczno-organizacyjnego masz zamiar dokonać?"

Z każdym dniem okazywało się, że całkiem wielkiego.

Znalazłam sponsora! Wydawało się – idealnego. Polski oddział Ameri-

Tancerze z Centrum Kultury Polinezyjskiej (PCC) w tradycyjnych strojach z *Fidżi*. Przylecieli wraz z Wodzem Sielu Avea na podbój Polski.

can Arlines. Później jeszcze kolejnych. Dołączyły się hotel Marriott i fundusz powierniczy Pionier. Zaczynało to wyglądać nieźle, ale jedna nagła nieuczciwość o mały włos nie pokrzyżowała mi pięknych planów.

Wtedy, w 1996 roku, bardzo trudno było dostać w Polsce wizę do USA. Każdy przypadek rozpatrywano indywidualnie i bardzo skrupulatnie, a na „nielegalu" wciąż pozostawała tu masa osób. Amerykanie skrupulatnie z tym walczyli. Razem z ówczesną szefową polskiego oddziału American udało nam się wydreptać ścieżki, dzięki którym osoby wybierające się na Hawaje, miały większe szanse dostać wizę turystyczną. Ona użyła swoich kontaktów biznesowych, ja dyplomatycznych i faktycznie: w warszawskiej ambasadzie zaczęto chętniej przyznawać wizy tym, którzy lecieli do *Honolulu*. Wiadome było, że lecą po to, by wydać masę pieniędzy, a nie pracować na czarno w miejscu, gdzie takiej pracy jest jak na lekarstwo. Bardzo się przyłożyłam, żeby przekonać do takich rozwiązań część administracji amerykańskiej, pracującej w warszawskiej ambasadzie. „AA" miało więc klientów, Hawaii Polonia Tours również. Pewnego dnia odebrałam grupę z Polski, która przyleciała za pośrednictwem znajomej z biura „AA" w Warszawie. Wyglądali na przerażonych, a ja pomyślałam, że to szok wywołany pięknem Hawajów. Umieściłam ich w hotelu i obiecałam, że nazajutrz zaczniemy zwiedzanie od pięknej panoramy miasta, rozciągającej się znad krawędzi krateru Głowy Diamentowej. Ale następnego dnia o 8 rano zastałam w ich pokojach hotelowych tylko jednego Polaka, który stał z pięcioma walizami i wyciągnął w moją stronę kopertę.

– To jest ten brakujący tysiąc, więcej nie mam, ale chcę być uczciwy.

– Jezus Maria, jaki tysiąc, gdzie są wszyscy? – zapytałam.

– Już w samolocie do Chicago. W Białymstoku nie ma życia!

Miałam na głowie przygotowania do rewii i być może trochę straciłam czujność, ale okazało się, że pani z warszawskiego biura „AA" zrobiła kanał przerzutowy: Polska Wschodnia – Honolulu – Jackowo, korzystając z udogodnień wizowych, które udało nam się wydreptać w ambasadzie. Jak mawiał jeden z moich ulubionych polskich pisarzy, Stefan Kisielewski: „Byłam trochę w szoku". Tam wtedy, w tym pokoju, patrząc na przerażonego Polaka spod Białegostoku, któremu kazano ubrać się na rozmowę o wizę w najlepszy garnitur i udawać bogacza, który ma kaprys wydawać kasę na Hawajach – naprawdę byłam w wielkim szoku!

Taka usługa ponoć kosztowała każdego, kto chciał wyjechać do Stanów, a wiedział, że normalną drogą nie ma szans na wizę, 10 000 dolarów od osoby. Pani, która zorganizowała ten proceder, przerzucała w ten

Samoański Wódz i ja w Warszawie, na Placu Zamkowym. Dopięłam swego! Przywiozłam Wodza Sielu i polinezyjskich tancerzy do Polskie nie raz, czy dwa, ale już pięć razy!

sposób około dziesięciu osób miesięcznie. Nie miałam o tym pojęcia, aż do tamtego dnia! Zadecydował przypadek: nikt wtajemniczony nie mógł odebrać ich z lotniska. To był koniec, zerwałam z nią wszelkie relacje, „AA" wypadło więc z listy sponsorskiej... Została przy mnie tylko jedna z ich pracownic – Dorota Górecka, która z całą swoją rodziną bezinteresownie dalej nam pomagała, do dziś jesteśmy przyjaciółkami. Musiałam długo zabiegać, żeby administracja amerykańska, rozważająca zaakceptowanie mojej kandydatury na konsula honorowego, nie powiązała mnie z tym nielegalnym procederem.

Wódz Sielu, dowiedziawszy się o tej kryzysowej sytuacji, wypił tylko kilka łyków *avy* i powiedział: „chciwość, to robienie realnego zła, w imię iluzorycznego dobra".

No właśnie: *ava*! Niezwykły specyfik hawajski, niby nie narkotyk, bo od zawsze legalny, ale dość ciekawie działający na głowę. *Ava* to utarty na mączkę i zmieszany z wodą korzeń endemicznego gatunku morwy pieprzowej, drzewa rosnącego na naszym archipelagu i innych wyspach Polinezji. Wywołuje przyjemne ukojenie, trochę przypomina w działaniu valium, ale nie otępia. Może gdzieś tam, pijącym po raz pierwszy, uda się znaleźć podobieństwo do działania marihuany, ale *ava* nie odurza, nie powoduje spowolnienia czasu, duszności ani roztargnienia. Mówiąc wprost: niezła jest! Uspokaja w naturalny sposób, niosąc ze sobą trudną do uchwycenia w słowa wartość dodaną...

Wódz lubi *avę*, jego zespół również. „Bo dzięki niej jesteś na hawajskim czasie". To Ameryka, więc nie wolno się notorycznie spóźniać, wiadomo. Ale jak rodowity Polinezyjczyk jest na „hawajskim czasie", to i sztywni urzędnicy patrzą inaczej na kilka minut spóźnienia. Sami zresztą popijają *avę* w pracy – idę o zakład.

Mniej więcej wtedy, podczas krótkiej wizyty w Polsce, poprzedzającej przyjazd z zespołem, poznałam kogoś, dzięki komu miała się udać nie tylko największa rewia hawajska, ale i wiele innych niezwykłych projektów mojego życia. Poznałam Ninę Terentiew. Nina pracowała wtedy w TVP. Przyszłam do niej z ulicy i powiedziałam o swoim pomyśle, o tym, że już w zasadzie zaczęłam go realizować i może dałoby radę zdobyć jakieś medialne wsparcie. Pomysł zachwycił Ninę. Jak zwykle miało się okazać, że ma nosa i w ciągu kilku chwil potrafi ocenić sens podejmowania wysiłku. Wstała, zaczęła chodzić po pokoju i dopytywać o szczegóły. Umówiłyśmy się na następny dzień. Coś między nami zaiskrzyło: chemia, porozumienie. Z czasem przerodziło się to w przyjaźń. Nina działała szybko, następnego dnia miała już w głowie konkretne kierunki działań.

Nina Terientiew, to prawdziwa „Caryca"... Jest w stanie poruszyć ziemię, by zrealizować nawet najbardziej szalone pomysły... Bardzo się zaprzyjaźniłyśmy. Ona też zapałała do Hawajów miłością od pierwszego dnia.

Występy Rewii Hawajskiej w Polsce w 2000 roku zostały zrealizowane we współpracy z drugim Programem Telewizji Polskiej oraz pod patronatami Prezydentów i władz miast: Łodzi, Łazisk Górnych, Wrocławia, Krakowa, Szczecina, Poznania i Lublina. W Warszawie odbyły się na Targach Tutystycznych – TT-Warsaw i w Teatrze Polskim. Główny występ odbył się w Szczecinie, na Wałach Chrobrego, podczas wielkiej telewizyjnej imprezy „Pożegnanie Lata", w ktorej uczestniczyło ponad 50 tysiecy widzów, a całość była transmitowana na ogólnopolskiej antenie TVP2. Byliśmy oczywiście główną atrakcją tego wydarzenia.

– Moim marzeniem jest jednak Sala Kongresowa lub wielki namiot cyrkowy, gdzie Wódz Sielu mógłby używać ognia. Trzeba w Kongresowej spróbować – powiedziała, moja przyjaciółka, Jola Wodiczko, która w Warszawie prowadziła firmę promocyjną i bardzo pomagała nam w organizacji Hawajskiej Rewii w Polsce, kiedy doszłyśmy do jednego z najważniejszych punktów rozmowy: „gdzie wystąpić w Warszawie?" – To co, robimy w Sali Kongresowej?

– A jak, idziemy na całość! – stwierdziłam.

– Totalna hawajska egzotyka, w sali całej wyściełanej czerwonym suknem, pamiętającym... czego to nie pamięta?! Zobaczysz, to będzie strzał w dziesiątkę! – Zapewniła i jak zwykle miała rację. Przez chwilę powątpiewałam, czy uda się to załatwić, jednak po kilku dniach Sala Kongresowa była klepnięta. Musiałam tylko zdążyć z przygotowaniem programu artystycznego.

– Zdążysz, Bożka? – zapytała żegnając mnie na lotnisku.

– Zdążę!

Na Boga, nie miałam pojęcia czy zdążę! Miałam tylko dwa miesiące.

Wróciłam do *Honolulu*. Wódz Sielu wytrwale szkolił zespół, patrząc surowym, ale przychylnym okiem na realizację ustalonego przez siebie programu artystycznego.

Wpadałam na próby, ale tylko na chwilę, na pół godziny dziennie, bo za moment byłam umówiona w sprawach organizacyjnych, a przecież jeszcze miałam na głowie własnych turystów.

Mój mąż pomagał mi dzielnie. Miałam wrażenie, że wreszcie się poczuł, wstał z fotela i naprawdę zaangażował w realizację mojego szalonego pomysłu. Wydało mi się to nawet poświęceniem z jego strony – w tamtym okresie nie miałam czasu na nasze życie prywatne.

– Jeszcze trzy tygodnie. – powtarzałam. – Wytrzymaj, pojadę, zrobimy sukces, wrócę i jestem twoja na co najmniej rok. – obiecywałam.

Wódz stwierdził, z naturalną dla siebie flegmą, że przydałoby się nauczyć członków zespołu kilku słów po polsku. Sam też by się chętnie dowiedział jak „po waszemu" – zwrócił się do mnie – jest „Mahalo" (*dziękuję*). Mówił serio. Zrobił sobie listę dziesięciu słów i uczył ich członków zespołu. Nie wiem dlaczego, ale szczególną wesołość wzbudzało wśród wszystkich słowo „oczywiście". Może chodziło o coś zabawnego w fonetyce. Miało to jednak mieć swoje konsekwencje.

Pracowałam jak szalona, jedną ręką kontrolowałam stan przygotowań, drugą załatwiałam wszystkie sprawy organizacyjne. Bardzo pomogła mi Alicja Małecka, szefowa Pioniera. Poznałam ją na *Maui*, słyszała o mojej promocji Polski na Hawajach. Wiedziałam, że pracuje na bardzo eksponowanym stanowisku i ma duże możliwości w kraju. Nie mogłam przegapić takiej szansy i przedstawiłam jej ten mój wielki projekt: Hawajską Rewię w Polsce. Udało się, poparła mnie i Pioneer przyłączył się do akcji. Dzięki temu wsparciu udało się znaleźć wielu dodatkowych sponsorów. „LOT" i „American Airlines" podjęły się przetransportowania Hawajczyków do naszego kraju. Udało mi się załatwić dla całego, dwudziestoosobowego zespołu pokoje na trzydziestym piętrze warszawskiego Marriotta.

Alicja Małecka: była naszym dobrodziejem podczas wizyty hawajskich artystów w Polsce. Też jest zakochana w Hawajach i często spotykamy się na *Maui*, gdzie mieszka z mężem.

– Zdążymy, zdążymy Wodzu? – pytałam codziennie z daleka, już biegnąc od samochodu. I codziennie spotykałam się z taką samą reakcją. Wódz patrzył na mnie z hawajskim spokojem, żuł orzeszki *kona,* popijając *avą*. Przełykał i mówił, jak gdyby pochłaniało go już coś innego:

– *Sure*. (*jasne – przyp red.*)

Sierpniowego poranka 1996 roku, tydzień przed występem w Sali Kongresowej, byliśmy na lotnisku w *Honolulu* gotowi do lotu na drugi koniec świata po sukces i sławę. Dzięki grupie wspanialych „Aniołkow", od kilku tygodni cała Warszawa była pełna plakatów informujących o naszym występie. Zapowiedzi szły także w radiu i telewizji.

Jesteśmy więc na lotnisku, mamy jeszcze dwadzieścia minut do rozpoczęcia odprawy. Czekam na Voytka – był spakowany, leciał z nami, ale miał jeszcze wstąpić do biura po kilka rzeczy i dołączyć do nas, dowieźć drobiazgi, których ja nie zdążyłam zabrać. Przez okno hali odlotów widzę jak podjeżdża jego samochód, ale wysiada z niego pracownik Voytka. W jednym ręku ma torbę z moimi rzeczami, a w drugim kopertę. Daje mi obie rzeczy bez słowa i odchodzi. Czasami czujemy, jak ziemia usuwa nam się spod stóp, niemal fizycznie. Musimy usiąść, żeby się nie przewrócić, żeby zatrzymać wirujący wokół świat. W tej kopercie był pozew rozwodowy i krótki list, w którym Voytek wyjaśniał, że czuje się w moim „cieniu i niedowartościowany." Nie leci z nami. Koniec.

Nie rozmyślałam, dlaczego nie poczekał do mojego powrotu, dlaczego cały czas zachowywał się pomocnie i dopiero, gdy potrzebowałam największej mobilizacji, ugodził mnie tym dokumentem. Siedziałam, a wkoło panowała cisza. Nie słyszałam na gwarnym lotnisku ani jednego dźwięku. Odwróciłam głowę, zobaczyłam Wodza, który ze swoim spokojem poprawiał coś w walizce, spojrzałam na tancerzy, którzy byli podekscytowani, i wyglądali na szczęśliwych. Cały świat był jakby za grubą szybą. Tylko kilka minut – pomyślałam. Bożena, masz kilka minut, musisz się zebrać, musisz się podnieść i zrobić to, co do ciebie należy. Mówiłam do siebie trochę jak himalaista, który utknął na ośmiu tysiącach bez tlenu, z lekkim obrzękiem mózgu, ale rozumie stawkę i wie, że musi jeszcze zdobyć się na wysiłek zejścia do obozu.

Wstałam, jak automat wprowadziłam cały zespół do samolotu, usiadłam, zapięłam pasy, wystartowaliśmy, zaczęliśmy się wznosić. Jeszcze nie zgasło światełko zakazujące wypinania się, ale ja wiedziałam, że zbliża się fala, której nic nie jest w stanie zatrzymać. Wiedziałam, że jeśli natychmiast nie pobiegnę do łazienki, wszyscy to zobaczą. Fontanna łez poleciała w momencie, w którym zamknęłam za sobą maleńkie drzwiczki od toalety. Usiadłam. Czułam jak samolot wyrównuje, silniki zmniejszają moc. Nie wiem, ile czasu minęło. Kiedy stewardessy pukały, odkrzykiwałam, że chyba mam zatrucie pokarmowe. „Idziesz Bożka, zepchnij to w kąt umysłu i zrób to, co do ciebie należy!” Powtórzyłam sobie to stwierdzenie dwieście, może trzysta razy. Wyszłam, pokazałam zaniepokojonemu zespołowi, że OK, że żołądek, stres, tygodnie przygotowywań, ale już jest okej.

To było wydarzenie! Spełniły się moje największe marzenia! Pierwszy Festiwal Hawajskiej Kultury w Polsce! I to gdzie? Wow! W samej Sali Kongresowej! Sięgnęliśmy z moimi Hawajczykami sceny polskich gwiazd!

I było okej. Nie pękłam już później ani razu. Odłożyłam tę sprawę definitywnie do czasu powrotu z Polski.

Na Okęciu oczywiście wzbudziliśmy wielkie zainteresowanie. Nie pamiętam czy istniał nowy, czy jeszcze stary terminal, ale w hali przylotów wyglądaliśmy jak plama kolorowej farby rozlanej na szarym płótnie. Pierwsze zaskoczenie Wodza i Hawajczyków, którzy wcześniej nigdy nie opuszczali swoich wysp: pogoda. Był sierpień, więc fale upałów przeplatały się z raptownymi ulewami i chłodniejszymi nocami. Moi ludzie nie byli w stanie tego pojąć.

– Klimat nocny, klimat dzienny – mówili. – Wszystkie miesiące tak u was wyglądają?

– Ten jest w zasadzie jednym z ładniejszych – grzecznie odpowiadała obsługa Marriotta.

Chciałabym, żeby to było zrozumiałe: mój zespół był z tak diametralnie odmiennego klimatu, że konieczność choćby ubierania kurtki, konieczność wzięcia jej do torby „na wszelki wypadek" – to był obyczaj całkowicie dla nich szokujący! Było to dla nich tak samo naturalne, jak dla nas fakt, że możemy chodzić tylko w t-shirtach przez 12 miesięcy w roku. A przecież na Hawajach możemy...

Drugi problem z zaadaptowaniem się w Polsce po przyjeździe, dotyczył jedzenia. Wyżywienie w hotelu było doskonałe, bardzo o nas dbano, ale Hawajczycy przyzwyczajeni do swoich kulinarnych rytuałów, niespecjalnie cieszyli się ani ze schabowego z ziemniakami, ani ze spaghetti podanego na srebrnych paterach. Oni chcieli swojej kuchni. I to by nie było jeszcze takie złe, coś byśmy wymyślili. Oni chcieli również sami gotować! Na Hawajach piecze się zwierzynę w całości, w sposób tradycyjny, to znaczy w specjalnych, wykopanych piecach ziemnych. Mięsiwo owija się liśćmi bananowca i tak przygotowane serwuje na uczcie, która nosi tradycyjną nazwę *luau*.

Pewnego razu wracam do hotelu po kilku godzinach spotkań i już z daleka widzę, że wokół Wodza kręci się kilku policjantów. Warszawski Marriott stoi w szczególnym miejscu śródmieścia. Od strony ulicy Emilii Plater znajdowało się wtedy liceum i stacja benzynowa. Kiedy podeszłam dowiedzieć się, o co chodzi, Wódz właśnie tłumaczył władzom, dlaczego saperką kupioną na tej stacji, usiłował wykopać na skrawku trawnika duży dół. *Luau* w centrum Warszawy... Skubańcy zorganizowali już – w porozumieniu z hotelowymi kucharzami – całe prosię! Miało zostać dowiezione lada chwila. No i dostali mandat za niszczenie zieleni. Gdyby przeszli do rozpalania ognia w tym swoim ziemnym piecu, wykopanym kilkadziesiąt metrów od stacji benzynowej, wyszłoby drożej. Raczej nie byłoby zagrożenia wybuchem, ale policja przecież dostałaby histerii! Zobaczywszy co się dzieje, zapakowałam ich wszystkich do busa, wzięłam od kucharzy to prosię, które w międzyczasie dostarczono i zawiozłam spragniony domowego, hawajskiego jedzenia zespół do mojego przyjaciela „Diabełka", który mieszkał w Konstancinie-Jeziornie. Już kiedyś mi pomagał, ale tytułu „Aniołka" jeszcze wtedy nie uzyskał, Hawajów jeszcze nie odwiedził. Do-

„Kawa czy herbata"... a może kokos? Byliśmy roztańczonymi gośćmi w polskiej telewizji.

piero 10 lat później dał się namówić na rejs po wyspach.

– Nie ma problemu, kopcie sobie piec na *luau* – powiedział niewzruszony i wskazał kawałek swojej łąki za domem.

Nie chcieli wracać, powiedzieli, że noc jest przecież wyjątkowo ciepła i po *luau* prześpią się pod gołym niebem.

W dniu występu bałam się o wszystko, nawet miałam dziesiątki pomysłów, co może nam pójść nie tak. Największy: frekwencja.

– Niepotrzebnie się denerwujesz, ludzie będą walili drzwiami i oknami! – zapewniała Jola.

Powątpiewałam.

Już godzinę przed rozpoczęciem show nie było ani jednego wolnego miejsca! Na zapleczu byliśmy przebrani i gotowi. Wódz przygotowywał sobie wieniec na głowę, pas na biodra oraz pochodnie do swojego popisowego numeru – żonglerki. Tancerki i tancerze byli piękni, wszyscy mieli wspaniałe hawajskie wieńce. Mieli wystąpić boso, więc wyszłam na scenę, jeszcze zasłoniętą kurtyną, by kolejny raz sprawdzić, czy nikt nie nadepnie na wtyczkę, wystający gwóźdź, albo Bóg wie co jeszcze. Niesamowicie być za kurtyną, gdy po drugiej stronie kipi gotowa na występ wielka sala. Od show dzieliły nas minuty, kiedy podszedł do mnie główny strażak Sali Kongresowej i powiedział, że nikt z nim nie uzgodnił pokazów pirotechnicznych.

– Przecież nie będzie pokazów pirotechnicznych, tylko będzie taniec – odparłam zaskoczona. Rozmawialiśmy za tą kurtyną.

– Ale ten wielki Indianin ma pochodnie, widzę. I co, będzie machał zgaszonymi?

– Nie, ten Polinezyjczyk będzie żonglował zapalonymi.

– I to są pokazy pirotechniczne właśnie i ja tego zabraniam, w myśl regulaminu. – powiedział z satysfakcją strażak.

„Tylko spokojnie", pomyślałam. Miałam kilka wyjść. Mogłam starać się go zignorować, postraszyć wyższą instancją lub przekonać w skuteczny sposób.

– A pan wie, czym jest ogień dla Hawajczyków? – zapytałam. – Życiem! I podstawą kuchni. Jest pan bardzo ważnym człowiekiem tutaj, w Sali Kongresowej, mądrym i roztropnym. – „Byleby tylko nie osunąć się w ironię" – przemknęło mi przez myśl. – Jak tylko skończy się nasz występ, zapraszam pana na wspaniałą ucztę. Kogo jak kogo, ale pana nie powinno zabraknąć u nas, na 40. piętrze hotelu Marriott.

– W Marriottcie będzie ta kolacja? – Ożywił się. Była połowa lat 90. Ten hotel był dla Polaków innym, lepszym światem, czymś raczej niedostępnym, miejscem, w którym kiedyś mieszkał Michael Jackson. To było zaledwie rok wcześniej. Hotel oblegały wtedy tysiące jego fanów.

Podziałało.

Wróciłam do garderoby. Wszyscy byli gotowi, Wódz skupiony, pochodnie zapalone. Spojrzałam na nich, spojrzałam na scenę „Sali Widowiskowej Pałacu Kultury i Nauki" i nagle dostrzegłam groteskę tej sytuacji. Kontrast pomiędzy tradycją hawajską, która zostanie pokazana w tym wyjątkowym miejscu. W Sali, którą wybudowano, aby była miejscem komunistycznych masówek i zjazdów PZPR, ale od zawsze występowali w niej wykonawcy nieprawomyślni: Rolling Stones, King Crimson, ale także Marlena Dietrich.

To była krótka refleksja. Na moment. Bo nagle zagrała muzyka.

– Okej, wchodzicie! – krzyknęłam. – Go, go, go!

I poszli. Po sławę? Nie. Po pieniądze? E, tam! Po dobrą zabawę. Wybiegli na scenę przed trzy tysiące widzów i rozpoczął się nasz hawajski show.

Wódz jak zawsze był świetny, tancerki i tancerze wspaniali. Gapiłam się na nich zza sceny bez przerwy, więc od czasu do czasu dostrzegałam jakieś drobne nieścisłości choreograficzne. Strasznie mi zależało, więc widziałam wszystko przez „wielką lupę". W istocie nie popełniali prawie żadnych błędów. Tańczyli rytmicznie, w sposób skoordynowany. Byli pewni swoich ruchów, jak gdyby jeździli z tym repertuarem po świecie od co najmniej roku.

Podczas antraktu – skupienie, żadnego rozprężenia. Wódz łyknął *avę*. Wyszli znowu. I znowu byli znakomici. Kiedy kończyli występ, ustawiając wielki wspaniały taneczny krąg, sala biła im brawo na stojąco. Nie sądziłam, że w odstępie kilku zaledwie dni będę płakała zarówno z rozpaczy, jak i ze szczęścia. Ale wtedy, tam na zapleczu, nie mogłam powstrzymać łez.

Dwa bisy – proszę bardzo. Ta wspaniała polska publiczność dawała im super energię!

Kiedy wreszcie skończyliśmy, wróciliśmy do hotelu i trochę odpoczęliśmy – rozdzwoniły się telefony. Szczecin, Sopot, Kraków, Częstochowa. Wzięłam notes i zapisywałam oferty. Wszyscy dawali nam terminy „na już". No to ruszyliśmy w trasę!

Jeszcze tylko następnego ranka pojawiliśmy się w programie telewizyjnym „Kawa czy herbata". Pytano nas o to, gdzie się nauczyliśmy tak tańczyć i na ile jest to trudne. Wódz w lot pojął, że telewizja wymaga zwięzłych efektownych odpowiedzi i nie ma miejsca na dokładne tłumaczenia, z których wynikałoby, że każdy spośród tancerzy szkolił swoje umiejętności od dziecka.

– Wszyscy rozpoczęliśmy próby dwa tygodnie przed przylotem. – odpowiedział dziennikarce.

– Ale tańczyliście już wcześniej w jakiś zespołach...

– No skąd. Tu kolega jest bankowcem. Drugi sprzedaje samochody. Ja na co dzień jestem policjantem w *Honolulu*. No, ale przyszła Bożena...

– I co ?

– I powiedziała, że w Polsce nie chcą uwierzyć, iż każdy Polinezyjczyk potrafi tańczyć narodowy taniec od dziecka, instynktownie.

W tym momencie dziennikarka chyba się połapała. Tłumacz był niezły, szybko wychwycił prowokację Wodza i wszedł w rolę uśmiechając się tajemniczo w odpowiednich momentach.

Mojego kochanego przyjaciela, Wodza Sielu Avea, nie opuszczał dobry humor. Poprzedniego wieczora, po występie w Kongresowej, zaproszono cały zespół na wytworną kolację (nie zapominając o dyżurnym strażaku!). Impreza była spora, wiadomo – różni ludzie się na niej pojawiają. Obok jednej z najpiękniejszych dziewcząt naszego zespołu usiadł lekko ośmielony trunkami Polak po czterdziestce, który najpierw delikatnie, potem coraz odważniej, zaczął składać jej różne propozycje. „Oczywiście" odpowiadała raz za razem na jego kolejne pytania, no i zaczęły się kłopoty. Tamten podpity nie mógł uwierzyć, że idzie mu tak łatwo.

– Słuchaj, ja tu mam obok pokój w Holiday Inn, chodźmy, to puszczę ci piękne płyty, pokażę panoramę Warszawy, co ty na to? – Musiał na koniec intonować pytająco, bo dziewczyna wiedziała kiedy się odezwać, a na nieszczęście odpowiadała używając ulubionego słowa całego naszego zespołu: „oczywiście".

– To idziemy? – pytał tamten.

– Oczywiście.

– No to chodźmy już.

– Oczywiście.

– Co z panią? – Chwycił ją za ramię i wtedy jak z podziemi wyrósł potężny, wytatuowany Wódz. Pojawił się, jak nie przymierzając, „Zły" Tyrmanda. Górował swoją groźną sylwetką nad natrętem, ucapił go pod pachę, odprowadził na bok i wtedy okazało się, że nie tracił czasu – jak inni – na naukę tylko jednego słowa:

– Ucieczka człowiek, ucieczka teraz! – powiedział groźnie, pogroził palcem, a tamtemu nie trzeba było dwa razy powtarzać…

Najpierw mieliśmy wystąpić w Częstochowie. Załadowaliśmy się całym zespołem do pociągu i dla moich Hawajczyków rozpoczęła się prawdziwa eksploracja nieznanego. Na Hawajach nie ma kolei. Na kontynencie kiedyś był tylko Wódz i widział amerykańskie pociągi z lotniczymi fotelami. A tu: przedziały, toalety, górne półki bagażowe – wszędzie można było spotkać któregoś z moich Hawajczyków. Zdobyliśmy ten pociąg jak kowboje Dziki Zachód. Ktoś z nich przychodził spytać, czy celowo nie ma wody w kranach, czy to może jakieś względy bezpieczeństwa? Ktoś wieszał się na oknie, bo sądził, że ma za mało siły, skoro Polak na korytarzu okno przed swoim przedziałem otworzył, a on u siebie nie może. Polska prowizorka i opłakany stan PKP były im całkowicie nieznane, uczyli się polskich pociągów na wyjątkowo trefnym składzie. Trzęsło, śmierdziało, trzaskały niedomykane drzwi od toalet, upał był niemiłosierny… a oni mieli najlepszą na świecie zabawę! Wódz się nie bawił. Był zafrasowany: kiedy przesuwne drzwi od naszego dusznego przedziału stawiły mu niespodziewany opór, szarpnął mocno i wykoleił je z tej prowadnicy. Musiał je naprawić. Pół godziny reperował, ale czuł, że fatalny stan reszty wagonu nie zwalnia go z odpowiedzialności za ten jeden detal, który zepsuł.

Byłam już nieco oswojona z nienasyconym apetytem wiedzy i ogromną potrzebą zabawy, prezentowaną przez mój zespół. Jeszcze przed występem odwiedziliśmy Pałac w Wilanowie. Wszystko było jak należy, anglojęzyczny przewodnik i prospekty. Ale kiedy mieliśmy rozpocząć zwiedzanie, aż Wódz musiał wszystkich zebrać do kupy, bo chłopcom tak spodobało się ślizganie w muzealnych kapciach, że od razu rozjechali się froterować pokoje Jana III Sobieskiego i zniknęli nam z oczu! W Częstochowie jednak przesadziłam chyba, decydując się na zwiedzanie całą rozhasaną grupą Jasnej Góry.

Kościelni jeszcze nawet akceptowali wchodzenie za ołtarz, jeszcze mieściło im się w głowach, że można chcieć wszystko zobaczyć z aż tak bliska. Afera zaczęła się dopiero, gdy któryś z naszych zorientował się, że tabernakulum jest otwarte i chciał wziąć do ręki monstrancję. Miałam pół minuty, żeby wytłumaczyć, dlaczego tego nie wolno i dlaczego mogą być kłopoty.

Moi Hawajscy przyjaciele zadawali zresztą bardzo przytomne pytania natury religijnej.

– A dlaczego obraz tej kobiety odsuwa się i zasuwa?
– Bo to obiekt kultu, chodzi o ceremonię. – odpowiedziałam.
– Ona jest Matką Jezusa? – pytała młodziutka Polinezyjka z Samoa.
– Tak.
– Ale Jezus jest ważniejszy?
– Jest częścią Trójcy Przenajświętszej.
– To ja mam pytanie – powiedziała. – Dlaczego w najważniejszym polskim kościele czci się przede wszystkim jego żywą Matkę, a on wisi w rogu martwy? Skoro jest Bogiem?

Musiałabym opowiedzieć jej o kulcie maryjnym, o szczególnym stosunku Jana Pawła II do świętej panienki. Nawet nie próbowałam. Z szeregu trudnych pytań wybrałam więc szybko inne. Ktoś zapytał:

– Dlaczego w religii Polaków głównym jej symbolem jest zamęczony człowiek przybity do desek?

Tu mogłam powiedzieć o sensie cierpienia, odkupieniu win i zmartwychwstaniu. Ale lekko nie było. Uświadomiłam sobie, że ktoś zupełnie z zewnątrz potrafi zadawać pytania, nad którymi ludzie wyrośli w religii katolickiej nigdy się nie zastanawiali.

Wódz patrzył dłuższy czas w milczeniu na obraz Matki Boskiej Częstochowskiej, aż w końcu powiedział filozoficznie:

– Szczęście jest sumą życiowych decyzji. Kto szuka szczęścia, ten znajduje guza.

Niespecjalnie mogłam się zastanawiać nad jego słowami, bo musiałam iść sprawdzić, co się dzieje z częścią zespołu, która poszła do sklepu z dewocjonaliami. Widok był mniej więcej taki: jeden tancerz odkręcał główkę Matki Boskiej (była to kropielnica w wersji mini do użytku domowego). Inny poruszał wskazówkami zegara, które były ramionami chrystusowego krzyża. Mój zespół w ciągu kilku chwil obnażył absurd tych pozbawionych gustu dewocjonaliów. Pośrodku sklepu stała mocno zdenerwowana sprzedawczyni i wyzywała ich od diabłów. Nie wiedziałam dlaczego, ale wszyscy moi ludzie byli ubrani w przepiękne lisie futra. Otóż na samych dewocjonaliach sprzedawczyni zarabiała mało, więc dołączyła do handlowej oferty sklepiku długi wieszak z damskimi futrami.

– Diabeł!!! – wrzeszczała wskazując przystojnego, śniadego Polinezyjczyka w damskim srebrnym futrze, bawiącego się rozkręcaniem fluorescencyjnego Jezusa.

Musiałam podjąć decyzję.

– Uciekamy stąd! – krzyknęłam.

Odwiesiliśmy, co nie nasze i szybko wyszliśmy.

Występy na trasie w Polsce były równie udane pod względem tanecznym, co ten w Sali Kongresowej. Problem stanowiła mało efektowna oprawa, ale nie narzekaliśmy. Czasami trzeba było występować w pełnym słońcu lub w deszczu, ale nam to absolutnie nie przeszkadzało. W Sopocie Wódz o mało nie zrzucił sobie na głowę płonących noży-pochodni, bo jego żonglerkę na sopockim molo kręciła telewizja i operator kamery uznał, że Wodza trzeba lepiej doświetlić. Strzelił mu w oczy tak silnym halogenem, że Sielu Avea zdążył jeszcze krzyknąć i, nic już nie widząc, złapał płonącą żagiew tuż nad swoją głową.

Hawajskie Noce w warszawskim hotelu Victoria. Były nie tylko występy taneczne, ale także prawdziwa hawajska kuchnia, osobiście przygotowana przez George'a Liechty, szefa kuchni z Marriotta na wyspie *Kaua'i*.

Muszę podkreślić, że podczas podróży po Polsce spotkaliśmy się z ogromną życzliwością. Byliśmy w Białymstoku, Wrocławiu, Gdańsku, Krakowie, Rzeszowie, Poznaniu, Łodzi. Słowem, zjeździliśmy Polskę wzdłuż i wszerz. I wszędzie, w każdym mieście, znalazł się ktoś z moich wspaniałych „Aniołków" – jak nazywam swoich przyjaciół – kto pomógł w zorganizowaniu transportu, hotelu, obiadu, nagłośnienia, oświetlenia, sceny. Moi hawajscy przyjaciele byli Polską zachwyceni. Ja też. Aniołki to jednak nie są zwyczajni przyjaciele. To grupa osób, które odwiedziły i pokochały Hawaje, uzyskując ode mnie symboliczny, honorowy tytuł „Aniołka", stając się – w pewnym sensie – jedną, dużą rodziną.

Nieuchronnie zbliżał się jednak czas powrotu. Wróciliśmy do warszawskiego Marriotta i wtedy okazało się, że jednym z najważniejszych kucharzy w tym hotelu jest... Hawajczyk, który podczas naszego wcześniejszego pobytu był na urlopie w *Honolulu*. Ale przypadek! Padli sobie z Wodzem w ramiona, jakby znali się od lat. Podeszłam do jednego z pracowników hotelu i spytałam, dlaczego nie powiedzieli nam o tym wcześniej, że jest ktoś taki, że wróci, że będzie prawdziwa hawajska uczta!

– Żebyście nie stworzyli nam tu jakiegoś hawajskiego lobby – odparł i przez moment w jego oczach dostrzegłam wariactwo. Udzielił mu się hawajski klimat. Chciano nam zrobić niespodziankę!

A więc prawdziwa hawajska uczta na nasze pożegnanie! Kucharz hotelowy, który większość życia spędził na Hawajach, cieszył się jak dziecko, że wreszcie po raz pierwszy w Polsce, będzie mógł zrobić *luau* i zostanie to należycie docenione. Choć było to wbrew wszelkim przepisom, a już na pewno wbrew przepisom Sanepidu, cześć naszego zespołu wpakowała się do hotelowej kuchni i pomagała przyrządzać hawajskie jedzenie.

Impreza była wspaniała!

Obudziłam się o czwartej rano. Samolot mieliśmy o ósmej. W sam raz. Zebrać zespół, spakować resztę rzeczy, pozamawiać taksówki. Zapukałam do pokoju chłopców. Cisza. Zapukałam mocniej. Usłyszałam coś jakby gulgot osoby duszonej. Nacisnęłam klamkę. Drzwi były otwarte. Moim oczom ukazał się widok apokaliptyczny. Hawajczycy leżeli w całym dużym pokoju, jak gdyby ktoś wszedł do niego z pukawką i kolejno ich wystrzelał! Wystrzelali ich polscy sponsorzy, organizatorzy i inni faceci, którzy dużo nam pomogli i nie wyobrażali sobie, że teraz chłopaki nie pożegnają się z nimi jak należy. Po polsku. Po flaszce na głowę. Sprawdziłam każdemu puls. Wszyscy żyli. Jęczeli, czołgali się, zwisali nad sedesami i umywalkami. Pobiegłam po dziewczyny i zaczęłam zarządzać kryzysem. Pięć kaw dla każdego! Zimne i gorące prysznice na przemian. Pomagało tak sobie. Część dziewczyn ich pakowała, bo oczywiście nic nie było tknięte. Byłam wściekła na Polaków. No, ale skąd mogli wiedzieć, że ci Polinezyjczycy sączą sobie wyłącznie nieinwazyjną, relaksującą *avę* i to jest ich całe odurzanie? No, może ktoś jeszcze miał przygody z haszyszem albo wypił raz trzy piwa – ho, ho! Ale nikt nigdy nie zaatakował ich propozycją wódczanej pijatyki...

To było jeszcze przed 11 września, przed drastycznym zaostrzeniem rygorów lotniczego bezpieczeństwa. Inaczej byśmy nie polecieli. Nikt nie wpuściłby ich w takim stanie do samolotu. Wodza zasłoniliśmy dużym kapeluszem z namalowanym z przodu orłem w koronie. Że niby wakacje w Polsce, więc wiadomo. Prowadziły go zresztą dwie tancerki. Reszta zespołu odzyskiwała siły w różnym tempie. Byle do samolotu, myślałam, potem zasną. Wódz wracał do zdrowia jeszcze cały tydzień w *Honolulu*. Jak do niego zadzwoniłam trzy dni po wylądowaniu, żeby pogratulować podboju Polski, to powiedział bardzo cichutko, że jakoś nie czuje się zwycięzcą. Do dziś mówi, że podróży powrotnej po prostu nie pamięta.

A więc udało się, wróciliśmy cali. „W zasadzie – pełen sukces", myślałam sobie. Dopiłam kawę, zamknęłam stolik przed sobą. Mieliśmy kilka chwil do lądowania w *Honolulu*. Sięgnęłam na dno torby i znalazłam pismo, które ponad miesiąc wcześniej dał mi kurier wysłany przez Voytka. „Nawet nie on sam, nie miał odwagi sam" – westchnęłam. Wciąż kochałam mojego męża i pewnie dlatego, kiedy kilka dni po wylądowaniu przyszedł z bukietem róż, ukorzył się i błagał o przebaczenie, zgodziłam się, że teraz razem podrzemy „tę okropną kartkę" i zapomnimy o tym „nożu wbitym mi w plecy".

Wyrok na nasze małżeństwo został odroczony.

Wizyta w 1996 roku miała nie być naszą ostatnią wyprawą do Polski.

Za każdym razem, kiedy natykałam się na kogoś z zespołu, z którym przeżyliśmy tyle wspaniałych przygód, słyszałam:

– Bożena, kiedy znów znajdziemy się w samolocie do Polski?

Wódz żartował:

– Chciałbym tym razem pamiętać coś z ostatniego wieczora... Polećmy znowu!

To polecieliśmy. W 1998 roku, dzięki najróżniejszym sponsorom, którzy pamiętali o sukcesie pierwszej wizyty zespołu hawajskiego, udało się zorganizować kolejną. Tym razem było równie cudownie, dostrzegało się znacznie mniej kontrastów wynikających z różnic kulturowych, Hawajczycy wydawali się już zaadaptowani do wschodnioeurpioejskich warunków. Podczas naszej drugiej wizyty odbyła się wspaniała wielka rewia „Hawajskie Noce" w hotelu Victoria. Tym razem oprócz Wodza Sielu Avea przywieźliśmy ze sobą piękną jak sen Michelle Malulani, Miss Hawajów, która koronę uzyskała dosłownie kilka miesięcy wcześniej. Występ był niezwykły.

– Mój drugi kraj! – powiedział do mnie o Polsce Wódz Sielu podczas Targów Turystyki, w których wzięliśmy udział przy okazji naszej wizyty. Hawaje wystąpiły tam jako gość honorowy. Gazeta Wyborcza, która współorganizowała targi, rozpisała konkurs dla czytelników pt. „Pocztówka z Hawajów". Ci, którzy byli z wizytą na naszym cudownym archipelagu, mieli w kilku słowach opisać swoje wrażenia. W kilku słowach! Pod koniec imprezy dostaliśmy od redakcji tysiące pozdrowień i długich na kilka stron listów. To były dzieła literackie, z których spokojnie dałoby się utworzyć spory tom. Ale konkurs wygrała króciutka notka. Do dziś pamiętam nazwisko zwycięzcy: Adam Bauman. Wziął udział w konkursie w ostatniej chwili. Urzekł nas dwoma zdaniami. *Nie wracamy. PS: mielone w zamrażalniku.*

Marta i Cezary... tu już z rodziną, po 17 latach odnowili swój hawajski ślub w ceremonii prowadzonej przez Wodza Avea

Podczas Hawajskiej Nocy, która odbywała się w Victorii, podszedł do mnie młody, na oko 20-letni człowiek i bez zbędnych wstępów poprosił mnie o... ślub.

– Ślub? – spytałam otwierając szeroko oczy.

– No tak, bo to zawsze było moje marzenie. Pobrać się na Hawajach z wieńcami *lei* na szyi. I nawet mam już upatrzonego mistrza ceremonii, który tego dokona. To ten pan na scenie, który żongluje pochodniami.

– Ten pan na scenie, którzy żongluje pochodniami, to Wódz Sielu Avea, prawdziwy twardziel, nie wiadomo czy się uda. – odparłam, ale natychmiast pomyślałam: „a kurcze, czemu nie?" Tyle że patrząc na młodziutką parę, byłam niemal pewna, że to ich przebiegły plan na to, by dostać się do Stanów. Chcą uzyskać wizę pod pretekstem ślubu na Hawajach. „Trudno" – pomyślałam „zaryzykuję".

Tak zaczęła się niemal lawina polskich ślubów na Hawajach. Monika i Piotrek z Krakowa powiedzieli sobie u mnie „tak" i podobnie jak setki następnych par – przeżyli swój miodowy miesiąc w raju. Jestem pewna, że wiele z tych szczęśliwych małżeństw powróci na Hawaje jeszcze nie jeden raz... Para młoda i wokół Hawajczycy z Wodzem.

Zespół Uniwersytetu Przyrodniczego z Lublina „Jawor" wystąpił na głównej scenie Centrum Kultury Polinezyjskiej na *Oah'u*. Nigdy wcześniej nie dostąpił tego zaszczytu żaden inny zespół spoza PCC. To ogromne wyróżnienie dla polskiej kultury i moich starań promocji Polski na Hawajach.

I to był strzał w dziesiątkę! Wstydziłam się później bardzo tego, o co ich podejrzewałam. Pozory naprawdę mogą mylić. Przylecieli w grudniu, na same święta Bożego Narodzenia. Zamieszkali w najdroższym hotelu *Kahala Hilton*. Piękna, wzruszająca ceremonia ich zaślubin odbyła się na wzgórzu *Tantalus*, z którego rozciąga się boska panorama na całe *Honolulu*. Mistrzem ceremonii był – a jakże – nasz Wódz Sielu, który z radością podjął się nowej formy aktywności. I tak to właśnie, wspólnie z nim, rozpoczął się nowy rodział Hawaii Polonia Tours: Śluby w Raju.

Rok temu w lecie prowadziłam samochód w Warszawie. Radio, odkręcona szyba, ja w swojej słynnej kapitańskiej czapce i nagle ktoś obok krzyczy „Kochana Pani Bożeno". Patrzę: przystojny. Rozglądam się: macha wyraźnie do mnie.

– Pani Bożeno, nie poznaje mnie pani? To ja, Czarek, ten któremu udzielała Pani ślubu na Hawajach w 1998. Znaczy nie Pani, tylko Wódz Sielu. Świetnie, że panią widzę, bo tak się składa, że właśnie mnie i Marcie, którą pani na pewno pamięta, urodziło się trzecie dziecko. I chcemy pojechać do *Honolulu* zrobić sobie kolejny ślub. Taki ślubny, hawajski refreshing na wzgórzu *Tantalus*. Pomoże nam Pani?

Niestrudzenie promowałam Hawaje w Polsce i Polskę na Hawajach. Rok 1999 był wyjątkowo bogaty w wydarzenia kulturalne. Następowały niemal jedno po drugim. Od wielu miesięcy Zespół Pieśni i Tańca Akademii Rolniczej w Lublinie usiłował przekonać mnie, abym zaprosiła ich na Hawaje. „Pani Bożeno, będziemy tak blisko, na festiwalu tańców etnicznych w Salt Lake City w Utah... Tak marzymy o Hawajach."

„Blisko? – pomyślałam. – Bo ten sam kraj, to blisko? Pięć tysięcy kilometrów, 40 osób, bagaż ze strojami..."

Rozpoczęło się kolejne gigantyczne przedsięwzięcie z cyklu moich wypraw „z motyką na słońce". Wszystko zaczęło się od początku: musiałam błyskawicznie znaleźć sponsorów, zarezerwować scenę w Centrum Kulury Polinezji. O adrenalinie, szybkości i ilości załatwianych spraw, których wymagało zorganizowanie lublinianom występu, możnaby napisać cały tom. Ale... udało się! Jak zwykle.

Na wielkiej scenie w PCC, zarezerwowanej dotąd wyłącznie dla polinezyjskich artystów, odbył się specjalny występ zespołu z Lublina. Ponad 3 tysiące widzów oglądało niesamowite przedstawienie, na które złożyły się piękne polskie tańce ludowe, z gracją i najwyższym choreograficznym kunsztem zaprezentowane przez studentów z Lublina. Do dziś na wspomnienie tamtego wieczoru czuję dreszcz i wielkie wzruszenie.

– Polonezja na Polinezji! – Wykrzyknęłam do nich, kiedy szczęśliwi i spełnieni schodzili ze sceny. Miałam oczy pełne łez. To niezwykłe, że udało im się wystąpić w tak ważnym dla kultury hawajskiej miejscu, w samym jej centrum. Zespół gościł na *O'ahu* osiem dni. Występowali codziennie. Kiedy w barwnych, ludowych strojach wzięli udział w mszy świętej, w kościele św. Augustyna, w sercu *Waikiki*, śpiewając po polsku „Czarną Madonnę", wzruszyli do łez wszystkich obecnych na nabożeństwie. Dla mnie, dla hawajskiej Polonii i dla mieszkańców *O'ahu* – to było niepowtarzalne wydarzenie: spotkanie polskiej młodzieży z Hawajami.

To jeden z moich prawdziwych mostów pomiędzy Hawajami i Polską! Zespół akademicki „Jawor" z Lublina podbił serca hawajskiej publiczności. Jako pierwsi goście w historii, wystąpili z pokazem polskich tańców ludowych na scenie PCC. Oczarowali Hawajczyków polskim folklorem, podobnie jak Polacy byli oczarowani polinezyjskimi tańcami pod Kolumną Zygmunta!

Rozdział 4

# Konsul pod wulkanem

O tym, że należy przyznać mi tytuł Honorowego Konsula RP na Hawajach, ostatecznie zdecydowano w 1998 roku. Dwuletnia procedura wreszcie dobiegła końca, 18 grudnia odbyła się uroczysta gala w ambasadzie RP w Waszyngtonie. Czułam dumę, że będę mogła oficjalnie reprezentować Polskę. Jeszcze nie wiedziałam, że to wcale nie jest takie łatwe i lekkie zajęcie. Funkcja konsula honorowego to ciężka robota. Co najważniejsze: jak sama nazwa wskazuje, to działalność, z którą nie wiąże się żadne wynagrodzenie. Bywa jednak, że ilość obowiązków jest zbliżona do tej, którą mają konsulowie generalni i ciągnie za sobą określone wydatki... z kieszeni własnej konsula.

Ambasador Jerzy Koźmiński. Waszyngton, ambasada RP, 18 grudnia 1998 roku... Jeden z najważniejszych dni w moim życiu: dostąpiłam zaszczytu nominacji na Konsula Honorowego RP na Hawajach.

Maciej Krych. To podwójna uroczystość dla mnie: Nowy Rok na Hawajach wśród Polonii, a jednocześnie mój bezpośredni szef, konsul generalny z Los Angeles wręczył mi insygnia konsularne!

Zaraz po odebraniu nominacji zostałam rzucona na głęboką wodę. Polska starała się wtedy o wejście do NATO i moim obowiązkiem było wyjaśnić dowództwu armii amerykańskiej na Pacyfiku (z siedzibą w Pearl Harbor), kim właściwie jest ten nowy sprzymierzeniec militarny. Musiałam tłumaczyć wszystko od Adama i Ewy. Od Jałty i innych zimnowojennych uwarunkowań, przez rolę, jaką Polska odgrywa na mapie Europy Wschodniej po upadku żelaznej kurtyny. Z grubsza, nikt nie miał w USA wątpliwości, że członek NATO pod nosem Rosji, to świetne rozwiązanie, które nie wiąże się z jakimiś wielkimi kosztami po stronie sojuszu, a raczej przeciwnie, obarcza nimi kraj do niego wstępujący. Nie wiedziano jednak o Polsce nic. O historii, wojsku, dokonaniach, jak również o powstrzymaniu drugiego dżihadu przez Jana III Sobieskiego pod Wiedniem, że pozwolę sobie na taki w miarę adekwatny wtręt.

O tym wszystkim informowałam zarówno wojskowych, jak i hawajskich senatorów. Na spotkania, wywiady i audycje w radiu i telewizji jeździłam wraz z Ambasadorem Jerzym Koźmińskim, moim szefem, którego miałam okazję bliżej poznać i gościć na Hawajach. To jemu w dużej mierze zawdzięczamy wejście do NATO na zasadach, które nas satysfakcjonowały. Był wielkim, bardzo wpływowym orędownikiem tej sprawy.

Przywilejów – w ramach objęcia stanowiska – otrzymałam niewiele. Najbardziej lukratywny spośród nich, to możliwość korzystania z konsularnych tablic rejestracyjnych, pozwalających na parkowanie w miejscach niedostępnych dla zwykłych mieszkańców Hawajów. Podczas uroczystego balu sylwestrowego w 1998 roku na Hawajach, odebrałam z rąk mojego bezpośredniego szefa, Konsula Generalnego RP z Los Angeles – Macieja Krycha, oficjalną nominację wraz z wielkim godłem z brązu i insygniami konsula honorowego.

Obowiązków było natomiast mnóstwo. Poza promowaniem Polski, jako wartościowego partnera militarnego, musiałam również walczyć z powracającym jak niedoleczona grypa problemem „polskich obozów koncentracyjnych". To zbitka słów, którą bardzo ciężko usunąć z głów amerykańskich dziennikarzy. Mam o to do nich autentyczny żal. „Niemieckie obozy koncentracyjne na terenie Polski" – prostowałam, śląc niezliczone liczby polemik i listów do kolejnych redakcji. A jeszcze lepiej: „Na terenie Generalnego Gubernatorstwa", ale wymaganie takiej wiedzy, jest możliwe chyba tylko w stosunku do dziennikarzy *New York Timesa* lub *Washington Post*, a i to pewnie nie zawsze. Musiałam więc reagować i bronić dobrego imienia Polski. A poza tym... Mój Boże, poza tym okazało się, że na co dzień będę spełniać rolę ratownika pierwszego kontaktu dla rodaków, którzy znaleźli się w szpitalu, zgubili paszport, albo zostali okradzeni. I tak to już jest do dziś. Mówi się o mnie, że jestem „generalnie od wszystkiego, to ta od Polaków na Hawajach" – słyszę. Czasami niektórzy nasi rodacy przesadzają i dzwonią do konsulatu z pytaniem np. o knajpę w *Honolulu*, w której można dobrze zjeść i poderwać dziewczynę, lub gdzie jest w *Honolulu* polski kościół. Serio, zdarzają się i takie telefony od turystów.

Wedle założeń MSZ miałam również kontynuować promocję Polski, poprzez organizowanie festiwali, wystaw oraz udział w miejscowych targach ekonomicznych i turystycznych. Uznano, że jestem przydatna. Już wkrótce miało się okazać, że czasami jeden konsul honorowy to za mało...

1-go września 2006 roku polski chemik – Piotr Drabik, rozpoczął podróż lotniczą z Edmonton, w Kanadzie, na Hawaje. Lot miał trwać kilkanaście godzin. Drabik miał się przesiąść w Salt Lake City i dotrzeć do *Honolulu* 2-go września rano. I tutaj zaczyna się jedna z najbardziej tajemniczych historii zaginięć Polaków w ostatnich latach. Jako konsul honorowy na Hawajach, najpierw w ogóle nie zostałam poinformowana o sprawie, bo przedstawiciele linii lotniczych Delta, którymi młody naukowiec miał się dostać na *O'ahu*, utrzymywali, że w ogóle nie wsiadł do samolotu. Ślad miał po nim zaginąć już w stolicy Utah. „Nie ma go na liście pasażerów" – utrzymywał rzecznik prasowy linii lotniczych. Drabika zaczęto więc szukać w Salt Lake. Trwało to miesiąc. Zanim policja dotarła do nagrań monitoringu, które mogły coś wnieść do sprawy, uległy one automatycznemu skasowaniu. Taki już na lotnisku w mieście mormonów jest system monitoringu.

Sprawdzono czy Drabik nie wrócił do Kanady, albo do Polski. I wtedy dopiero, po miesiącu, okazało się, że nie tylko jego bagaż doleciał do *Ho-*

*nolulu*, ale ktoś osobiście widział polskiego naukowca w hali przylotów 2 września. Dotarł więc na Hawaje. Wtedy dopiero uruchomiono mnie. Nie miałam za bardzo głowy do szarpania się z Deltą, starałam się użyć kanałów dyplomatycznych, dzięki którym hawajska policja działałaby szybciej niż ich koledzy z Utah. Policja dotarła do pracownicy lotniska, która potwierdziła przybycie Drabika na Hawaje (potwierdziła jego rysopis), a także to, że osobiście odebrał swój bagaż. Jej słowa zostały pozytywnie zweryfikowane przez nagrania z monitoringu i dopiero wtedy zaczął się wyłaniać prawdopodobny powód zaginięcia Polaka.

Piotr Drabik był wybitnym naukowcem, ale nie tylko. Wczytałam się wtedy w jego biografię i doszłam do wniosku, że może być trudno odnaleźć go żywego. Piotr Drabik od dziecka był prymusem. Wyjątkowo zdolnym, obdarzonym wieloma talentami człowiekiem. Młodzieżowy mistrz Polski w taekwondoo, laureat nagrody Prezesa Rady Ministrów dla najlepszego polskiego naukowca, posiadacz dwóch doktoratów, stypendysta amerykańskich i kanadyjskich uczelni. Prawie geniusz. Pełen wiary w siebie. I inny niż większość naukowców. Doczytałam się, że kilka tygodni przed wyprawą na Hawaje wziął udział w kanadyjskim Biegu Śmierci, czyli pokonał 120-kilometrową trasę przez Góry Skaliste. Na starcie tego wyścigu stanęło cztery tysiące zawodników, do mety dobiegło dwustu, w tym on. W pierwszej dziesiątce! Musiał wierzyć w siebie. Na Hawaje przyleciał naładowany tym sukcesem. Znajomi mówili, że lubił ryzykować i działać na własną rękę. Kiedyś podobno wracał do Polski kilka tygodni dłużej, bo w tajemnicy przed rodziną zahaczył o Himalaje.

Wszystko złożyło mi się w jako-taką całość, kiedy dowiedziałam się o jego planach. O tym, czego chciał dokonać na hawajskiej wyspie *Kaua'i*. Sam, bez wsparcia. Bo – jak twierdzili jego rodzice – „był zawsze samodzielny i świetnie przygotowany do każdej wyprawy".

Po wylądowaniu nie wynajął nawet samochodu, bo jego karta kredytowa zostawiłaby ślad. No i wiedzielibyśmy, że należy szukać też wozu. Poszedł zapewne na kruchą, wulkaniczną, zawieszoną kilkadziesiąt metrów nad poziomem oceanu, grań.

Nikt o jego zamiarach nie wiedział, poza jego przyjacielem, który kilkanaście godzin wcześniej odwoził go samochodem na lotnisko w Edmonton. Drabik powiedział, że będzie jak zawsze: namiot, przyroda, dzicz i on w starciu z nią. Musiał spaść w przepaść gdzieś po północnej stronie wyspy. Pod jego stopą zapadła się pewnie delikatna, wulkaniczna skała. Rzucił wyzwanie przyrodzie na Hawajach i zapewne z nią przegrał.

Sprawa jednak nabierała rozgłosu. Prasa hawajska bardzo się nią interesowała. W *The Honolulu Advertiser* teksty na temat postępu dochodzenia pojawiały się co kilka dni. Niestety, mimo że dziennikarze patrzyli detektywom na ręce, śledztwo stało w miejscu.

Nie wiadomo było nawet w przybliżeniu, gdzie znajdował się Drabik w momencie ewentualnego upadku. Prowadzący śledztwo policjant, Eric Shibuya, powiedział po kilku tygodniach wprost: „Śledztwo jest zawieszone. (...) Nie mamy już więcej poszlak. Nie wiemy dokładnie, gdzie mógłby znajdować się na wyspie, więc niemożliwe jest wyznaczenie miejsca startu poszukiwań."

Spadł? Czy raczej stało się coś innego? Nawet nie można było ze stuprocentową pewnością uznać, że w ogóle znajdował się na *Kaua'i*. Powiedziałam wtedy mediom, że poszlaki wskazują, iż jego zachowanie było nonszalanckie, a tragiczny wypadek wiązał się zapewne z brakiem pokory wobec hawajskich wulkanów i skał. Ta wypowiedź nie została dobrze przyjęta, zwłaszcza w polskich mediach, ale policja na Hawajach i Konsulat Generalny, po cichu, podzielali moją opinię. Z czasem poszukiwania ustały, a jedynym człowiekiem, który walczył i chyba wciąż walczy o odnalezienie syna, stał się profesor Józef Drabik. Nie wiem ile razy był na wyspie, na której zaginął jego syn Piotr. Zapewne trudno policzyć, ile wydał pieniędzy przeczesując *Kaua'i* metr po metrze, zatrudniając zastępy jasnowidzów i prywatnych detektywów. Józef Drabik dzwonił do mnie wielokrotnie, pytając czy coś nowego wiadomo, czy w sprawie zaginięcia jego syna pojawiła się jakakolwiek informacja. Ta nieustępliwość ściskała mnie za serce. Kiedy już myślałam, że Józef Drabik pogodził się ze stratą syna, on ponownie pojawiał się w *Honolulu*. Z nowymi pomysłami na akcje ratunkowe. Z nowymi jasnowidzami i ludźmi, którzy w jego odczuciu mogą doprowadzić do cudu. Nie wiem czy dziś jeszcze tak samo kurczowo trzyma się tej nadziei, wiem że w jego przypadku, w stu procentach potwierdza się przysłowie, że ona właśnie umiera ostatnia.

Pierwszy prawdziwy test mojej sprawności dyplomatycznej miał nadejść w 1999 roku, niecałe 12 miesięcy po tym jak odebrałam nominację. Do *Honolulu*, na zaproszenie Unii Hawajskich Związków Zawodowych, miał przylecieć Lech Wałęsa. Symbol. Człowiek, który dla każdego związkowca na świecie jest dowodem, że niemożliwe nie istnieje, a jeśli się chce, można nawet rozmontować ZSRR. W odczuciu naszych, hawajskich związkowców, Wałęsa zrobił to oczywiście sam. Inni bohaterowie tej historii tacy jak Jan Paweł II, Ronald Reagan, Margaret Thatcher i w końcu Michaił Gorbaczow – to postacie drugoplanowe. Hawajskie związki zawodowe zaprosiły więc Lecha Wałęsę na uroczysty wykład, połączony z wręczeniem tytułu doktora honoris causa Uniwersytetu Hawajskiego.

Naturalnie na mnie, jako konsulu honorowym, spoczywał cały protokół dyplomatyczny przyjęcia prezydenta Wałęsy na lotnisku. Potem powinnam obwieźć go po mieście i pójść na oficjalną kolację. W zasadzie podczas jego dwudniowego pobytu nie powinnam odstępować go na krok – podczas żadnego spośród oficjalnych spotkań. Był jednak mały problem. W tym samym czasie musiałam być na zjeździe konsuli honorowych, zorganizowanym w warszawskim Pałacu Prezydenckim przez Aleksandra Kwaśniewskiego...

– Nic nie poradzisz, czeka cię wyczynówka – powiedział jeden z moich doradców. – Chyba że posiadasz umiejętność bilokacji i będziesz w dwóch miejscach na raz.

Prezydent Lech Wałęsa. Nasz prezydent nie tylko przeskoczył historyczny mur, ale i później dwa oceany, żeby w Honolulu spotkać się miejscowymi dygnitarzami i odebrać doktorat honorowy prestiżowego University of Hawai'i.

Przemyślałam sprawę. Musiałam lecieć do Warszawy na oficjalne rozpoczęcie zjazdu, a po kilkunastu godzinach odbyć podróż na Hawaje, by podjąć prezydenta Wałęsę. Spędzić z nim ponad dobę i wrócić na drugą połowę warszawskiego zjazdu. Było naprawdę wyczynowo. Musiałam zapomnieć o czymś takim jak *jet lag* – syndrom zmiany strefy czasowej. Wysiadałam na kolejnych lotniskach i bez zastanowienia przestawiałam zegarek. W samolotach usypiałam natychmiast, bo zdawałam sobie sprawę, że muszę to zrobić, muszę być choć odrobinę wyspana, bo inaczej padnę. Zasypiałam wyłącznie siłą woli.

Wałęsa był wyluzowany. Wysiadł, powiedział, że piękne słońce, odebrał kwiaty i zaczął dopytywać o Hawaje. Stwarzał wrażenie brata-łaty, kogoś, kogo dobrze mieć przy ognisku podczas spotkania gimnazjalnych przyjaciół. Nie usiłował dominować, nie wymądrzał się. Był miły i serdeczny. W tym miejscu warto podkreślić, że każdy atak na niego w Polsce odbierany jest w USA jako małość i zwyczajna zawiść. Każda próba umniejszenia roli Lecha Wałęsy jest przez Amerykanów bardzo źle widziana. Na arenie międzynarodowej ataki na Lecha Wałęsę obracają się wyłącznie przeciwko atakującym. Dla Amerykanów jest on prawdziwym i niekwestionowanym bohaterem.

Z tamtego spotkania pamiętam przede wszystkim własne zmęczenie. Ale także jedną zabawną sytuację, kiedy Voytek, z którym wciąż byłam w związku małżeńskim, grał z Wałęsą w tenisa. Miał być jeden set, skończyło się na trzech. Wałęsa wygrał w tie-breaku i cieszył się, podnosząc w górę ręce jak wtedy, przy bramie stoczni.

Nagle okazało się, że za piętnaście minut mamy oficjalne spotkanie.

– Chodź szybciutko Voytek, zanim po mnie przyślą tę lektykę, to pożyczę ci jakieś bardziej eleganckie spodnie i marynarkę, bo już nie zdążycie do domu przez tego tenisa – powiedział Wałęsa i zabrał go do swojego apartamentu, żeby wybrał sobie coś z jego walizki. Czuł się odpowiedzialny za ten przedłużony mecz. Ale przede wszystkim, to było po prostu koleżeńskie, zwykłe, odarte z pompatyczności i bufonady. Wałęsa Wielki!

Dla odmiany, prezydent Kwaśniewski był uprzejmy, ale sztywny, ściśle trzymał się protokołu dyplomatycznego. Zniosłam ten maraton całkiem nieźle, być może dlatego, że nastawiłam się na chroniczne zmęczenie i każdą wolną chwilę wykorzystywałam, żeby złapać odrobinę snu. Po

Prezydent Aleksander Kwaśniewski. Cóż, takie są obowiązki konsula... musiałam na moment pożegnać jednego prezydenta w kraju, by za dwa dni powitać poprzedniego na moich Hawajach.

W rządowym Tupolewie... Miła dla mnie niespodzianka i zaproszenie od premiera. Miałem zaszczyt lecieć rządowym samolotem z Los Angeles do San José.

powrocie do Warszawy, dołączyłam na uroczystą, zorganizowaną przez urzędującego prezydenta, kolację. Posadzono mnie obok jednego z szefów protokołu dyplomatycznego, który komentował mi do ucha każdy gest, zwrot i zachowanie Kwaśniewskiego – wszystko było na swoim miejscu, a ja starałam się jak najwięcej zapamiętać. Później ten miły pan, odpowiedzialny za protokół dyplomatyczny, opowiedział mi przezabawną historię sprzed kilku lat, kiedy jeszcze pracował z Lechem Wałęsą.

Wydarzyło się to podczas wizyty królowej Anglii, Elżbiety II. Przyjechała na taki szybki objazd Europy Wschodniej, żeby pokazać, iż Koronie ta część kontynentu również leży na sercu. W poniedziałek – śniadanie z prezydentem Węgier, obiad w naszym Belwederze i kolacja na Hradczanach z Havlem. Wtorek rano – Słowacja, po południu Bukareszt, wieczorem powrót do Londynu. Taki to był wielki wojaż. Kiedy podczas uroczystego obiadu w Belwederze goście prezydenta jedzą, do każdego spośród nich przyporządkowany jest osobisty kelner, objęty ścisłym protokołem dyplomatycznym. Musi być czujny jak sędzia linowy w US Open. Sztućce złożone równolegle – można zabrać talerz sprzed gościa, sztućce skrzyżowane to sygnał: jeszcze jem. Tych reguł jest znacznie więcej, ale te dwie są istotne dla sensu tej anegdoty. Dochodzi godzina 14, obiad skończony, wszyscy siedzą. O 17 spotkanie z Havlem, a tu królowa zostawiła sztućce skrzyżowane, więc obsługujący ją kelner patrzy zza królewskich pleców na talerz i ani drgnie. Mija kwadrans, później drugi, Królowa jest nieco zdezorientowana sytuacją.

– Nie polecicie do tych Czech dzisiaj – powiedział mój znajomy, nachylając się do swojego brytyjskiego odpowiednika.

– Co robić? – spytał desperacko tamten.

– Albo czekać, albo wydać kelnerowi nakaz zabrania talerza.

– A skąd ja mam wiedzieć, czy ona się zapomniała i wolno mi łamać podstawy protokołu?

– No to nie polecicie.

Po kolejnym kwadransie Anglik zaryzykował. Zaryzykował tak naprawdę swoją posadę. Ale niespecjalnie miał wyjście, spóźnieniem do Czech także zostałby obciążony. Królowa Elżbieta II uśmiechnęła się promiennie do kelnera zabierającego sprzed niej talerz. Wyraźnie jej ulżyło. A jak ulżyło angielskiemu znajomemu mojego towarzysza, który opowiedział mi tę historię podczas kolacji z prezydentem Kwaśniewskim!

W lutym 2003 roku stałam na płycie lotniska w Los Angeles z moim szefem, Konsulem Generalnym Krzysztofem Kasprzykiem i czekałam na przylot delegacji rządowej z premierem Leszkiem Millerem. Byli nieco spóźnieni, wreszcie z oddali usłyszałam charakterystyczny świst silników TU-154. Samolot pojawił się, zniżał lot z zadartym nosem. Z daleka widać było nasze narodowe barwy na kadłubie. Wspominałam wcześniej o wyjątkowości tego świstu, które wydają samoloty produkcji radzieckiej. TU-154 o numerze bocznym 101 wylądował wreszcie z godzinnym opóźnieniem na płycie lotniska, powitałam roześmianą delegację rządową. Kilka dni później, premier koniecznie chciał polecieć do Silicon Valley, czyli Doliny Krzemowej. Nie wyobrażał sobie, żeby jako szef rządu rozwijającego się kraju, aspirującego do członkostwa w Unii Europejskiej, nie odwiedził tego kultowego dla technologii i biznesu miejsca.

– To daleko? – spytał mnie Leszek Miller

– Kilkanaście kilometrów od San José, w północnej części Kalifornii.

– No to lecimy.

Myślałam, że to „oni lecą", ale kiedy znaleźliśmy się na lotnisku, premier zaprosił mnie do samolotu. Usiadłam w salonce prezydenckiej Tupolewa, blisko kokpitu pilotów. W tym miejscu, na cisnące się zapewne czytelnikom pytania, chcę odpowiedzieć: nie, żaden z polityków podróżujących z delegacją rządową nie miał nawet pomysłu żeby zajrzeć – co tam zajrzeć – żeby choćby próbować zapukać do kabiny pilotów. Była cały czas zamknięta. Nie było mowy o wchodzeniu, żeby choćby poklepać pilotów po ramieniu albo spytać jak się czują. Ten samolot był masywny, sprawiał wrażenie zwartego i ciężkiego, jak gdyby do jego produkcji użyto więcej stali niż to było wymagane. Myślę, że to wrażenie było związane z radziecką siermiężnością, która, mimo wspaniałego i eleganckiego wykończenia wnętrza, wychodziła w detalach. No, ale prezydentowi Putinowi nie wychodzi w żadnych detalach. Jego „Air Force One", Ił-86 został wyposażony w dwa dodatkowe silniki, żeby swobodnie udźwignąć trzydzieści dodatkowych ton płyt marmurowych, którymi wyłożono wnętrze prezydenckiego statku powietrznego.

No właśnie, Rosjanie. Amerykanie mają z nimi nieustanny kłopot. Wiele spośród tych gier odbywa się poza zasięgiem oczu i wiedzy takich dyplomatów jak ja, ale odnoszę wrażenie, że coś jest na rzeczy. W Pearl Harbor, kilka kilometrów od konsulatu w którym urzęduję, mieści się główna amerykańska baza wojskowa na Pacyfiku. Hawaje to, paradoksalnie, jedno z największych skupisk wojskowych na świecie. Na naszych wyspach stacjonuje 70 tysięcy żołnierzy gotowych do walki oraz 130 tysięcy personelu pomocniczego. Samoloty myśliwskie, które mogą poderwać się w każdej chwili z lotniska na *O'ahu*, w 2-3 godziny dotrą w każde miejsce na Pacyfiku. Ale to nie jedyna baza w tym regionie świata. Główna, ale nie jedyna. Amerykanie stacjonują na Midway, Okinawie, na Guam i w Korei Południowej, mają także stały kontyngent w Japonii. Trzymają w swoim uścisku cały basen Pacyfiku. Czasami wydaje się on trochę za mocny. Admirał Pacyfiku połączonych sił US Navy oraz US Air Force, mieszka na *O'ahu* w Pearl Harbor i raz do roku zaprasza na oficjalne spotkanie wszystkich konsuli honorowych, aby omówić sytuację wojskową w naszym regionie. Liczy, że zapoznamy z nią naszych konsuli generalnych. Szanuje nas, wychodzi z złożenia, że ta wiedza nam się należy.

Warto podkreślić, że liczba wojska i ilość sprzętu amerykańskiego znajdująca się na półkuli zachodniej jest nieporównywalna z tą na półkuli wschodniej. Mówię to całkowicie świadomie, biorąc pod uwagę Afganistan, Irak oraz okręty przy wodach terytorialnych Syrii w pamiętnych nerwowych chwilach, które stanowiły niewielki procent tego, co Amery-

Hawajski luz... Turyści instynktownie wiedzą jak korzystać z uroków prawdziwego raju.

Admirał Romuald Waga. Widać jak za naszego życia do konują się epokowe zmiany i walą mury podziałów. Zale dwie kilka lat minęło od upadku komuny, a polska dele gacja wojskowa była z oficjalną wizytą w amerykańskie bazie marynarki wojennej w Pearl Harbor.

kanie mogą rzucić do boju z Pearl Harbor w ciągu 24 godzin. Być może to uraz psychiczny po ataku w 1941 roku – nie wiem. Koncentracja wojska na *O'ahu* doprowadza czasami do surrealistycznych zdarzeń. Bo gdzie indziej na świecie, można zobaczyć rajską plażę, palmy, surferów, słońce, drinki z parasolkami w dłoniach pięknych kobiet i niziutko lecącego Black Hawka, z grupą zamaskowanych Navy Seals, siedzących na krawędzi otwartych drzwi śmigłowca? Takie widoki to tylko w „Czasie Apokalipsy" Coppoli, albo codziennie u nas, na Hawajach!

Podczas spotkań Admirałowie Pacyfiku dokładnie tłumaczą nam powody tak licznej obecności w regionie oraz możliwości militarne USA. Niespecjalnie mogę zdradzać szczegóły tych spotkań, ale jeśli w marcu 2013 roku Korea Północna zdecydowałaby się dla przykładu zaatakować Seul, najprawdopodobniej na stolicę Korei Południowej nie spadłby ani jeden pocisk (szczelna tarcza antyrakietowa), a proporcja zabitych po stronie Północnej Korei w stosunku do strat US Army byłaby taka, jak podczas Pustynnej Burzy w 1991 roku. Przypomnę: Irak – 150 000 zabitych, siły koalicji – 79 zabitych, głównie w wypadkach na terenie baz podczas szybkich szturmów. Jeśli kiedykolwiek Chiny dadzą zielone światło, obie Koree bez trudu scalą się w jedną, a odrutowany nieludzki świat przejdzie do historii. W tej sprawie piłka jest po stronie Chin od lat. I to w sensie raczej gospodarczym niż militarnym. USA musi się z Państwem Środka liczyć i istnienie Korei Północnej jest znośną ceną za dobre relacje z Chinami, dopóki reżim nie zaczyna zagrażać sąsiadom.

W grudniu 1994 roku samolotem Air Force One z Waszyngtonu przyleciala do nas czteroosobowa oficjalna delegacja polskiej marynarki wojennej. Oczywiście wszelkie obowiązki organizacyjno-dyplomatyczne spoczywały na mnie. Na czele delegacji stali admirał Romuald Waga i kontradmirał Stanislaw Kasperkowiak. Towarzyszyła im załoga Białego Domu – włącznie z kucharzem. Podejmowani byli przez amerykańskiego Admirała Pacyfiku – Zap Zlatopera. Było to ogromnie ważne wydarzenie dla mnie i dla całej naszej Polonii. Pięć wybranych par zostalo zaproszonych na oficjalny obiad, który odbywał się ze wszystkimi honorami w domu admirała.

To bylo dla mnie wielkie wyróżnienie. Dodatkowo, po archipelagu całą polską delagację oprowadzała... Hawaii Polonia Tours. Do tego z wojskową eskortą! Zaprzyjaźniłam się z admirałem i pozostaliśmy w tej przyjaźni na długie lata.

Pierwsze i jedyne moje spotkanie z Prezydentem USA Billem Clintonem oraz jego żoną Hilary miało miejsce na lotniskowcu, podczas amerykańsko-rosyjskich manewrów morskich na Pacyfiku. To był 1999 rok, krótki oddech między erą zimnej wojny, a globalnego terroryzmu. Ameryka zajmowała się przede wszystkim „aferą rozporkową", a ja mogłam z bliska przyjrzeć się minie Hilary, która ani jednym gestem nie dawała poznać, że cokolwiek w jej małżeństwie jest nie tak. Twarda kobieta. Zresztą, udowadnia to do dziś. Razem z parą prezydencką odwiedziliśmy jeden z największych lotniskowców świata, USS Nimitz. To gigant, po którego pokładzie żołnierze – w chwilach wolnych od startów i lądowań myśliwców – ścigali się wojskowymi Hummerami. Rosjanie wysłali pół Floty Czarnomorskiej, żeby prężyć przed amerykanami muskuły, ale i tak wypadali blado. Clintona, jak gdyby to wszystko nie interesowało – spojrzał za pokład Nimitza i zwrócił się do mnie:

– Po której stronie *O'ahu* zdarzają się *Maverics* (wielkie, kilkunastometrowe fale, po których surfują tylko najlepsi i najodważniejsi).

– Nie wiem czy w ogóle pojawiają się wokół *O'ahu*, raczej przy *Moloka'i*.

– Ciekawe, czy taka fala wdarłaby się tu, na pokład – powiedział trochę sam do siebie i odszedł.

Pomyślałam, że gdyby miał saksofon, chętnie by sobie pograł gdzieś na boku, zamiast udawać zwierzchnika sił zbrojnych. Miał już wtedy wyraźnie dosyć tej prezydentury.

Rok 2001 był całkiem niezły. Wiosną odwiedził nas premier, lato było bardzo udane pod względem turystycznym dla mojej firmy Hawaii Polonia Tours. Było naprawdę miło. Dopóty, dopóki Mohamed Atta nie wbił pierwszego Boeinga w północną wieżę WTC. W ciągu kilku miesięcy przekonałam się, że terrorystom sporo się udało. Zwłaszcza jeżeli chodzi o uderzenie w finanse USA.

Na Hawajach zamachy z 11 września odbiły się tak boleśnie, że większość mieszkańców zajmujących się turystyką zaczęła się zastanawiać, czy uda im się dociągnąć do „odbicia w górę" nie zbankrutowawszy. „Kiedy ono nastąpi, kiedy nastąpi" – dopytywali wszyscy. Najpierw przez miesiąc lądowały zupełnie puste samoloty, potem zaczęto ograniczać liczbę połączeń. Opustoszała plaża *Waikiki*, *Kapiolani Park*... turyści zwyczajnie zniknęli! *Honolulu* zostało ugodzone tymi atakami terrorystycznymi w najczulszy punkt – z dnia na dzień straciło swoją atrakcyjność turystyczną. Rajskie widoki nie były warte tego, żeby dać się za nie zabić – tak myśleli ci, którzy odwoływali samolotowe rezerwacje. Moja firma też nieźle oberwała. Mnóstwo Polaków zrezygnowało ze swoich amerykańskich wakacji. Polonia też wolała się nie ruszać z Chicago i z Nowego Jorku.

W tamtym czasie przyjechała do mnie moja kochana młodsza siostra, Lucy. Razem ze swoim mężem postanowili zaryzykować i po 25 latach małżeństwa wyrwali się na Hawaje. To był długi, zasłużony miesiąc miodowy. Trwał prawie dwa lata! Mieszkaliśmy razem i razem pracowaliśmy w Hawaii Polonia Tours. Pod względem osobistym 2001 był więc dla mnie udany. Rok później, kiedy okazało się, że turyści wciąż nie mogą otrząsnąć się po tragedii 11 września, wpadłam na pomysł napisania polskiego przewodnika po Hawajach. To był dobry okres. Zastój w interesie tylko mnie do tego motywował: dużo wolnego czasu, mało turystów.

Moja siostra Lucy, z mężem Marianem, też próbowali swojego hawajskiego szczęścia... Jednak nie wytrzymali tej dalekiej rozłąki z dziećmi i wrócili do Chicago.

Na polskim rynku nie było żadnego przewodnika po archipelagu. W 1995 wydałam co prawda „Hawaje", autorstwa Andrzeja Kulki, ale książka szybko zniknęła z półek. W *Honolulu* poznałam Roberta Dula, antropologa kultury i etnologa tańca, znawcę kultur polinezyjskich. Robert w latach 1994-95 wykładał na Uniwersytecie Hawajskim i był stypendystą Fundacji im. Tadeusza Kościuszki. Robert to wspaniały człowiek. Zawsze obecny i pomocny przy każdej promocji Hawajów w Polsce. Przewodnik napisaliśmy wspólnie. Po 9-ciu miesiącach pracy, polegającej m.in. na wędrówkach po zakamarkach *„labor of love"* przyszło na świat dziecko naszej wspólnej miłości do Hawajów – polskojęzyczny przewodnik „Hawaje – archipelag magiczny".

Robert Dul jest moim wielkim przyjacielem, a także prawdziwym znawcą i miłośnikiem Hawajów. Zawsze obecny podczas hawajskich wydarzeń w Polsce, wspiera mnie mocno w moich polsko-hawajskich planach i marzeniach, dba by każda książka i moje konsularne prezentacje w Polsce wypadły w najlepszym świetle.

Trzeba było się czymś zająć, bowiem aż dwa lata trwało, zanim wszystko wróciło do normy. Dwa długie lata podnosiliśmy się po atakach z 11 września. Od tamtego poranka wszystko miało być inne, trudniejsze. Trudniej było nawet wsiąść do samolotu – tak zaostrzono przepisy, że sam czas, poświęcony na kontrole powodował, że do *Honolulu* docierało mniej turystów.

Kilka lat wcześniej w północnej wieży WTF pracował mój syn, Marek. Kiedy doszło do zamachu mieszkał w Nowym Jorku. Natychmiast zadzwonił, żeby powiedzieć, że u niego wszystko OK. Nie chcę doszukiwać się metafizyczności w jego historii, ale rok wcześniej rzucił pracę w WTC. Pewnego dnia wrócił do swojego nowojorskiego mieszkania po upiornie ciężkim dniu pracy. Usiadł przy stole w kuchni i pomyślał: „nie chcę." „Nie chcę być maklerem, nie chcę kosić szmalu w czerwonych szelkach i stresować się kursem walut do końca życia. Nie chcę co rano jeździć na Manhattan i pakować się do tego mrówkowca. Chcę robić to, co kocham – grać w golfa".

Marek faktycznie był świetnym golfistą, odnosił nawet sukcesy w półprofesjonalnych zawodach, ale przerwał grę... no właśnie, dlaczego? Bo rozsądek życiowy nakazuje rozwój kariery finansowej? Tak ma wyglądać American Dream i koniec? A może uznał, że nie ma tak wielkiego talentu jak Tiger Woods? Tamtego wieczoru, pod koniec 2000 roku, porzucił pracę w WTC i postanowił założyć własną szkołę golfa. Udało mu się to w stu procentach.

Wcześniej pracował na 55. piętrze, sporo poniżej miejsca trafienia. Być może mógłby się ewakuować. Być może nie. Jego była dziewczyna, która znajdowała się na niższych piętrach budynku, powiedziała że w tamtej chwili przez ich biuro przemknął cień, a później wszystko zatrzęsło się, jak gdyby budynek na sekundę zmienił stan skupienia w płynny. Wszystko zafalowało, rozlało się jak w Matrix'sie. I dopiero po chwili dał się słyszeć głuchy łoskot, po którym za oknem pojawił się deszcz szklanych i metalowych fragmentów budynku.

Cisza, długotrwały martwy sezon, który powstał w wyniku zamachów na WTC, zbiegł się w czasie z kanonizacją naszego ojca Damiana z *Moloka'i*, o którym już opowiadałam. Tak jakoś się złożyło, że papież Jan Paweł II wyniósł na ołtarze naszego duszpasterza z leprozorium na *Moloka'i* w czasie, kiedy tego potrzebowaliśmy. Być może źle się wyraziłam... Oczywiście nie chciałam powiedzieć, że Wojtyła próbował rozruszać turystykę na Hawajach po atakach terrorystycznych. Zainteresowanie jednak wyraźnie wzrosło, zwłaszcza, co naturalne, wśród katolickich pielgrzymów.

2 kwietnia 2005 roku wiadomość o śmierci Papieża przyszła z samego rana. To przez 12 stref czasowych różnicy. O ile mieszkańców Hawajów umiarkowanie interesują informacje ze wschodniej półkuli, o tyle śmierć Jana Pawła II wywarła na nich ogromne wrażenie. Wtedy panowała atmosfera smutku. Jednak 5 lat później, 10 kwietnia 2010 roku już tylko my, Polacy mieszkający w *Honolulu*, byliśmy w szoku. Naturalnie, Ha-

Mój syn, Marek Bednarczyk. Pasja do golfa towarzyszyła mu już od dziecięcych lat na Hawajach. Uczynił z niej sposób na życie w Polsce.

wajczycy, którym mówiliśmy o wielkiej tragedii prezydenckiego samolotu, bardzo nam współczuli, jednak nikt specjalnie się nad tą sprawą nie pochylał, życie toczyło się swoim rytmem, nawet kontrahenci Hawaii Polonia Tours, którzy wiedzieli że jestem honorowym konsulem RP, zapominali złożyć mi kondolencje podczas biznesowych rozmów telefonicznych.

Do moich obowiązków należało wyłożenie księgi kondolencyjnej i rozesłanie informacji do mediów.

Hawajska Polonia spotkała sie na wspólnej mszy, a później przy oceanie w parku *Kapiolani*, pożegnalismy naszego Prezydenta. Nie mogłam uwierzyć w to, co się stało. Mój syn, Marek, który wówczas mieszkał już w Polsce (o jego przeprowadzce opowiem w innym rozdziale), zadzwonił i grobowym głosem powiedział:

– Mamo, tutaj wszystko stanęło. Życie zamarło w pół gestu!

Przypomniałam sobie, jak czekałam na spóźnionego TU-154, stojąc na płycie lotniska w Los Angeles. Pomyślałam co mógł wtedy czuć ambasador Jerzy Bahr, kiedy upływały minuty, a nad płytą smoleńskiego lotniska wciąż nie było słychać głośnego, wysokiego gwizdu nadlatującego Tupolewa... Takie chwile to dobry moment, żeby zrobić podsumowanie swojego życia, by ponownie rozważyć jego wszystkie wartości i priorytety.

Tak, mój jedyny syn wyjechał z USA i mieszka od 2003 roku w Polsce, a ja na Hawajach. Koło się zamknęło! Jak dziwnie to moje życie się potoczyło... Od wyjazdu-emigracji z rodzicami z Polski, a nawet już od samego początku, od mojego beztroskiego dzieciństwa w Stalowej Woli. Mam co wspominać i o czym wnukom opowiadać!

Rozdział 5

# Dziewczynka ze Stalowej Woli

Zanim po raz pierwszy zawalił mi się świat, a zdarzenia miały następować po sobie dosłownie lawinowo, był pochmurny poranek 15 września 1952 roku.

Ślub moich Rodziców – tacy szczęśliwi, zakochani. Ach, co to był za ślub! Moja Mama w białej weselnej sukni...

Mama obudziła się niespokojna. Ze snu, w którym czekała na Ojca przy ołtarzu – ubrana w najbielszą z białych sukien ślubnych, szczęśliwa, roześmiana i pełna nadziei. Czekała całą wieczność, ale pan młody miał nigdy nie nadejść. Właściwie nie przyśniło się jej samo zdarzenie, ale uczucie wielkiego zawodu i bólu, którego doświadcza się po stracie kogoś najważniejszego.

Więc od razu, gdy wstała, powiedziała do Ojca: nie jedź.

Mój Ojciec, Otto Zamisz, zginął kilka godzin później, zgnieciony w prowizorycznie zespawanej kabinie ciężarówki. Wtedy, po wojnie, do transportu cywilnego używano samochodów z demobilu. Z kilku wraków montowano jedno sprawne auto. Ojciec wiózł, jak co dzień, do pracy robotników budujących nowy społeczny ład. Kierownica pękła mu w rękach na prostej drodze. Żył jeszcze kilka sekund: samochód zjechał na pobocze, z niewielką prędkością uderzył w jedyną rosnącą w tamtym miejscu brzozę, a niechlujnie przyspawana do pleców ciężarówki buda zsunęła się na kabinę, przygniatając Ojca ciężarem stali i osiemnastu dorosłych mężczyzn.

Ale szczęście nie trwało zbyt długo... Moja Mama musiała niebawem biel ślubnej sukni zamienić w żałobną czerń...

Później mało kto będzie chciał w to uwierzyć, ale w zastępstwie kolegi, za którego Tata wziął wtedy kurs, zginęło wcześniej już dwóch kierowców. W samochodach nieznanej marki, połączonych naprędce z tego, co młodej komunistycznej władzy zostało po wojennych Ziłach, Oplach Blitzach i Chevroletach Canada, umierano wtedy niemal każdego dnia. Później o śmierci czyhającej na kierowców w pierwszych latach powojennej Polski Marek Hłasko napisał w „Następnym do raju." To była książka również o moim Ojcu.

Urodziłam się dziesięć miesięcy wcześniej w Nisku, małej miejscowości obok Stalowej Woli, jako drugie dziecko Urszuli Buresz i Otto Zamisza. Mamę do Stalowej Woli przesiedlono z Ropczyc koło Rzeszowa, Ojciec tuż po wojnie mieszkał w Szczecinie i do miasta, w którym właśnie modernizowano wielką hutę, przyjechał żeby być bliżej swojej – potrzebującej opieki – matki.

Przyszłam na świat z wielkiej potrzeby Matki, która ledwo uszła z życiem rodząc mojego, trzy lata starszego brata. Tata powiedział wtedy: *Więcej dzieci mieć nie będziemy*, a Mama na początku przyznała mu rację, zgodziła się, że naturalnie, oczywiście, to zbyt duże ryzyko. Ale, w przeciwieństwie do Taty, szybko zapomniała o dramatycznym porodzie, a obecność brata Janusza zrekompensowała jej wszystkie bolesne doświadczenia. Szybko też, jak chyba każda kobieta, zapragnęła córki. Właśnie córki, dziewczynki, nie „drugiego dziecka". – *Teraz będzie Bożena* – postanowiła w głębi duszy. Kiedy później, jako mała dziewczynka pytałam: *Dlaczego dałaś mi tak na imię, mamusiu*? odpowiadała: *Bo jesteś dla mnie darem od Boga.*

Wiele lat później, długo po tym, gdy zrozumiałam że moje imię występuje wyłącznie w polskim kalendarzu, tłumaczyłam swoim amerykańskim znajomym, powtarzając po mamie: Child of God.

Miłość pomiędzy moimi rodzicami to było uczucie, które może zdarzyć się tylko raz w życiu. A kiedy jedno z dwojga tak mocno kochających się ludzi umiera, drugie czeka nicość.

– Jeżeli pani nie chce, żeby pani dzieci stały się całkowitymi sierotami, musi pani uwierzyć, że życie może mieć sens – mówili do mojej Matki lekarze. Psychiatrzy? Jacy psychiatrzy, wtedy ta dziedzina medycyny zarezerwowana była wyłącznie dla ostrych przypadków obłędu. Depresji nie leczono. Potrzebującym pomocy udzielano natomiast cennych rad: *Życie toczy się dalej, proszę pani, należy wziąć się w garść. Proszę spojrzeć, jakie ma pani piękne dzieci.* Czasami radzono konkretnie: *Te zakrwawione, wydobyte z szoferki buciki, które pani mąż wiózł dla synka, to piękna pamiątka, ale proszę się do nich cały czas nie tulić, proszę je gdzieś schować.*

Życie mojej Matki nie toczyło się dalej. Jedni znajomi mówili: *Przestała żyć życiem ludzkim i normalnym.* Inni dodawali: *Już po niej.* I faktycznie byłoby po niej, gdyby nie zrządzenie losu, jeden wieczór i intuicja maleńkiej Bożenki, nazywanej „Darem od Boga".

Po śmierci Ojca, Mama została z dwójką dzieci, bez środków do życia. Aby choć odrobinę poprawić naszą dramatyczną sytuację materialną, wynajęła jeden z dwóch pokoi w naszym mieszkaniu. Wprowadziły się tam kobiety pracujące w cukierni, odległej kilka ulic od naszego mieszkania. To było wesołe towarzystwo, które próbowało przywrócić moją Matkę życiu, na siłę wciągnąć w rozmowę, zmusić do tego, by usiadła przy stole z ich gośćmi, zapraszanymi do naszego domu bardzo często. Z czasem nawet bez pytania Mamy o zgodę. Kiedyś kuzyn jednej z wynajmujących pokój kobiet zwrócił się do Matki: *Proszę pani, ja mam kolegę, czy on mógłby przyjść?*

Przyszedł.

Aleksander Gierlak, mój Ojczym, którego całe życie traktowałam jak rodzonego Tatę, dożył do dziewięćdziesięciu jeden lat, zawsze wszystkim opowiadał, że tamtego popołudnia to ja, czteroletnia Bożenka, zadecydowałam o jego losie. Wdrapałam mu się na kolana i bardzo mocno uściskałam. Mama zerkała z drugiego pokoju, jak zawsze poważna, jak zawsze smutna. Kilka tygodni później powiedziałam mu: *Musi pan zostać moim tatusiem, bo u nas w bloku, na ulicy 1-go sierpnia, wszyscy mają tatusiów.*

Aleksander Gierlak doskonale wiedział, na co się decyduje. Znakomicie zdawał sobie sprawę, że to, co może i powinien mojej matce ofiarować w tym małżeństwie, to przede wszystkim przyjaźń i wszelkie wsparcie w wychowywaniu dwójki małych dzieci. Nie wiem czy liczył na więcej. Kiedy się oświadczył, Matka była wobec niego do bólu szczera. Usłyszał, że nie jest darzony uczuciem, które zazwyczaj powinno łączyć się z małżeństwem. Zaakceptował to. Usłyszał także, że Mama kocha i zawsze kochać będzie Tatę Zamisza. Uszanował jej uczucia. Po bardzo ciężkich doświadczeniach ze swoją pierwszą wielką miłością, chciał przede wszystkim świętego spokoju, partnerstwa, być może nawet układu. Ale na pewno: wzajemnego szacunku. Kiedy o tym mówił, po sześćdziesięciu latach udanego, niemal idealnego małżeństwa, zawsze miał łzy w oczach. Zanim poznał moją Matkę był trochę zawziętym, rozczarowanym kobietami młodym mężczyzną (choć na tamte czasy – trzydziestodwuletnim starym kawalerem), który powiedział sobie, że nigdy się nie ożeni, a już na pewno nie z wdową. Okazało się, że mała dziewczynka, która „pośredniczyła" w tym małżeństwie z rozsądku, wybrała dla niego dobre życie. Być może pozbawione wielkich romantycznych porywów, ale czy dzięki nim życie zawsze jest lepsze? Po latach ich wspólnego małżeństwa, słyszałam zawsze od niego: *moment, kiedy weszłaś mi na kolana i powiedziałaś, że przydałbym się jako tatuś, bo jako jedyna w bloku go nie masz, zmienił całe moje życie na lepsze*. Pobrali się w roku 1955, dwa lata później na świat przyszła moja przyrodnia siostra Lucy, o której w tej opowieści będzie jeszcze niejednokrotnie mowa.

I drugi ślub... Zawsze mnie zachwyca ten urok dawnych ślubnych zdjęć... Tym razem to ja byłam „reżyserką" tego wydarzenia: wybrałam Mamie drugiego męża, a sobie nowego Tatę...

Kiedy myślę o małżeństwie mojej Mamy i Aleksandra Gierlaka, uświadamiam sobie zmiany cywilizacyjne, które nastąpiły w ciągu kilku dekad. Zmiany obyczajowe mają czynić nas bardziej niezależnymi, wyzwolonymi z gorsetu społecznych norm, wedle których jeszcze 50 lat temu w Polsce rozwód był niemal nie do pomyślenia. Ale czy przez to nie straciliśmy z oczu gigantycznej odpowiedzialności, która wiążę się z tą decyzją, odpowiedzialności nie tylko za siebie? W tym kontekście małżeństwo mojej Matki i Aleksandra Gierlaka jest dowodem na wielką uczciwość pomiędzy dwojgiem ludzi. Dziś wiele młodych małżeństw rozwodzi się z dużą swobodą. Łatwiej odejść, niż stawić czoła problemom. Jak napisał Zygmunt Bauman: w kulturze szybkości i samotności łatwiej się rozwodzić, niż

Moje ukochane rodzeństwo: starszy brat Janusz i młodsza siostra, Lucy (Lucyna). To jeszcze zdjęcie z Polski, z czasów naszego błogiego dzieciństwa w Stalowej Woli.

I już jesteśmy w Chicago – 35 lat później. Ale wcale się nie zmieniliśmy. Dalej się kochamy i tworzymy wspaniałą rodzinę.

odpowiedzialnie łączyć w pary; wszakże by się ożenić – potrzeba decyzji dwóch osób, by rozstać – już tylko jednej.

Mogę podejrzewać, że decyzja, którą Mama podjęła 60 lat temu, miała służyć również realizacji planu, który kiełkował w jej głowie od zakończenia wojny. Już wkrótce miała poruszyć niebo i ziemię, by osiągnąć swój cel, a życie całej rodziny czekała wielka, ogromna zmiana.

Na razie jednak mieszkaliśmy w rodzinie zrekonstruowanej, na ulicy 1-go Sierpnia w Stalowej Woli i dla nas dzieci, było to życie szczęśliwe i beztroskie. Nasz budynek stał niedaleko torów, które produkowano kilka kilometrów dalej w jednej z największych polskich hut. Z jednej strony mieliśmy piękny kościół, a gdy się dobrze wychyliliśmy przez drugie okno, widzieliśmy namiot cyrku, który z założenia był obwoźny, ale z lenistwa lub dobrej koniunktury utknął w Stalowej na kilka lat. Nasz blok stał pomiędzy domem kultury a elegancką restauracją „Arkadia". Była dostępna tylko dla najbogatszych mieszkańców i partyjnej elity miasta. W drugiej połowie lat 50. poszłam na rękę jednemu koledze i zgodziłam się jadać tam za niego. Dostawał od Ojca specjalne bony dla wysoko postawionych dygnitarzy, pozwalające na bezgotówkowe wydawanie dań z karty. Kolega wpadł kiedyś do nas na domowy obiad i tak zasmakował, że postanowił się zamieniać. Przychodził, mówił dzień dobry, pytał co na obiad, oddawał mi bony i siadał zamiast mnie do rodzinnego stołu. Ja natomiast przechodziłam na drugą stronę ulicy i kosztowałam niedostępnych dla zwykłego obywatela luksusów, zarezerwowanych dla osób kierujących chłopsko-robotniczym krajem. „Koniak to trunek klasy robotniczej, wypijany ustami jej najwybitniejszych przedstawicieli"... – dziś mogę się śmiać z tego popularnego dowcipu z tamtych lat, ale chyba oddawał on wiele z atmosfery i układów, w których przyszło nam żyć, choć może bardziej świadomi tego byli wtedy nasi rodzice.

Ja wspominam tamte lata, jako czas pełen fantastycznych zdarzeń i świetnych znajomych. Byliśmy dziećmi, polityka nas nie obchodziła. Nie wiedzieliśmy, czym jest „mała stabilizacja", nie znaliśmy żartu, że „październik skończył się w listopadzie" i szara rzeczywistość industrialnego miasta na peryferiach kraju w ogóle nas nie dotyczyła. Podobno taką opinię miała o Stalowej Woli cała Polska, a dla mnie to było miejsce magiczne, zamienione przez pogodne dzieciństwo w „Dolinę Issy".

Nie był w stanie zmienić tego nawet fakt, że żyliśmy więcej niż skromnie. Mama zajmowała się domem, a Tata zarabiał w hucie dwa i pół tysiąca złotych miesięcznie. U progu lat 60. kwota ta pozwalała pięcioosobowej rodzinie przetrwać – o niczym więcej nie było mowy. Zawsze mieliśmy co jeść, i w co się ubrać, ale na żadne luksusy absolutnie nie mogliśmy liczyć. Pieniędzy wystarczało na to, by każdemu z nas kupić raz w roku parę butów. Bywało, że Ojciec dorabiał biorąc drugą, a nawet trzecią zmianę w hucie. Woziliśmy mu rowerami prowiant pod bramę. Cztery czy pięć kilometrów, przez całe miasto. Świetnie się z bratem bawiliśmy i nawet nam do głowy nie przyszło, że praca w tak ryzykownym miejscu jak huta przez 24 godziny non stop łamie wszystkie przepisy i normy bezpieczeństwa. Dopiero po latach uświadomiłam sobie, że Ojciec wiedział jakie ryzyko podejmuje i zapewne mógłby wtedy nawet zginąć, żeby tylko stanąć na wysokości zadania, którego się podjął. To był z jego strony prawdziwy heroizm dnia codziennego.

Po latach kilkakrotnie wracałam do naszego dawnego mieszkania. Kiedy przyjeżdżałam, już jako konsul honorowa, obejrzeć miejsce, w którym się wychowałam, obecni lokatorzy chętnie zapraszali mnie do środka. Dziś to wydaje się mniejsze, skromniejsze. Kiedy w nim mieszkaliśmy, w dwóch pokojach zagospodarowany był każdy centymetr kwadratowy. Pierwszy pokój to była sypialnia dla całej rodziny z wyłączeniem mojego brata, którego łóżko stało w drugim pokoju – jadalnym. Jako jedna z nielicznych rodzin w bloku mieliśmy elektryczną kuchenkę na cztery fajerki. To był luksus, gazu nie doprowadzono, alternatywą było gotowanie na piecu. Używało się go do ogrzewania mieszkania i gotowania wody na kąpiel. Ha, sobotnia kąpiel to była cała historia, wielka ceremonia związana z grzaniem wody w wielkim baniaku. Wspólne posiłki i kąpiele bardzo naszą rodzinę integrowały, przydając życiu codziennemu sielankowego kolorytu. Odrębnym rytuałem było pranie, z którym Matka zawsze mierzyła się pochylona nad wanną, aż do dnia kiedy nasz Tata uzbierał potajemnie pieniądze i kupił pralkę SHL. Mało kto ją dzisiaj pamięta, pojawiła się na długo przed Franią i lata świetlne przed pralką automatyczną. Na górze miała zamontowaną wyżymaczkę złożoną z dwóch wałków i korbki. To był wielki cywilizacyjny skok, ogromna ulga dla Mamy, koniec nieustannej konieczności ciągłego pochylania się nad wanną pełną prania i mydlin. Bo wtedy prało się najczęściej w szarym mydle: ścinało się jego skrawki nożem do gorącej wody i namaczało pranie.

Lodówki nie mieliśmy. W chłodne dni jej funkcje pełniła szafka pod oknem z dziurą wybitą w murze na wylot. Potem dowiedziałam się, że tego typu rozwiązania stosowano bardzo często w budynkach powstających tuż po wojnie. Podczas ciężkich zim pojawiał się problem, bo od tej dziury w lodówkę zamieniało się całe mieszkanie. Zapychało się ją szmatami, starymi ubraniami, ale niewiele to pomagało, w naprawdę mroźne dni kuchnia była zawsze chłodnią. W całym bloku był jeden telewizor i jeden telefon. Do pierwszego sąsiada wszyscy chodzili więc oglądać, do drugiego dzwonić. Na ulicy, pod blokiem, parkował tylko jeden samochód – własność Ojca tego kolegi, który z wdzięcznością fundował mi obiady w wykwintnej „Arkadii". Wszystkie dzieciaki z bloku chciały się przejechać. Kiedy właściciel wracał z pracy, a miał czas, czasami poświęcał jeszcze godzinę, żeby obwieźć wokół budynku dzieci, które ustawiały się w kolejce.

To właśnie było takie cenne: poczucie wspólnoty, konieczność współżycia z ludźmi, w lokalnej społeczności. Każdy od drugiego w pewnym stopniu zależał i to zbliżało. Dziś, jeśli komuś się tak podoba, można nawet nie mówić sąsiadom „dzień dobry", zaparkować samochód w garażu i znikać za antywłamaniowymi drzwiami. Wtedy nikt nie przypuszczał, że wspólnota bloku może się kiedyś rozpaść...

Na pewno nie w Stalowej Woli mojego dzieciństwa. Inaczej traktowaliśmy też przedmioty – kochaliśmy je, ale nie wielbiliśmy, miłość przejawiała się szacunkiem do tego co mamy, a nie potrzebą zmieniania na coraz bardziej luksusowe. Mieliśmy z bratem jeden rower i po jednej zabawce: ja lalkę, on kombajn. Reszta była kwestią wyobraźni, dzięki której na tysiące sposobów wykorzystywaliśmy te skromne rekwizyty.

Dziś zabawka ma wyobraźnię zastępować, ale całkowicie się to jej nie udaje. Cieszy dziecko przez pięć minut, po czym trafia na stertę kilkuset innych, nic nie znaczących przedmiotów. Wtedy nie było zbędnych rzeczy, a wszystkie spośród nich kumulowały wspomnienia i emocje. Pamiętam moją szafkę na ubrania – kilka ciuchów, dosłownie. Myślę czasami o tej cywilizacyjnej zmianie, kiedy stoję przed szafą pełną niepotrzebnych ubrań, które czekają tylko na oddanie. Myślę wtedy o latach mojego dzieciństwa z nostalgią i wcale to nie jest pochwała ubóstwa, ale przekonanie, że żyłam w czasach, kiedy przedmioty były naprawdę potrzebne. Więcej: miały dusze, którą później na zawsze im odebrano.

Pamięć o przedmiotach wiąże się dla mnie z jednym niezwykłym zdarzeniem. Kiedy miałam dziewięć lat, kuzyn zabrał mnie na motocyklu do Rzeszowa, gdzie mieszkało moje wujostwo. Zabrał mnie na tylne siedzenie z biegu, nawet nie miałam czasu, żeby pójść do domu się przebrać. Jechaliśmy dwie godziny w kurzu tylko po to, by powiedzieć cioci i wujkowi „dzień dobry". Ot, wycieczka motocyklem, zwariowany pomysł, fanaberia. Mieliśmy zamiar wrócić tego samego dnia. Ale kiedy ciocia, Zofia Król, zobaczyła małą zakurzoną dziewczynkę, która do niej przyjechała w gości zupełnie bez powodu, wzięła mnie za rękę i powiedziała: *zanim wrócisz, kochana, mam dla ciebie niespodziankę – zabieram cię na przyjęcie*. Znalazła dla mnie w swojej przepastnej szafie piękną sukienkę, w której wyglądałam jak księżniczka z bajki. I właśnie tego małego kopciuszka zabrała na spotkanie ze znajomymi.

Dla mnie to było NIESAMOWITE wydarzenie. Pamiętam dokładnie, jaka byłam szczęśliwa w tej sukience, na przyjęciu, wśród życzliwie ze mną rozmawiających dorosłych. Pamiętam ogromną wdzięczność wobec cioci, która tym gestem nie tylko sprawiła, że po raz pierwszy poczułam się kimś wyjątkowym. Nie tylko małą, biegającą po podwórkach Stalowej Woli Bożeną, ale przede wszystkim po raz pierwszy poczułam się kobieco. To był niezwykły moment, niezwykły gest, który pamiętałam do dziś. Po wielu latach zrewanżowałam się cioci jak tylko potrafiłam, zapraszając na miesiąc do *Honolulu*. Ale to nie było wystarczające okazanie wdzięczności za to, czego przed laty dokonała swoim niespodziewanym darem. Tamtym gestem, ofiarowaniem tej pięknej sukienki z falbanami, na całe życie nauczyła mnie jak ważne jest dawanie. Wtedy zrozumiałam, co czują i jakie emocje przepełniają ludzi wdzięcznych, i od tamtej pory, przez całe dorosłe życie aż do dziś, staram się pomagać wszystkim, którzy tego potrzebują. I nic nie szkodzi, że czasami trafię na takich, którzy wdzięczni być nie potrafią, przyjmując wobec życia postawę roszczeniową.

Mogę powiedzieć z pełnym przekonaniem: tamta wyprawa motocyklowa do cioci Zofii Królowej była nie tylko spełnieniem marzenia, ale wielkim wydarzeniem formacyjnym, jednym z największych w moim życiu. Uważam, że powinno się sprawiać, by ludzie wokół nas czuli się wyjątkowi, ważni i kochani. Należy być w tych działaniach bezinteresownym, bo nie chodzi o odpłatę, ale świadomość, że dokonaliśmy rzeczy, dzięki której czyjeś życie stało się lepsze. A więc lepsze jest również nasze. Dzięki prostemu uczynkowi, którego blask i na nas promieniuje.

Być może siłę tamtego doświadczenia wzmógł fakt, ze wszyscy żyliśmy wtedy w czasach, w których doceniało się dobre uczynki. Dziś z tym bywa różnie, co jak myślę, również wynika z ogólnie obowiązującej kultury nadmiaru.

Moje dzieciństwo było super: grałam w klasy, zwisałam z trzepaka, dawałam się kolegom ogrywać w kapsle na szkolnych parapetach. Ale do czasu, bo szybko nauczyłam się odnosić zwycięstwa. Od dziecka pragnęłam łamać schematy i myśleć nieszablonowo. Teraz widzę, że moje życiowe motto: „nic nie jest niemożliwe", wyznawałam już wtedy.

Pierwszy raz noga podwinęła mi się w przedszkolu. Miałam tam bardzo dobrego kolegę Maćka, z którym spędzałam najwięcej wolnego czasu. Pewnego dnia, w ramach zajęć panie zabrały nas do lasu na grzyby. Zbieranie szybko okazało się dla mnie dość nudne i żmudne, bo większość znalezionych grzybów była niejadalna. Przedszkolanki dokonywały w moim koszyku brutalnej selekcji, zostawiając jednego maślaka i kilka kurek. Reszta wróciła do lasu. Zbuntowałam się przeciw takiemu postępowaniu, wzięłam Maćka i zaproponowałam mu zabawę w dom. Moją rolą było zrobienie obiadu. Nazbierałam szybko pełen koszyk grzybów i po powrocie, uważając, żeby nie wpaść w oko przedszkolankom, ugotowałam wszystko, co nazbierałam i nakarmiłam tym Maćka. Sama też sporo zjadłam. Jak przez mgłę pamiętam sygnał karetki pogotowia i pochylających się nade mną lekarzy. Wylądowaliśmy na tym samym oddziale toksykologicznym. Na szczęście nie natrafiłam na żadnego muchomora sromotnikowego, ani inny śmiertelnie trujący grzyb. Kilkanaście godzin po płukaniu żołądka jeszcze raz zamierzyłam się na nasze życie. Leżeliśmy w tej samej sali. Zaniepokoił mnie fakt, że salowa pomija nas podczas rozwożenia posiłków. Wyszłam z łóżka, poszłam na inny oddział, chyba ortopedyczny i zaczęłam się skarżyć pielęgniarkom, że „w tym szpitalu najwyraźniej nie karmi się dzieci". Bardzo szybko uzbierałam od litujących się pacjentów talerz pełen jedzenia, wróciłam do naszego pokoju, zjedliśmy i po kilku chwilach znowu pochylali się nad nami lekarze, znowu było płukanie żołądka i tym razem pozostawiono nas na dłużej bezpiecznie, po prostu zamykając drzwi od sali na klucz. Ledwie z tego wyszliśmy. „Nic nie jest niemożliwe".

W wieku 12 lat, nie oglądając się na obyczaje ekonomiczne panujące w Polsce, postanowiłam założyć szkolny sklepik. Sama zrozumiałam, że coś nie gra z dystrybucją dóbr żywnościowych i odkryłam, że maliznę w sklepach można spróbować obejść docierając wprost do hurtowni. Dyrektor pozwolił na „zabawę w sprzedaż" niewinnie wyglądającej dziewczynce, a ja od razu wprowadziłam zasady żelaznego kapitalizmu. Przede wszystkim: byłam bezwzględnie konsekwentna w pozyskiwaniu towarów. Do hurtowni, oddalonej o trzy kilometry, jeździłam bez względu na pogodę i porę roku. Latem rowerem, zimą z sankami. Wracałam ciągnąc za sobą paczki z ciastkami, landrynkami, andrucikami, czekoladkami, przyborami szkolnymi, zabawkami i Bóg wie czym jeszcze. Narzucałam kilkuprocentową marżę. A za zarobione pieniądze kupowałam słodycze mojej ukochanej siostrze Lucynie i jej koleżankom. Szybko nauczyłam się oceniać stosunek jakości do ceny. Zrozumiałam, że kilogram cukru dostępny w sklepie za 13 złotych, w smaku nie różni się od tego za złotych 12. Więc można z powodzeniem zainwestować otrzymaną złotówkę w cukierki. Dyrektor przebąkiwał czasem, że ta kanciapka w szatni, którą udostępnił mi na sklepik, może być potrzebna jako składzik, ale ja powiedziałam, że nie ma takiej opcji, a możliwość zaopatrywania się uczniów w landryny jest wyższą koniecznością i w końcu ustąpił. Nie sądzę, żeby myślał o mnie jak o spekulantce w czasach gomułkowskiej ascezy. Nie mniej, nie zdziwiłabym się gdyby się okazało, że nie chwalił się moją inicjatywą podczas spotkań w kuratorium oświaty. Ten sklepik to była nasza szkolna tajemnica. W interes wciągnęłam swoją koleżankę, Hankę Majchrowską. Było super, wiele jej tłumaczyłam, wyjaśniałam tajemnice interesu i sposoby docierania do niedostępnych wtedy towarów. Po tym, jak w 1965 roku, w wieku 13 lat opuściłam szkołę, Hania opiekowała się trochę naszym interesem. Miała dobre przygotowanie…

Hanka była jedną z moich najlepszych przyjaciółek. Jej rodzice należeli do partii, powodziło im się nieźle, ale ona nigdy nie dała mi tego odczuć. Przeciwnie, kiedy zamieniałyśmy się na dużej przerwie kanapkami, swoją (lepszą, z szynką), zawsze oddawała mi w taki sposób, jak gdyby to jej zależało na tym, by doprowadzić do wymiany, w efekcie której dostawała kromkę ze zwykłym serem, oddając plaster soczystego mięska. Bardzo się szanowałyśmy i dbałyśmy o nasze relacje. Później bolało mnie, że nie udało się nam odnowić tej znajomości w dorosłym życiu. A to było dla mnie bardzo ważne, bo staram się pielęgnować swoje przyjaźnie jak ogródek.

Najstarsze znajomości, z lat młodzieńczych, uważam za niemal bezcenne. Cały czas utrzymuję kontakt z dwiema innymi przyjaciółkami z dzieciństwa – Haliną Skorupą i Elą Borowiec. Wspaniałe dziewczyny, cudowne! Halinę poznałam rok przed pójściem do szkoły, na koloniach. Jako półsierocie przysługiwały mi darmowe dwa tygodnie wakacji na koloniach. Wsadzało się grupę dzieciaków do pociągu i wysyłało, hen w Bieszczady lub Karkonosze. Teraz zapewne warunki sanitarne, w których mieszkaliśmy, nie przeszłyby akceptacji sanepidu, ale wtedy jakoś nikt nie chorował, nikt się nie uskarżał, że musi spać na sali gimnastycznej razem z setką innych kolonistów. Nikomu nie przeszkadzało, że zamiast prysznica organizatorzy kolonii mogli nam zaoferować jedynie kąpiel w rzece. Przeciwnie, uznawaliśmy to za coś wspaniałego i wyjątkowego, obcowaliśmy z naturą, byliśmy młodzi, życie stało przed nami otworem. Halinę poznałam podczas jednego z takich wyjazdów w okolice Przemyśla. Prawie nie miałam kieszonkowego, mogłam być też pewna, że Mama nie znajdzie pieniędzy ani czasu, żeby mnie odwiedzić podczas dnia otwartego. Kiedy się zwierzyłam Halinie, powiedziała tylko: *nic się nie martw, biorę cię do swoich*. Spędziłam dzięki niej wspaniały dzień z jej rodzicami, którzy zajęli się mną jak własnym dzieckiem. Pamiętam nawet, że kupili mi czekoladę. Najmniejsze dobro, które mnie spotyka, pamiętam w najdrobniejszych szczegółach przez całe życie.

No i Ela, ech – moja wspaniała przyjaciółka ze stalowowolskiej podstawówki. Spotykamy się do dziś, ze łzą w oku wspominając nasze dzieciństwo z lat 60.

Aż nadszedł rok 1965. Mama weszła do dużego pokoju, stanęła pośrodku, spojrzała na całą naszą trójkę, wyjęła z torby wielki plik pieniędzy i wyrzuciła go do góry. Wspólnie z rodzeństwem patrzyliśmy jak na podłogę opada swobodnie fura papieru. Mama tak powiedziała: *Spójrzcie jak wygląda sto tysięcy!* Patrzyłam i nie wiedziałam jeszcze, że właśnie rozpoczyna się największa przygoda mojego życia.

Rozdział 6

# Dancing pod okiem reżimu

Patrzyłam z niedowierzaniem na sto tysięcy złotych rozsypane na podłodze naszego mieszkania i już wkrótce miałam się dowiedzieć, co takiego wydarzyło się wcześniej, a także usłyszeć, co nas czeka.

Miałam 13 lat, zaczynałam interesować się chłopakami, prowadziłam swój szkolny sklepik, chodziłam z koleżankami na wagary i stwierdzenie: polityka paszportowa PRL - nie znaczyło dla mnie nic. Nigdy nawet nie rozmyślałam o tym, że ludzie mogą swobodnie przekraczać granice swojego kraju. Nie wiedziałam, że istnieje jakiś inny świat, w którym jest to naturalne.

Plan podróży do USA kiełkował w głowie mojej Mamy od kilku lat i wiele życiowych decyzji, które podejmowała, układało się w logiczną całość, mającą doprowadzić do tego, byśmy naszą, pięcioosobową rodziną, na stałe zamieszkali w Stanach. Zadanie to było więcej niż trudne i Mama doskonale zdawała sobie z tego sprawę.

Dwa lata przed dniem, w którym sto tysięcy sfrunęło na nasze głowy stwierdziła, że wreszcie nadarza się szansa na uzyskanie paszportów dla całej rodziny. Wychodziła z błędnego – jak się miało okazać – założenia, że oto nastąpiła względna liberalizacja polityki paszportowej, kraj nie jest już tak otoczony drutem kolczastym jak w latach 1949-1955 i może się to udać. Dodatkowym atutem był fakt, że od końca wojny w Chicago mieszkał jej brat Edward. Do Stanów Zjednoczonych zaraz po wojnie wyemigrowały również jej dwie siostry, więc Mama uznała, że państwo zgodzi się przyznać nam wszystkim paszporty w ramach tzw. programu łączenia rodzin.

Jeździłam na wakacje, chodziłam do sąsiadów na telewizję, fikałam na trzepaku i byłam całkowicie nieświadoma, że Mama w tym czasie usiłuje zdobyć dla nas jakieś paszporty, spotykając się z ciągłymi odmowami. Teraz wiem, że po śmierci Otto Zamisza to był główny cel jej życia, który postanowiła osiągnąć za wszelką cenę. Postawiła wszystko na tę jedną kartę. Bardzo chciała zapewnić nam lepsze życie i dać szanse na jeszcze lepsze.

Szansa na to, by państwo pozwoliło nam wszystkim na wyjazd, dało paszporty i buziaczka w czółko na drogę, były bliskie zeru, ale Mama wstępując na legalną drogę zabiegania o paszporty nie mogła o tym wiedzieć. Po pierwsze, polityka łączenia rodzin dotyczyła głównie niemieckich autochtonów, przytrzaśniętych po II wojnie światowej nowymi granicami Polski. Po drugie, Ameryka nie przestawała być głównym wrogiem bloku socjalistycznego. Niby to wiedzieliśmy, ale chyba nie traktowaliśmy serio. Był jeszcze powód trzeci i najważniejszy: mój Ojczym, Aleksander Gierlak, pracował w Hucie Stalowa Wola, która produkowała nie tylko żelazka i choinkowe bombki, ale także ciężki sprzęt wojskowy i tory kolejowe, natychmiast wysyłane na eksport do ZSRR. Mama występując o paszporty i przyznając się w urzędzie, że oto my chcemy do Ameryki, popełniła poważny błąd.

Tatę poproszono do biura kilka dni później. Delikatnie, można by nawet rzec: podstępnie. Ot, jeden z pracowników powiedział: słuchaj, szef chce z tobą zamienić słowo; prosi, żebyś przyszedł, ma coś do ciebie. W gabinecie czekało już na Ojca dwóch bezpieczniaków, którzy, gdy wszedł, pochylali się nad jego pracowniczym dossier. Nie był to już okres stalinowskiego terroru, Ojca nie czekało więzienie i proces o szpiegostwo, w związku z tym, że chciał wywieźć do Stanów tajemnice odlewania kolejowych szyn. Usłyszał jednak krótki komunikat: *Panie Gierlak, my nie wiedzieliśmy, że ma pan takie ambicje. Że pana do Ameryki ciągnie. Do partii pan nie należy, a i tak daliśmy panu szanse pracy w ważnym, strategicznym, istotnym dla obronności Polski Ludowej zakładzie. A pan co? Taki numer nam wykręca?*

Myślę, że stojąc wtedy przed tymi ludźmi, nie do końca wiedział o co chodzi. Matka nie wtajemniczała go w większość spraw związanych z załatwianiem wyjazdu. Wiedziała, że przekonanie go do podróży „w jedną stronę", będzie trudne i może chciała postawić go przed faktem dokonanym? Z dzisiejszej perspektywy uważam nawet, że opuszczenie Polski na zawsze, było wtedy dla niego nie do pomyślenia. Może przez to, co przeszedł podczas wojny, w której walczył, aby, jak to mówił, *ludzie mogli żyć normalnie, bez lęku. W naszym kraju.* Wojna to był koszmarny okres w jego życiu, rzadko kiedy do niego wracał. Gdy nachodziły go wspomnienia milkł, zapadał się w sobie, nie odpowiadał na pytania. A były to wspomnienia rozerwanych kolegów z wojska, były to wspomnienia wspólnego marszu pod niemieckie kule, z którego uszedł życiem tylko przypadkiem. Tak o tym myślał: nie było żadnego racjonalnego powodu, dla którego przeżył. Dlaczego jego przyjacielowi, który biegł metr obok, kula rozerwała czaszkę, a kolega, którego kilkanaście minut wcześniej poczęstował papierosem, leżał patrząc z niedowierzaniem na kikuty swoich urwanych nóg? Ojciec miał się nigdy do końca nie otrząsnąć z koszmaru wojny. Jeszcze wiele lat później, jako starszy człowiek, już obywatel USA, budził się w nocy z krzykiem, i wciąż walczył z wojennym syndromem pourazowym. I czasami tylko udawało mu się na jakiś czas zagłuszyć drzemiące w nim demony. Już za kilka lat koszmar wojennej traumy miał mnie dotknąć osobiście, ale na szczegóły o tym, jak konflikt amerykańsko-wietnamski wdarł się do mojego życia, przyjdzie jeszcze czas.

Wtedy, kilka lat po wojnie, Ojciec już tylko chciał normalnie żyć. Ale tamtego dnia w gabinecie dyrektora Huty Stalowa Wola usłyszał jeszcze jedno: *dostaje pan przeniesienie do Tarnobrzega. Jeśli nie można panu zaufać na tak odpowiedzialnym odcinku, to będzie pan pracował przy kadzi siarkowej.*

Nie miał do Mamy pretensji. Myślę, że to, co go spotkało, przyczyniło się trochę do zmiany jego decyzji w kwestii wyjazdu. Być może zrozumiał, w jakim kraju żyje i jak została spożytkowana wolność, o którą walczył, nieustannie ryzykując życie. Po powrocie do domu usiadł ciężko w kuchni i powiedział: *Zobacz, jeszcze nic nie zrobiliśmy, a oni już dewastują nam rodzinę.* Bo zmiana miejsca pracy Ojca oznaczała dla nas biedę i ci panowie doskonale o tym wiedzieli. W hucie zarabiał trzy-cztery tysiące, co wystarczało na skromne utrzymanie pięcioosobowej rodziny. W tarnobrzeskiej fabryce siarki jego pensja miała się dramatycznie zmniejszyć.

To stwierdzenie, że „nie można panu zaufać na odpowiedzialnym odcinku", oznaczało również, że zna za dużo sekretów, które mógłby wywieźć za granicę. Wiedział na przykład, jak wygląda wylewka stalowej surówki. Teraz, wspominając tamte czasy i panującą paranoję *trzeciej wojny światowej* można się uśmiechać pod nosem. Nie wolno było fotografować lotnisk i stacji kolejowych, a obsesja szpiegowania była wśród aparatu partyjno-administracyjnego wszechobecna! Dla mojego Ojca oznaczała wtedy koniec szans rozwoju zawodowego, bo słowo *kariera* nie jest tu odpowiednie. Oczywiście dostał szansę, zostawiono mu furtkę: za dwa lata – jeśli by się dobrze sprawował – mógł wrócić do huty. Zasugerowano też, że może wtedy dostanie paszport, bo zdaniem specjalistów od szpiegostwa, dwa lata powinny wystarczyć tacie na to, by zapomniał o wszystkich poufnych rzeczach, które widział w stalowowolskiej hucie.

Degradacja Ojca stała się dla Matki dodatkową mobilizacją: *Olek, musimy dać sobie szansę na lepsze życie. Teraz jest to jeszcze wyraźniejsze. Zrobię wszystko, żeby to osiągnąć* – powiedziała i następnego dnia wsiadła w autobus do Bochni. Mieszkał tam jej kuzyn, człowiek, który oficjalnie zajmował się hodowlą pszczół. Wspaniały człowiek. Niech w tej opowieści pozostanie jednak tajemniczym pozytywnym bohaterem.

– Sto tysięcy? – spytał spokojnie.

– Tak wyliczyłam – powiedziała Mama. – Paszporty, wizy, bilety na statek i co najmniej kilka miesięcy życia w Polsce, zanim nie uda się tego wszystkiego załatwić. Aleksander prawie nie zarabia.

– Myślicie, że łatwo pójdzie z wizami?

– Edward mieszka w Chicago, wyśle nam zaproszenie.

– To jest trochę jak skok przez Mur Berliński.

Otworzył jeden z uli i wyciągnął paczkę pieniędzy. Spojrzał z wielką troską na mamę.

– Naprawdę wierzysz, że uda ci się kupić na czarnym rynku pięć paszportów, wbić do nich wizy amerykańskie nie zwracając niczyjej uwagi na pochodzenie dokumentów, spakować cały dobytek i wyprowadziwszy w pole wszystkich, którzy będą wam w tym chcieli przeszkodzić, wpakować całą rodzinę na transatlantyk?

– Nie mam wyboru, w przeciwnym razie nie będę ci w stanie zwrócić pieniędzy.

To właśnie tego samego dnia wieczorem, Mama pozbierała sto tysięcy z podłogi, przeliczyła czy nie zawieruszył się ani jeden banknot, zawołała wszystkich do dużego pokoju i powiedziała, że zaczynamy najważniejszą operację: wyjazd do USA. Po pierwsze, nie wolno nam było nikomu powiedzieć ani słowa o tym, co zamierzamy. Od tej reguły nie było wyjątków: *Nawet Cioci Król, Halince ani Eli* – Mama spojrzała na mnie surowo. Nikomu ani słowa, nawet ulubionym sąsiadom! Nie wiązało się to z podejrzeniami wobec konkretnych osób. Mama uważała jednak, niestety i najprawdopodobniej słusznie, że wizyta w pracy Ojca dwóch funkcjonariuszy SB wiązała się z donosem kogoś, kto widział z jakim zapałem jego żona zabiega o legalne otrzymanie paszportów. Tym razem ryzyko było znacznie większe.

W pierwszym odruchu bardzo się na ten wyjazd ucieszyłam, ale teraz wiem, że była to radość szczenięca, przypominająca zadowolenie z wybuchu wojny u małych chłopców, interesujących się militariami. W świetle powagi całej sprawy, mój powód do radości był równie błahy: jeśli udałoby nam się wyjechać zgodnie z planem, ominęłyby mnie egzaminy do liceum! Miałabym je z głowy. Super, jedźmy do tej Ameryki! Ja mam świetny powód! Chcę do Ameryki – myślałam – bo skończy się też dla mnie stres związany z lekcjami u koszmarnych nauczycielek, które za najdrobniejsze przewinienie wywoływały ucznia na środek klasy, pytały „w którą rękę" i biły linijką. Czym jest emigracja, tęsknota za miejscem urodzenia, historycznym, naturalnym środowiskiem i poczucie wykorzenienia – miałam się dowiedzieć dopiero w ciągu kilku nadchodzących lat, a na razie wyjazd to było zagranie na nosie wszystkim niemiłym obowiązkom szkolnym.

Natomiast słowo „Ameryka"... mój Boże, te same emocje towarzyszyłyby mi, gdybym dowiedziała się od Mamy, że lecimy na księżyc. Ten odległy kraj kojarzył mi się wyłącznie z tym, co widziałam w małym telewizorku u sąsiadów, mianowicie z dwoma rewolwerowcami, stojącymi naprzeciwko siebie w kurzu ulicy, na której toczy się pojedynek. Znałam tylko Stalową Wolę, horyzontem moich życiowych ekscytacji był bal u cioci Król, na którym wystąpiłam w cudnej sukience.

Na początku lat 60. w Polsce za pieniądze można było kupić prawie wszystko, ale niestety nie istniał wtedy czarny rynek paszportowy. Trzeba było mieć dojście. Ryzyko było ogromne. Można było wpaść na wielu etapach tej akcji. Ktoś mógł donieść, komuś się coś mogło nie zgodzić w papierach, ktoś mógł zadać niewygodne pytanie. Łapówkę trzeba było dać całemu szeregowi urzędników. A potem zmykać z kraju, zanim zorientuje się ktoś jeszcze wyżej.

Myślę, że akcja zdobycia paszportów, której podjęła się Mama, mogła przypominać odrobinę tę przedstawioną przez Wojciecha Wójcika w filmie „Tam i z powrotem". W scenariuszu bohaterom pragnącym zdobyć paszporty pomaga tylko jeden człowiek. Bo najważniejsza była właśnie znajomość jednej kluczowej osoby, która za pieniądze potrafi uruchomić całą paszportową machinę administracyjną. W naszym przypadku był to X – jeden z osiemnastu mężczyzn, którzy siedzieli na zsuwającej się na mojego Ojca pace ciężarówki kilka lat wcześniej. X szybko awansował w hierarchii partyjnej, ale nigdy nie zapomniał o mamie i o tragedii, której był świadkiem.

Pięć stalowozielonych paszportów, które kilka tygodni później zobaczyłam na naszym kuchennym stole, kosztowało 25 tysięcy złotych. Myślę, że gdyby chodziło tylko o jeden, nie wyszłoby wiele taniej. Płaciło się przede wszystkim za fatygę, dyskrecję i ryzyko.

Następnym etapem było uzyskanie amerykańskich wiz. A więc wiązało się to z wizytą w ambasadzie. Czekała mnie zatem pierwsza w życiu podróż do Warszawy.

W tamtych wspomnieniach bardzo wyraźnie mogę zobaczyć siebie, przyklejoną twarzą do szyby tramwaju, oniemiałą wielkością Pałacu Kultury, mrowiem ludzi i samochodów, oraz zmieniających się świateł ulicznych. Ten pierwszy raz stalowowolskiej dziewczyny w wielkim mieście, stanął mi przed oczami wiele lat później, kiedy organizowałam w warszawskiej Sali Kongresowej rewię hawajską. Stojąc za kulisami wypełnionej po brzegi widowni, przez króciutką chwilkę przypomniałam sobie tamtą dziewczynkę jadącą tramwajem, podziwiającą ten najwyższy budynek Warszawy. Ale przecież to był dopiero początek moich olśnień.

Procedura wizowa wymagała od nas zatrzymania się w Warszawie na kilkanaście dni. Żaden hotel nie wchodził w grę, nie na to przeznaczone były pożyczone pieniądze. Z pomocą przyszedł kolejny krewny Matki. Był to wysokiej rangi oficer Wojska Polskiego, który zgodził się na to, byśmy u niego spędzili ten czas. Postawił wszakże jeden warunek. Zdawał sobie sprawę, że gdyby wydało się, iż nocuje ludzi ubiegających się o wyjazd do USA, miałby gigantyczne kłopoty. Wymyślił plan działania konspiracyjnego, który był stosunkowo prosty. Mieliśmy wychodzić od niego z domu przed świtem i wracać już po zmroku. Cichuteńko, na paluszkach, najlepiej gdybyśmy nie poruszali się w grupie, tylko zjeżdżali w kilkuminutowych odstępach. Ten pomysł jednak przepadł, niechybnie skończyłoby się to zgubieniem któregoś z nas w wielkim mieście, komisariatem, izbą dziecka i fiaskiem całego planu. Wymykaliśmy się więc rano i wracaliśmy późnym wieczorem, spędzając wolny czas na długich spacerach po Warszawie. Nie było jeszcze żadnego wieżowca poza Pałacem Kultury, który stał majestatycznie, bez wysiłku mierzenia się z konkurencją i według niektórych wyglądał jakby wcześniej czy później miał zamiar wystartować. Jego okolice wyglądały zresztą jak kosmodrom: wokół rozciągał się bezkres Placu Defilad, którego nie ograniczały jeszcze domy handlowe na tzw. ścianie wschodniej. Nie istniał też żagiel hotelu Forum, Rotunda była jeszcze niedokończona, a przecież odbudowa Zamku Królewskiego miała się zacząć dopiero za parę lat.

Warszawa połowy lat 60. była za to miastem neonów. Każda większa ulica mieniła się tysiącami kolorów, neony zdobiły kina, apteki, banki, restauracje, hotele, zakłady usługowe. Mrugały, zmieniały kształty, odtwarzały zdarzenia. Pamiętam ozdobiony finezyjnym zawijasem neon „Dancing" – nad klubem Melodia, w którym, jak się później dowiedziałam, wieczorami przez wiele dekad zbierała się śmietanka towarzyska Warszawy. Ogromne wrażenie robił finezyjny, błękitny szyld kina Atlantic, jakby narysowany od niechcenia ręką wprawnego kaligrafa. Tuż obok rozciągał się śródmiejski deptak, gdzie mieściły się zakłady usługowe i z poprzecznej belki łączącej dwie pierzeje mrugał zielonkawy napis „Czyszczenie futer". Neony nie były dobrem ekskluzywnym, za ich pomocą oznaczano chyba każde miejsce, które powinno się znaleźć na handlowej mapie Warszawy. Największe wrażenie robiła jednak ulica Marszałkowska w kierunku placu Konstytucji. Od „Cepelii" i zgrzebnego „PKO twoim bankiem", przez opadającą swobodnie, neonową jaskółkę reklamującą „Modę Polską", aż do Placu MDM, nad którym górował najpopularniejszy chyba warszawski neon: siatkarki rzucającej piłkę. To było fascynujące: postać na wierzchołku budynku, odbijająca piłkę spadającą wzdłuż ściany na sam dół, niemal na głowy przechodniów.

Ale w Warszawie, w Alejach Ujazdowskich, był jeszcze jeden neon, który zapamiętałam – szyld restauracji Ambasador: dostojny, otoczony pękatymi metalowymi zdobieniami. Niemal dokładnie na wprost amerykańskiej ambasady.

Ambasada. Ech, ambasada amerykańska, to jest cała opowieść, kolejne wielkie olśnienie. Z tamtych wizyt nie zapamiętałam procedur, składania dokumentów, rozmów z urzędnikami. Najbardziej zapadł mi w pamięć... papier toaletowy. Nigdy w życiu takiego nie widziałam: był mięciutki, delikatny, nie było w nim literek z gazet, pozostałości po niechlujnym zmieleniu makulatury. Teraz, kiedy o tym piszę, przypomina mi się to, co mówił o Ameryce Leopold Tyrmand: że znaleźć się w tym kraju, to wielka ulga, bo dwie rzeczy nie ranią: szczoteczki do zębów i papier toaletowy.

Aż schowałam kawałek pięknego papieru do kieszeni, zeszłam po schodach i tu była kolejna niespodzianka: maszyna wydająca sok w proszku – GNG Tank. Fakt, że dostaje się trochę proszku przypominającego mąkę, zalewa go wodą i ma się gotowy napój pomarańczowy, był dla mnie szokującym odkryciem, nie mieściło mi się to w głowie! W ambasadzie pierwszy raz w życiu widziałam też żaluzje, marmury, a w ogóle mówiąc wprost: chodziłam tam cały czas z otwartą z wrażenia buzią. Wszystkie troski spoczywały na głowie Mamy. To ona musiała dostarczyć nasze potrzebne dokumenty, wszystkie – w tym zdjęcia rentgenowskie naszych płuc, zaświadczające, że nie mamy gruźlicy, czego wówczas wymagali Amerykanie.

Ambasadę odwiedzaliśmy kilkukrotnie, bo wciąż brakowało jakichś dokumentów, wciąż trzeba coś było donieść, odnowić, poprawić, siatką szczelnie utkanych procedur Amerykanie piętrzyli trudności wyjazdowe. W końcu udało się! Do naszych pięciu czarnorynkowych paszportów wbito wizy ozdobione przepięknym amerykańskim orłem.

Mogliśmy jechać!

Muszę to podkreślić: mogliśmy jechać dzięki pomocy wujka z Bochni, który w ulach oprócz pszczół hodował żywą gotówkę. Mogliśmy jechać, bo człowiek, którego wiózł mój Ojciec Otto Zamisz w swojej ostatniej w życiu trasie, zaryzykował wolność, żeby pomóc naszej rodzinie. Pojechaliśmy, bo kuzyn z Warszawy nie wahał się zaryzykować kariery wojskowego, a może i czegoś więcej, żeby udzielić nam schronienia podczas naszych starań o wizy. Nie mam pojęcia czy istnieją jeszcze tacy ludzie, ale mam nadzieję, że tak. Ludzie, którzy mogliby zrobić dla kogoś tak wiele, nie oglądając się na to, co mogą stracić.

No i trzeba było się zbierać. Niejedna rzecz mogła jeszcze pokrzyżować nasze plany. Musieliśmy przekroczyć granicę, ale przede wszystkim: zdobyć bilety na transatlantyk! Lot nie wchodził w grę. Mieliśmy za dużo bagażu. Zresztą powiedzieć, że mieliśmy za dużo bagażu, to nie powiedzieć nic. Siostry Mamy, które mieszkały w Stanach, doradziły jej kilka lat przed naszym wyjazdem: *jeśli będziesz jechać do USA, bierz wszystko co masz, bo w Ameryce nikt ci niczego nie da.* I moja Mama postanowiła potraktować tę radę z przerażająca dosłownością. Do wielkiego kontenera, który zaplanowaliśmy zabrać ze sobą, miały się zmieścić dywany, kołdry, sztućce, garnki i bańki na mleko, szklanki, kieliszki, garnki, patelnie, koce, wszystkie ubrania, szczotki na kiju, szufle do uprzątania śniegu i zapasowe siodełko od roweru. No i łowieckie trofea Ojca, z którymi ani myślał się rozstawać: wypchany jastrząb, bażanty i kuropatwy, skóry dzików i poroża jeleni.

Pięćset, może sześćset kilogramów dobytku. Gdy po dwóch tygodniach, w opustoszałym mieszkaniu zostały tylko meble i rzeczy niezbędne do spędzenia ostatnich kilku dni naszego życia w Polsce, Mama wsiadła w pociąg do Gdyni z zamiarem kupna biletów na transatlantyk. Kolejność jej działań może dziś budzić kontrowersje, nie była jednak pewna, kiedy będzie odpływał statek, na który uda się jej dostać bilety. Mógł być to bardzo nieodległy termin. Pamiętam jej słowa: *żebyśmy mieli płynąć frachtowcem jakimś, kontenerowcem, czy drobnicowcem – dostanę te bilety.*

Liczył się czas. Był czerwiec 1965 roku. Za kilka tygodni dokumenty amerykańskie traciły ważność.

Pogranicznik stał na rozstawionych nogach. Bez uśmiechu. Zerkał to na zdjęcie w paszporcie, to na posiadacza dokumentu. Obok kręcili się celnicy. Czekaliśmy na końcu długiej kolejki do odprawy i twarze moich rodziców były białe jak papier.

Był 25 czerwca, hala celna w Gdyni.

Później, w całym swoim życiu, miałam przekraczać setki granic, podawać paszport nieskończonej liczbie funkcjonariuszy służby celnej, ale wygląd tamtego człowieka, od którego zależała przyszłość całej naszej rodziny, pamiętam w najdrobniejszych detalach do dziś. Był wysoki i niezwykle chudy, żylasty. Jego szczupłe ramiona i powtarzalność gestów, które wykonywał w jakiś upiorny sposób, nie pasowały do nieruchomej głowy, przypominającej czaszkę obciągnięta skórą.

Kiedy przyszła nasza kolej, Mama podała mu gruby plik dokumentów: pięć paszportów i pięć biletów na transatlantyk MS Batory, zdobytych kilkanaście dni wcześniej za niebotyczną łapówkę od jednego z członków załogi. Staliśmy przed ostatnią przeszkodą. Pięć na śmierć wystraszonych osób, na które przeraźliwie chudy funkcjonariusz patrzył teraz z góry.

– Ile pieniędzy państwo wywozicie?

– Tyle, ile można – odpowiedziała Mama.

Nie spodobała mu się ta odpowiedź, spojrzał leniwie i złowrogo, wyraźnie niezadowolony, że ktoś ośmiela się przedłużać rozmowę, która sprawia mu przykrość.

– Czyli ile?

– Pięć dolarów na osobę.

Pięć dolarów! Właśnie tyle ówczesne państwo polskie pozwalało zabrać swoim obywatelom na drugi koniec świata.

Celnik, który do tej pory stał obok, nachylił się do chudego i chwilę szeptał mu coś do ucha.

– To ci? – spytał chudy.

– Macie bagaż. – zwrócił się po chwili do nas. – Duży bagaż. Bardzo.

Na to moja Matka nie odpowiedziała już nic, bo i tak wszystko było jasne. Naturalne jest, że ludzie, którzy zabierają ze sobą cały dobytek, wyjeżdżają na zawsze. Mógłby to być powód, by zawrócić nas z granicy, chude ptaszysko bez trudu znalazłoby jakieś formalne niedociągnięcie, albo po prostu, nie oglądając się na to, że wszystkie dokumenty wyglądały w porządku, powiedziałby: nie. Miał taką władzę! Wyglądał też na takiego, który ją ma.

– I po co państwu ten cały zwierzyniec, te rogi jelenie? – spytał w swoim stylu: spokojnie i leniwie, ale po raz pierwszy treść słów zabawnie kontrastowała z formą, w której zostały wypowiedziane. I na to pytanie nie uzyskał odpowiedzi. Milczeliśmy, bo wszystko było jasne jak słońce: ludzie wyjeżdżający z Polski na stałe postanowili zabrać, na Boga, wszystko to, co ma dla nich jakąkolwiek wartość – materialną bądź sentymentalną.

M/S Batory: nasz wspaniały i wielce zasłużony transatlantyk. Dla mnie i mojego rodzeństwa ta podróż była przede wszystkim wielką przygodą. Nie do końca jeszcze zdawaliśmy sobie sprawę, co nas czeka za oceanem. Byliśmy przecież dziećmi...

Po latach, tamtych kilka chwil w gdyńskiej hali odpraw, przypominało mi scenę z „Mistrza i Małgorzaty". Kiedy czytałam: *W białym płaszczu, z podbiciem koloru krwawnika, posuwistym krokiem kawalerzysty wczesnym rankiem czternastego dnia wiosennego miesiąca nisan (...) wyszedł procurator Judei Poncjusz Piłat* – widziałam tego naszego celnika, który w tamtym momencie nie powiedział już nic, tylko oddając nam dokumenty cofnął się o jeden, drobny krok.

MS Batory, którym mieliśmy płynąć ku naszemu lepszemu życiu, miał przydomek *Lucky ship*. Wchodząc po bardzo długim trapie nie mogłam wiedzieć, że czas rejsu spędzę na statku-legendzie, który wychodził bez szwanku z niejednej opresji. Batory, polski statek pasażerski, ewakuował w czasie wojny żołnierzy alianckich z terenów zajętych przez Niemcy. Kilkukrotnie również podejmował z wody rozbitków z zatopionych jednostek. Poważnie uszkodzony przez pożar, dotarł w 1937 roku, o własnych siłach, do brzegów amerykańskich. Zawsze mu się udawało – nawet z dziurawym kadłubem wychodził cało z opresji, doczłapując się do jakiegoś portu. Pływając w latach wojny, po pełnym wilczych stad Atlantyku, ani razu nie spotkał się z ich torpedą, co dawało mu pełne prawo do noszenia swojego przydomku. Mogliśmy być spokojni.

Batory, na którego wchodziłam, był już jednak nieco innym statkiem – był pływającym salonem, ambasadorem polskiej kultury, transatlantycką wizytówką naszego kraju. W środku wyglądał zjawiskowo, był tuż po generalnym remoncie, ale, jak się okazało, zaledwie kilka lat przed ostatecznym wycofaniem ze służby.

Wnętrza Batorego bez trudu biły rekord, ustanowiony przez papier toaletowy, żaluzje i marmury w ambasadzie amerykańskiej. Nad wystrojem transatlantyków czuwała specjalna komisja. Wielu znakomitych artystów współpracowało ze sobą, projektując wnętrze statku w najdrobniejszych detalach. Niezwykłe były jego pomieszczenia – salony z kryształowymi żyrandolami, halle, restauracje, palarnie, kaplice. Drobiazgowo zaprojektowano nawet zastawy stołowe, obrusy i karty dań. Pamiętam bardzo dużo drewna i wysokie progi, które jednak projektowano w taki sposób, by przekraczający je pasażer nie musiał jednocześnie uważać na głowę, co często zdarza się na dzisiejszych promach. Naszej kabiny luksus ten niestety nie dotyczył. Musieliśmy w pięcioro upchać się w trzyosobowej kajucie na najniższym pokładzie. Okno wyglądało jak akwarium do połowy napełnione wodą.

Kiedy wyszłam na pokład, zmierzchało. Czekała nas wielka przygoda, rejs do Montrealu, ale przed wyjściem na Atlantyk, Batory miał jeszcze zawinąć do Kopenhagi i Southampton, po kolejnych pasażerów. Wielki polski transatlantyk dostojnie wyszedł z gdyńskiego portu, a potem zostawiając za sobą nieskończenie długi ślad na wodzie, oddalał mnie od wszystkiego, co było znane i oswojone.

Przed podróżą do nowego życia. W porcie w Gdyni żegnała nas najbliższa rodzina.

Rozdział 7

# Ameryka – stan umysłu

MS Batory kołysał się na atlantyckiej fali, ja miałam trzynaście lat i cała moja wiedza o USA zaczerpnięta była z czasopisma „Ameryka" (wychodziło od 1959 do 1980 roku). Mało kto dziś pamięta ten magazyn, ale dla całej rzeszy zainteresowanych Stanami Zjednoczonymi Polaków, to była jedyna gazeta, z której mogli dowiedzieć się o tym kraju czegoś w miarę neutralnego. Wydawana na pięknym, niespotykanym wówczas kredowym papierze „Ameryka" docierała co miesiąc do Stalowej Woli w liczbie dwóch lub trzech egzemplarzy i zanim wzięłam ją do ręki, była już kompletnie zaczytana. Nie miało to jednak żadnego znaczenia, każdy numer pożerałam w całości od deski do deski. Wydawnictwo rządu amerykańskiego, ktokolwiek nie kryłby się pod tą osobliwą formułą, proponowało polskiemu czytelnikowi przekrojowe spojrzenie na USA, starając się w każdym numerze zamieścić coś, co zrobi przyjemność „czytelnikowi o szerokim wachlarzu zainteresowań". Efekt był taki, że wewnątrz pisma znajdował się elegancko wydany groch z kapustą, który sycił nasze spragnione wiedzy serca. Do dziś pamiętam numer 77. Czytałam go już z myślą o wyjeździe. Kosztował 15 złotych, na ówczesne czasy majątek. Na okładce uśmiechnięty hutnik brał udział w wylewce surówki, ale numer zaczynał się od tekstu dotyczącego leków w terapii chorób psychicznych. Obok było całostronicowe przemówienie Martina Luthera Kinga, który właśnie otrzymał Pokojową Nagrodę Nobla, później dział mody i prezentacja wprowadzanych na rynek samochodów. Dalej niby nic, tekst „Fizyka bez udręki", który bawił ucząc, ale na następnej stronie szedł wieki panegiryk na cześć byłego prezydenta Herberta Hoovera, zaciekłego antybolszewika, o czym naturalnie nie mogłam wówczas wiedzieć. Zapewne cenzura przepuściła go ze względu na to, że był również honorowym obywatelem Warszawy.

Wszystkie te rzeczy o byłym prezydencie USA miałam usłyszeć wiele lat później, stojąc na sławnej zaporze jego imienia, piętrzącej się nad rzeką Kolorado, na granicy Nevady i Arizony. W „Ameryce" można było znaleźć przedruki opowiadań z „New Yorkera", „Life'u", „Washington Post" i innych gazet. Do czasopisma dołączano nawet nuty różnych pieśni gospel. Ja zapamiętałam „Gdy świętych tłum gromadzi się": „Ach gdy pada cień i słońca brak / o Panie spraw, bym godny stanął". Pamiętam ten dwuwers do dziś. Myślę, że starano się tą „Ameryką" dodać nam otuchy. Kiedy kilka lat później mówiłam, że wyjechaliśmy z Polski pięcioosobową rodziną, moi amerykańscy koledzy nie mogli się nadziwić. „Umknęliście im" – podsumowywali, kiwając z uznaniem głowami. Byli przekonani, że nasz wyjazd musiał wiązać się z ucieczką przez zasieki z drutu kolczastego, z jakąś karkołomną nocną akcją, której, a owszem, dwoje dorosłych mogło się podjąć, ale że cała rodzina? To wyobrażenie umocnił w nich zapewne JFK, który kilka lat wcześniej ogłosił się berlińczykiem, stojąc przy murze, który w wyobrażeniach przeciętnego Amerykanina okalał widocznie każde państwo za Żelazną Kurtyną.

Wyruszając w podróż wiedziałam więc o USA niewiele. Naturalnie dotarły do mnie opowieści o wystawie zorganizowanej w latach 50. w Warszawie pt. „Oto Ameryka" (przełom 1952/53 roku, w Arsenale Królewskim). W Stalowej Woli mówiono o niej niemal dokładnie to samo, co później w „Pięknych dwudziestoletnich" napisał Marek Hłasko. Twórcy wystawy nazbierali trochę zdjęć z Hiroszimy, atrapy bomb napalmowych umieścili w gablotach wraz z pałkami, które – jak twierdzili – miały służyć amerykańskim policjantom do bicia czarnoskórych obywateli. Okazało się, że na wejście trzeba było czekać w kolejce kilka godzin. Ludzie byli złaknieni jakiejkolwiek wiedzy o USA, marzyli, żeby na własne oczy zobaczyć cokolwiek, co się wiąże z tym krajem. Wysiłki twórców wystawy, by obrzydzić ten kraj polskiemu obywatelowi, okazały się całkowicie płonne, a efekt wręcz odwrotny.

Poza tymi wszystkimi opowieściami Ameryka była dla mnie zagadką, absolutną *terra incognita*. Droga do Stanów miała nas powieść przez Montreal, do którego wówczas przybijał Batory. Znajdował się tam urząd imigracyjny USA. Prawie każdy podróżny pochodzący z kraju komunistycznego automatycznie dostawał zieloną kartę i – niemal uzyskując status uchodźcy – mógł swobodnie przekroczyć granicę kanadyjsko-amerykańską. Naszym celem było Chicago i dom wujka Edka, który wcześniej wysłał nam zaproszenie. Zanim jednak wsiedliśmy do pociągu, na montrealskim nabrzeżu okazało się, że są jakieś problemy z naszym bagażem. Chociaż nie, problemy to za mało powiedziane! Kontener, w którym znajdował się nasz majdan, wzbudził wręcz sensację miejscowych. Chodzili wokół niego, robili zdjęcia piętrzącym się gratom, nie mogąc nadziwić się bezlikowi rzeczy, które postanowiliśmy ze sobą zabrać. Pytali nas: Państwo do Ameryki, czy raczej w drogę powrotną, sądząc, że tam skąd pochodzimy, rzeczy te są niedostępnymi rarytasami. Już wkrótce miało się okazać, że 90 procent spośród nich zabraliśmy niepotrzebnie. Sprzęt domowy można było kupić za bezcen, wiele spośród przedmiotów, które załadowaliśmy do gigantycznego kontenera, można było mieć w USA prawie za darmo. Skąd jednak nasza Mama, przygotowując się do wyprawy w nieznane, miała o tym wiedzieć? Ta decyzja musiała być dla niej jak otwarcie drzwi ciemnego pokoju.

Z pociągu, który przywiózł nas do Chicago wysiedliśmy 4 lipca. Ameryka nie zamierzała czekać nieśmiale, odkrywając przed nami swoje uroki. Spadła na nasze głowy od razu swoim najważniejszym narodowym świętem, uliczną fetą pełną gwaru, kolorów i dźwięków. Znalazłam się w innym świecie! Pierwsze odczucie: wszystko wokół jest takie gigantyczne! Każda, najdrobniejsza nawet rzecz, wydawała się większa od tych, które pamiętałam z Polski. Samochody przypominały rozmiarami czołgi. Chevrolety, Fordy, GMC – udekorowane i roztrąbione były cztery razy większe od Mikrusów i Skod, które sporadycznie przemykały po stalowowolskich ulicach. Wielkość każdego przedmiotu przygniatała. Cytryny były wielkości moreli, morele jabłek, jabłka grejpfrutów, które z kolei wyglądały jak małe melony. Nie rozumiałam, dlaczego ktoś uśmiecha się do mnie na ulicy bez powodu, zagaduje, wręcza flagę amerykańską na patyku i zachęca do wspólnego wymachiwania. Orientowałam się po gestach, które wykonuje, bo nie rozumiałam ani słowa po angielsku, co w ogóle serdecznemu nieznajomemu nie przeszkadzało.

Wujek Edek, brat Mamy, który złożył podpis na naszym zaproszeniu, był właścicielem kamienicy w Chicago. Mieszkał w innej części miasta, wraz ze swoją żoną, Włoszką. Kiedy nas zobaczył, powiedział uprzejmie dzień dobry, wskazał podany adres i rzekł, że pierwszy miesiąc możemy mieszkać za darmo.

– Później natomiast – zaproponował – dostaniecie cenę promocyjną: pięćdziesiąt dolarów miesięcznie. Nie ma na co czekać, trzeba szybko urządzać sobie nowe życie. Szybciutko! – klasnął w dłonie jak majster zagrzewający do pracy. – To jest Ameryka! Mogę wam dać wędkę, a nie rybę.

Trudno powiedzieć, co miało być wędką, być może samo zaproszenie. Pracę mój Ojczym znalazł sobie sam, w ciągu pierwszego tygodnia pobytu. Został zatrudniony jako masarz w zakładzie oddalonym 30 kilometrów od centrum miasta. Miał tam przepracować kolejne 30 lat. Przez trzy dekady jego supertajne informacje o wylewce surówki, która służyła do wytapiania sowieckich szyn, nie zainteresowały tu nikogo. Każdego dnia, przez cały ten czas, Amerykanów ciekawiło bardziej to, jak skutecznie ogłusza bydło przed ubojem.

Pierwsze tygodnie w Ameryce, to w mojej pamięci mieszanina zachwytu obfitością, tęsknoty za polskimi przyjaciółmi i troski o przestraszoną natłokiem wydarzeń Mamę. Dla mnie każda wycieczka do supermarketu to była wyprawa na inną planetę. Dla niej – stres związany z niepewnością, konieczność wyboru, która przytłaczała. Ja biegałam po całym sklepie przystając przy każdej półce, Mama stała w jednym miejscu, nie mogąc zdecydować się na konkretny produkt. Później to podejście do Ameryki utrwaliło się w każdej z nas, tamte wizyty w supermarketach miały wymiar symboliczny, definiowały nasz stosunek do nowej rzeczywistości. Byłam młoda, otwarta, Ameryka miała chwycić mnie za rękę i wciągnąć w kolorowy świat. Mama swój dystans ufundowany na nieufności przejawia do dziś.

Stałam właśnie przy ciągnącej się po horyzont półce z puszkami, rozmyślając czy naprawdę na planecie Ziemia istnieje tyle surowców do puszkowania, kiedy nagle podszedł do mnie pracownik supermarketu i zaczął wyrzucać z siebie potok słów. Uśmiechał się od ucha do ucha, dotykał puszek i intonował: to pytająco, to twierdząco. Muszę – pomyślałam – muszę jak najszybciej nauczyć się tego języka, żeby zrozumieć tych serdecznych ludzi. Zrealizowanie planu miało jednak prowadzić ciernistą drogą.

W kamienicy wujka Edka zajmowaliśmy środkowe piętro. Nad nami mieszkali Włosi, którzy wszystko robili „po włosku". Że się kłócą, wiadomo było dopiero wtedy, gdy rozlegał się dźwięk tłuczonych talerzy. Krzyczeli bowiem do siebie nieustannie, krzyk ten przechodził to w śpiew, to w szczebiot. Nocami też hałasowali po włosku, ile dusza zapragnie, nie stawiali sobie żadnych ograniczeń. Powiedzieć, że byli towarzyscy, to nic nie powiedzieć: tarta na powitanie, ciasto śliwkowe na koniec pierwszego tygodnia. Na pizzę do nich, bo właśnie minął przecież miesiąc naszego pobytu w Stanach, co trzeba uczcić! Mama się cieszyła, bo choć jej gościnność zawierała w sobie znacznie więcej skromności, czuła się wzmocniona ich otwartością podczas tych pierwszych trudnych tygodni. Pod nami natomiast mieszkało niemieckie małżeństwo z NRD, które zachowywało się, jakby w każdej chwili mogło się o nich upomnieć Stasi. Na nasz widok bąkali pod nosem „dzień dobry" i szybciutko zamykali za sobą drzwi na szereg zasuw. Żyli najciszej jak to możliwe, a przypadkowe spotkanie włoskich sąsiadów było dla nich horrorem.

– No co jest, już, przełamaliście się, już, luz, czy jeszcze się boicie, w portki robicie na widok pięknego kraju spod gwieździstego sztandaru?! Odwagi, odwagi, „be more brave, be more brave"! – śpiewał z włoskim akcentem sąsiad z górnego piętra, a nieszczęsny Niemiec z każdym słowem malał, karlał, kurczył się jak dmuchany ludek, z którego ktoś wyciągnął zatyczkę.

– Sama się Ameryki uczyć nie będziesz, maleńka – powiedzieli moi rodzice i wybrali mi szkołę prowadzoną przez siostry zakonne. Kiedy przyszłam się z nimi przywitać, wydały mi się czarnymi hetmanami szachowymi z pudełka, które zapakowaliśmy do naszego rodzinnego kontenera. Niektóre zakonnice mówiły po polsku, ale usłyszałam: tutaj wszyscy porozumiewamy się w języku angielskim, dziecko, zapamiętaj to sobie.

Przez pierwsze miesiące w szkole czułam się całkowicie wyobcowana. Moje imię było zbyt trudne do wymówienia, więc zdecydowano, że oficjalnie będę używała drugiego: Anna. Zwracano się do mnie *Ann*. Kiedy nauczycielka podczas lekcji, tłumacząc jakieś zagadnienie, używała sformułowania *and* wstawałam, sądząc że jestem wywoływana, taka byłam głucha na ten język. Nikt nie podchodził do mnie na przerwach, nikt nie chciał się zakumplować, szkoda mu było czasu na pantomimę z obcą. Już nie czułam się jak podczas 4-lipcowej parady, której – mimo całej sytuacji – doświadczyłam bardziej jako zachwycona turystka. Teraz przyszedł czas poczucia twardej emigracji. Starałam się buntować przeciw konieczności nauki angielskiego, zawracać kijem Wisłę, czytając pod ławką „Trylogię" i „Pana Tadeusza", ale szybko zrozumiałam, że to nie najlepsza taktyka. Bariera językowa to coś koszmarnego, czułam że straciłam cały swój potencjał. Zaczęłam o sobie myśleć, że skoro nie potrafię nic powiedzieć, to znaczy, że widocznie nic do powiedzenia nie mam. Pewność siebie – przecież jedna z moich najsilniejszych cech – zaczęła się we mnie załamywać. Kościelne hetmany szachowe starały się naturalnie wspierać mnie na duchu, zachęcać do nauki, przekonywać, że nie powinnam bać się mówić. Mojej jedynej koleżance (z którą przez wiele dni prowadziłyśmy dialog mimiczny) zakazały zwracać się do mnie po polsku. Jak się później okazało, oprócz mnie i kilku zakonnic tylko ona, Urszula Woźniak, była Polką.

Rodzice panicznie bali się o mnie podczas codziennych podróży do szkoły. Faktycznie, to było dość daleko. Musiałam jechać dwanaście przecznic przez południowe, meksykańskie i murzyńskie dzielnice. Rodzicom strach, że zasztyletuje mnie zgraja bandziorów, nie minął chyba nigdy. Kiedy kilka lat później powiedziałam o tym ich lęku swojemu czarnoskóremu kumplowi z południowej dzielnicy, powiedział odpowiedzialnie: „nie musisz się bać, przecież mam spluwę."

Chicago połowy lat 60. było prowincjonalne – w porównaniu z dzisiejszą, wielką metropolią. Myślę, że za czasów Ala Capone musiała to być już kompletna dziura. Pamiętam, że nie istniała większość dzisiejszych wieżowców, tylko Prudential odcinał się od łagodnej panoramy miasta jak – nie przymierzając – nasz Pałac Kultury i Nauki.

Po kilkunastu miesiącach, wraz z językiem, zaczęłam chwytać Amerykę, choć jeszcze jej nie rozumiałam do końca, jeszcze nie czułam w sobie takiej swobody, by odnosić się wobec niej nonszalancko. Ale już mnie fascynowała, już pokazywała swoje możliwości. Wychodząc z punktu, w którym zasadniczą zmianą w moim stylu życia było to, że po mleko nie szło się z kanką do gospodyni, tylko po karton do marketu, obrałam kurs na szerokie wody życia w świecie przesuniętym z polskich lat 40 – w daleką przyszłość.

Najlepiej z całej rodziny radził sobie mój starszy brat. Niespecjalnie słuchał rad rodziców, że szkoła, że trzeba się pięć razy zastanowić. Zaczął zajmować się tym, co naprawdę kochał: sztuką. Poszedł do warsztatu malowania gitar, pokazał kilka swoich projektów i szefowi opadła szczęka. Z miejsca go zatrudnił. Gitary elektryczne, które ozdabiał, schodziły na pniu. Moment był idealny: w Ameryce szalała Beatlemania. Każdy chciał grać, każdy

Mój brat Janusz często odwiedza mnie na Hawajach.

marzył, by być drugim Lennonem, Harrisonem czy McCartneyem. Być może o grze na perkusji także wielu marzyło, ale przewaga gitar w zespole była przytłaczająca, co działało na korzyść mojego brata. W ciągu roku, wnosząc przy tym 50 procent zarobków do domowego budżetu, odłożył pieniądze na samochód.

Beatlemania to było coś trudnego do opisania, nigdy żaden inny zespół nie zbliżył się w Stanach do popularności tych brytyjskich muzyków. Rozumiem, że można dostawać ataków histerii na widok chłopaków wysiadających z samolotu, ale żeby piszczeć podczas odtwarzania z domowego gramofonu ich utworu „I want to hold your hand"? Kiedy ta piosenka rozbrzmiewała w naszej kamienicy, nawet niemieccy sąsiedzi jakby raźniej wchodzili po schodach. Włosi z góry oczywiście szaleli, a rodzice kręcili z dezaprobatą głowami. Kiedy komuś nieznajomemu, z kim zamieniło się w sklepie lub na stacji benzynowej kilka zdań, mówiło się *I want to hold your hand*, od razu zawiązywała się nić beatlesowskiego porozumienia.

Brat Janusz potrafił namalować na pudłach rezonansowych gitar twarz każdego członka liverpoolskiego zespołu. W przyciemnianych okularach, lub bez, w krawacie, rozchełstanej koszuli, w golfie. W 1965 pojawiła się płyta *Help!* I znowu wszyscy zwariowali. Każdy nucił pod nosem refren, że potrzebuje pomocy: eteryczne kobiety, silni jak żubry mężczyźni, zapewne także pracownicy Czerwonego Krzyża i szefowie największych banków. Janusz dość szybko stał się – patrząc z naszej emigracyjnej perspektywy – w miarę zamożnym człowiekiem. Uzmysłowił mi tym samym jedną z cech Ameryki: jeśli masz w sobie zapał, talent i pracowitość, to nie ma siły, żeby ci się nie udało. Wszelkie układy, relacje, kontakty – są bez znaczenia. Liczy się to, co potrafisz, co stanowi wartość na zdrowym, wolnym rynku, wartość przeliczalną naturalnie na pieniądze, ale właśnie ta mentalność odróżnia Amerykanów od niektórych Polaków. *American dream*, sedno sukcesu, który można odnieść w Stanach, tkwi w kilku prostych prawdach. Jeśli jesteś pracowity, zdolny i konsekwentny – osiągniesz powodzenie i ktoś na pewno dostrzeże twoją wartość.

Po roku spłaciliśmy dług wujka-pszczelarza z Polski, który w krytycznej chwili sięgnął do właściwego ula. Mój brat kupił sobie wymarzonego Chevroletta, ja potrafiłam już mówić po angielsku i dowiadywałam się od swoich nowych amerykańskich znajomych coraz ciekawszych rzeczy o USA. Beatlemania była jak pierwszy błysk burzy, która miała nadciągnąć w 1968 roku. Świadczyła o tym, że purytanizm lat 50. Stany mają już dawno za sobą i za chwilę, za momencik, kraj miał eksplodować rewolucją seksualną. Myślę, że w sensie społecznym zrównało mnie to z Amerykanami, a przynajmniej bardzo do nich zbliżyło. Nie tylko ja nie wiedziałam co to będzie. Społeczeństwo miało się raptownie zmienić, odrzucić mnóstwo wartości, przyjmując w zamian wiele nowych zasad, dotąd nieznanych lub pozostających w sferze tabu.

Oczywiście Chicago to nie San Francisco, gdzie u progu rewolucji seksualnej odbył się słynny hippisowski happening „Human Be-In". U nas manifestacji przeciwko delegalizacji LSD, wojny w Wietnamie, starć z policją ani wolnego seksu pod gołym niebem – nie było. Była jednak telewizja, która dokładnie relacjonowała to, co dzieje się w kraju. Ja wtedy przede wszystkim miałam Ulę Woźniak i moich nowych amerykańskich znajomych, którzy nie rozmawiali wtedy o niczym innym. Konspiracyjnym językiem przekazywali sobie „jak ma być". Mówili o kwestiach, których do końca wtedy nie rozumiałam, na przykład o rosnącym niezadowoleniu z rozwarstwienia w poziomie życia, albo o odrzuceniu kariery jako wyznacznika społecznego statusu. Dla emigrantki z PRL był to absolutnie wyjątkowo abstrakcyjny postulat.

Ale były jednak i takie, które rozumiałam doskonale: bunt młodzieży przeciwko posłuszeństwu wobec rodziców, słynne „zabrania się zabraniać", powtarzane nie tylko w Los Angeles i San Francisco, ale także w Rzymie, Paryżu i Madrycie. To, że młodzi mogą zabraniać czegoś rodzicom, że mogą jednym słowem odebrać im najbardziej opresyjne spośród wszystkich narzędzi wychowawczych, spodobało mi się szczególnie. Nie mniej niż postulaty dotyczące swobody artystycznej i nieskrępowanego rozwoju popkultury. No i oczywiście wszelkie sprawy związane ze stosunkiem do ciała. W tych kwestiach byłam jeszcze zielona jak Ameryka w momencie wybuchu rewolucji '68, ale intuicyjnie bardzo mi się wszystkie te założenia podobały. Pigułka antykoncepcyjna, raport Kinseya – o tym dowiedziałam się później, na razie było słoneczne lato 1968 roku i zaczęliśmy zrywać się z lekcji u tych naszych szachowych hetmanów.

Wagarowaliśmy oczywiście w najniebezpieczniejszych południowych dzielnicach, w których od razu zaprzyjaźnialiśmy się z kolorowymi rówieśnikami. Staliśmy oparci o murek, paliliśmy papierosy, a dziesięć tysięcy kilometrów dalej amerykańcy chłopcy w Wietnamie słuchali tej samej muzyki, co my. Z ich magnetofonów leciały: *Hello, I Love You* Doorsów, *Whole lotta holla love* Zeppelinów, *The house of the rising sun*, wykonywany przez Animalsów i cała masa innych szlagierów. Było świetnie, rozpoczęła się moja lekcja dojrzewania. Odzyskałam pewność siebie, szkołę łączyłam z pracą na kasie w supermarkecie. Zarabiałam więcej niż Tata w masarni, bo brałam wszystkie, doskonale opłacane weekendy. Minęło kilka miesięcy i już też miałam swojego Chevroletta. Pamiętam pierwsze wrażenie i słowa, które przyszły mi na myśl, kiedy zobaczyłam jak duży jest jego bagażnik: „przecież tu może się zmieścić dziesięcioro dzieci." Nie wiem z czego wynikało nasunięcie się takiego akurat skojarzenia. Nigdy nie miałam skłonności do makabry. Może chodziło o podświadomą tęsknotę za stalowowolskim dzieciństwem?

Na ulicach Chicago zaczęli pojawiać się hipisi. Nie byłam pewna czy to mieszkańcy miasta, czy przyjezdni. Szybko mi powiedziano, co jest grane. Zbliżało się jedno z kluczowych wydarzeń rewolucji seksualnej – „Festiwal Życia", który środowisko hipisowskie postanowiło zorganizować w czasie trwania konwencji Partii Demokratycznej.

– Będziemy tu mieli Los Angeles – cieszyli się moi znajomi. – Trawa, zabawa, seks, wszystko, wszystko! – zacierali dłonie.

Nie było dokładnie tak, jak przewidywaliśmy. „Festiwal Życia", owszem odbył się, ale na uboczu ośmiodniowych zamieszek wywołanych przez protestujących, którzy zjechali do Chicago z całych Stanów. Pacyfistów wśród nich raczej nie było. Wydarzenia przeszły do historii jako *1968 Democratic National Convention protest activity.* Nie wychodziłam z domu, obserwując w telewizji walki na ulicach miasta. Ponad tydzień starć! Żarty się skończyły. W Kalifornii, w Nowym Jorku i Waszyngtonie demonstracje przeciwko wojnie w Wietnamie odbywały się niemal codziennie. Niektórzy protestanci koczowali pod ośrodkami administracji publicznej 24 godziny na dobę, innych siłą usuwała policja. Nie miałam pojęcia, o co chodzi w tej wojnie. Patrząc w telewizor wiedziałam naturalnie, że wszystkie te gorące sprawy dotyczą kraju, którego przecież jestem obywatelką. Czułam się w centrum wydarzeń, jednak były one daleko, za szklaną szybą telewizora. Za chwilę miały jednak zapukać do moich drzwi i wepchnąć mnie w dorosłość, kończąc beztroski okres zabawy.

Na początku następnego roku, pewnego zimowego dnia zaparkowałam swój wielki samochód na podjeździe naszej kamienicy, wbiegłam na górę, otrzepałam buty ze śniegu, rzuciłam w przelocie kurtkę do swojego pokoju, weszłam do salonu, patrzę – a tam siedzi jakiś gość. Chłopak, mniej więcej w wieku mojego brata, podnosi się z kanapy na mój widok i mówi po polsku: „Dzień dobry." Spore zdziwienie, zważywszy na to, że mój brat wydawał się być bardziej zamerykanizowany ode mnie i zazwyczaj zapraszał do domu amerykańskich fanów ostrego gitarowego grania. Ten mi nie wyglądał na sympatyka Deep Purple. Ani nawet Led Zeppelin. Włosy nie za długie, nierozchełstany modnie, tylko trochę taki dopięty, jakiś nieprzyzwoicie schludny po prostu.

– Wojtek Bednarczyk – grzecznie mi się przedstawił. Bardzo mu miło. Kawkę poprosi, kawki się napije z przyjemnością, tylko nie za mocnej.

– Co on taki sprzed rewolucji? – pytam brata szeptem w kuchni.

– Bo z Polski. Dopiero co przyjechał.

Nie była to do końca prawda. Wojtek wyemigrował w 1967 roku. Dołączył do swojej Mamy, która wyjechała z kraju kilka lat wcześniej. Nie był jednak tzw. emigrantem marcowym. Był natomiast jednym z najbardziej nieśmiałych chłopaków, jakich poznałam. W ogóle mi do tej Ameryki nie pasował, a ona przez długi czas nie pasowała jemu. Po dwóch latach pobytu, wciąż miał w sobie to wycofanie, strach i niepewność, charakteryzującą przyjezdnych. Wzdrygał się uprzejmie na każdy gest gospodarzy, rzucały się w oczy jego nerwowe, owadzie ruchy. I wtedy, patrząc na tego chłopka, który nie potrafił znaleźć sobie miejsca w nowym kraju, pomyślałam że właśnie to mi się podoba: jego zagubienie, lekka neurotyczność, ale i inteligencja, kultura osobista. Nie było łatwo dać Wojtkowi do zrozumienia, że jestem nim zainteresowana. Rewolucja seksualna – rewolucją seksualną, ale nie zamierzałam go podrywać, tylko – w kobiecy sposób – wzbudzić w nim przyzwolenie na zaproszenie mnie do kina i na kawę. Trudny był. Szło ciężko. Nieśmiale spuszczał wzrok, odnosząc zapewne wrażenie, że mu się tylko wydaje, że to niemożliwe, że przecież on tu taki, nierzucający się w oczy, to kto by go tam zauważył, komu by się tam mógł podobać? Tak mi to tłumaczył później, kiedy już byliśmy parą.

Zakochałam się! Wpadłam po uszy, totalnie zbzikowałam na jego punkcie. Byliśmy nierozłączni przez wiele miesięcy. Bożena i Wojtek, Wojtek i Bożena – wszystko razem, jak John Lennon i Yoko Ono. Miałam przecież 18 lat.

– Ale miałem nosa z zaproszeniem go wtedy na chatę – uśmiechał się często mój brat.

Było super aż do momentu, w którym Wojtek postanowił zrezygnować z „tych głupich studiów, na których uczą rzeczy z polskiej podstawówki". Chciał skupić się na pracy w firmie Western Electric, w której świetnie sobie radził. Może powinien chwilę poczekać, spytać się kogoś, kto wiedział, jakie konsekwencje może za sobą pociągnąć ta decyzja? Powołanie do wojska przyszło w ciągu trzech miesięcy. Miał się stawić w określonym miejscu i czasie, by odbyć trening na obozie szkoleniowym w Kentucky. Nie wiedzieliśmy, że wszystko potoczy się tak szybko, że Amerykanie pokażą mu jak strzelać z M16, przeczołgają kilka razy w błocie, nauczą obsługi radia, a potem zapakują w samolot transportowy i wyślą do walki. W roku 1969 wojna w Wietnamie osiągnęła swój punkt kulminacyjny, ginęło dużo Amerykanów i armia szybko potrzebowała uzupełnień. Nie chciałam zaakceptować jego wyjazdu, nie rozumiałam, dlaczego ten ledwo mówiący po angielsku, skromny, nieśmiały chłopak, ma walczyć na drugim końcu świata za kraj, którego nie rozumie, za sprawę, która jest dla niego całkowicie abstrakcyjna? Teoria domina? Obawa przed rozlaniem się ekspansji komunistycznej na inne kraje Dalekiego Wschodu? Co to w ogóle znaczyło? Co do tego miał Wojtek Bednarczyk – miłość mojego życia? Dostał termin wyjazdu odległy o trzy miesiące.

Cywilny ślub z Wojtkiem Bednarczykiem.

Nie czekał. Zaprosił mnie na kolację do restauracji, uklęknął i zapytał czy zostanę jego żoną, bez względu na to, w jakim stanie wróci z Wietnamu. Strasznie płakaliśmy, a cała sala gości klaskała, nie wiedząc jak dramatycznej w istocie sceny była świadkiem. Ślub miał być cywilny. Kościelny zaplanowaliśmy po jego powrocie. Moi rodzice, kiedy się dowiedzieli, w ogóle nie chcieli o tym słyszeć! Cywilny? To było dla nich jak urzędowe legalizowanie konkubinatu, nie miało nic wspólnego z prawdziwym małżeństwem. Argumenty o wyjeździe, wojnie, miłości, całym naszym dramacie – w ogóle do nich nie docierały. To była zresztą druga ścinająca ich z nóg, by tak rzec, rodzinna informacja matrymonialna. Tydzień wcześniej mój brat powiedział, że poznał kobietę swojego życia, rozwódkę z dzieckiem, i że zamierza wziąć ślub cywilny, a potem wyprowadzić się od nas w ciągu kilku tygodni. Tyle, że Janusz był w lepszej sytuacji. Miał pieniądze i męskie podejście do życia, być może imponował rodzicom, przez co łatwiej było im się pogodzić z jego odejściem z domu. A ja przecież byłam małą, wychuchaną Bożenką, ja powinnam się im podporządkować!

– Spójrzcie na relacje telewizyjne, tam kule świszczą w powietrzu. Chcę, żeby pojechał jako mój mąż! Nie ma czasu ani pieniędzy na ślub kościelny – przekonywałam rodziców bez skutku przez kilka kolejnych dni. Nic to jednak nie dało.

– Jeśli zdecydujesz się na ten krok, będziesz musiała się wyprowadzić – zadecydowała Mama. I koniec!

Pobraliśmy się 3 czerwca 1970 roku i zamieszkaliśmy u rodziców Wojtka. Ale tylko na chwilę, tylko na te kilka miesięcy, dzielące go od podróży w nieznane.

– To wszystko jest jakimś snem! – mówił. – Ledwo znam ten kraj, nigdy nie interesowało mnie wojsko ani militaria. Jako mały chłopiec nie roiłem sobie, jak inni podczas lekcji historii, że gdybym wziął udział w kampanii wrześniowej, to może byśmy Niemca pogonili.

Myliłam się. Wojtek nie jechał walczyć za abstrakcyjne wartości, nie jechał bić się do nieznanego kraju, o to by powstrzymać ekspansję komunizmu na Dalekim Wschodzie. Sens walki miałam zrozumieć dzięki jego listom, które wysyłał do mnie każdego dnia pobytu w Wietnamie. Teraz pamiętam, że wszystko działo się jakby w zwolnionym tempie: przejście tych kilkunastu metrów od drzwi do skrzynki pocztowej, z jednej strony było najważniejszym, centralnym punktem dnia, z drugiej – niewyobrażalną katuszą. Zrobić to spokojnie, myślałam, z jasnym umysłem: podejść, przekręcić zamek, błyskawicznie uchylić drzwiczki, zobaczyć czy jest, czy napisał, czy przeżył kolejny dzień.

Kiedy odprowadzałam go na samolot, był listopad 1970 roku. Padało. Wojtek w długim wojskowym płaszczu, z workiem przerzuconym przez ramię wyglądał jak aktor, który ma odegrać pożegnanie z ukochaną w strugach deszczu. W ogóle nie opuszczało nas wtedy poczucie nierzeczywistości. Uścisnął mnie mocno.

– Najpierw do bazy Ramstein w Zachodnich Niemczech – powiedział. – Będę blisko Polski. Nie wiadomo, czy w ogóle polecę dalej – mówił, ale te piękne kłamstwa musiały wybrzmieć, stanowiły nieodzowną część długiego, romantycznego pożegnania.

Tamtego dnia było pogodnie. Dostali zadanie przeprowadzenia patrolu w dżungli, kilkadziesiąt kilometrów od *Da Nang*, w którym stacjonował oddział Wojtka. Wsiedli całą drużyną do helikoptera, zwieszając nogi na zewnątrz. Kilkoro przyjaciół, którzy w dzień wysyłani byli przez dowództwo, by oglądać z bliska efekty napalmowych nalotów, w nocy zaś starali się odreagować strach, na który podczas wspólnej akcji nie ma miejsca. Razem pili, palili marihuanę, usiłowali nie zwariować i zagłuszyć starannie świadomość, że śmierć może przyjść każdego dnia. Dla kogoś, kto obserwuje wojny XXI wieku z udziałem wojsk USA, sposób prowadzenia działań lądowych w Wietnamie musi być szokujący. Dziś ekipa okutana kamizelkami kuloodpornymi i ochraniaczami wyjeżdża w opancerzonych samochodach, które są w stanie wytrzymać wybuch miny-pułapki. Wtedy, nad polanę w środku dżungli nadlatywały śmigłowce, nie dotykając ziemi wysypywały żołnierzy i jak najprędzej ewakuowały się do bazy. Marines ubierali się tak, by było im wygodnie, przede wszystkim nie za gorąco. Lądowali więc w strefach walk w samych koszulach, t-shirtach. Czasami szli do boju ubrani tylko w buty, spodnie i hełmy.

Kiedy tym razem śmigłowiec odleciał, zrobiło się cicho jak makiem zasiał. Pluton podzielił się na kilka drużyn, które zaczęły przeczesywać dżunglę. Wojtek przestawił swój M16 na ogień ciągły. Kilka dni wcześniej w potyczce, w której Amerykanie nie ponieśli strat, zrozumiał o co walczy, kiedy wokół zaczynają świstać kule. Nie o to, co prezydent powiedział w telewizji, nie o flagę, kraj i demokrację, ale aby ocalić swoich przyjaciół, którzy stoją na linii ognia. O to, by wieczorem w komplecie upić się w bazie. W Wietnamie wszyscy walczyli za siebie nawzajem. Po dwugodzinnym marszu Wojtek odniósł wrażenie, że zaszli za daleko, wbrew wytycznym, które przed tym przestrzegały. Dowódca drużyny nie był pewien gdzie się znajdują. Wojtek przerzucił karabin na plecy i wspiął się na gęste, bardzo wysokie drzewo, by sprawdzić czy z góry widać lepiej. Ale właśnie patrząc w dół zobaczył w tamtej chwili, że jeden z jego kolegów przyklęknął na kolano, jak po zbyt długim biegu, a potem bardzo powoli osunął się na ziemię.

To była prowizoryczna zasadzka armii Północnego Wietnamu. Rzeczywiście zaszli za daleko. Wojtek ukryty w konarach drzewa oglądał jak sześciu jego przyjaciół ginie w ciągu kilku chwil. W mgnieniu oka otoczona drużyna przestała istnieć. Próbowali się bronić, wzywać posiłki przez radiostację, wystrzelali po kilka magazynków, ale w dżungli, w okrążeniu, nie mieli szans. Mógł przezwyciężyć instynkt samozachowawczy, otworzyć ogień i polec razem z nimi. Nie zrobił tego, nie wydał z siebie ani jednego odgłosu, kiedy trzy metry niżej żołnierze wietnamscy, szczebiocząc, zabierali zwłokom jego przyjaciół wszystko, co mogło przydać się do dalszej walki. Po kilkunastu godzinach zszedł i jak we śnie zaczął w pojedynkę iść w kierunku, z którego wcześniej przyszli razem, ramię w ramię. Było mu wszystko jedno czy spotka Amerykanów, Wietkong, armię Północnego czy Południowego Wietnamu. Spotkał patrol kawalerii powietrznej. Odesłali go na lądowisko. Później wrócił do bazy. Był sam jak palec. Ale ocalał.

Mieszkałam wtedy z jego mamą. Moi rodzice w dalszym ciągu twierdzili, że w obliczu grzechu, jakiego się dopuściłam, rozpoczynając życie bez ślubu, muszę radzić sobie sama. Każdego dnia przeżywałam tortury w oczekiwaniu na kolejny list. Kiedy opisał jak cudem uniknął śmierci, postanowiłyśmy działać. Udało nam się zdobyć zaświadczenie o tym, że Wojtek jest jedynym żywicielem rodziny. Podjęcie odpowiednich kroków mogło doprowadzić do odwołania go z czynnej służby. Za wszelką cenę chciałyśmy wyrwać go z tego piekła.

– Dajcie spokój, nie wrócę – powiedział do mnie zimnym, spokojnym głosem, podczas jednej z nielicznych rozmów telefonicznych. – Zostaję do końca zmiany.

– Wojtek, twój pobyt tam, to jest największy koszmar w moim życiu.

– Dosłużę do końca, Bożena.

– Dlaczego?

– Mam do wyrównania pewne rachunki.

– Co ty mówisz, jakie rachunki, z kim? – Był w wojskowej rozmównicy w *Da Nang*, w tle słyszałam gwar rozmów po angielsku, okrzyki, śmiechy.

Wojtek MP

Ta bezsensowna wojna... Wojtek wydawał się tak radosny wśród wietnamskich dzieci. Dopiero po latach zrozumiałam, jak wielką traumą była dla niego ta wojna.

– Nie zrozumiesz tego. Jestem to winien chłopakom, którzy zginęli. Ja przeżyłem. Nie wiem czy to fair i nie chcę się nad tym zastanawiać. Wiem jedno: to cholerna odpowiedzialność.

– Żeby żyć!

– Żeby pomścić ich śmierć – odłożył słuchawkę.

Postęp spustoszeń, które w miarę pobytu na tej okrutnej wojnie, dokonywały się w jego psychice i duchowości, widać w każdym z 365 przysłanych z Wietnamu listów. Nikomu nigdy ich nie pokazałam. To świadectwo dla mnie. I dowód na siłę naszej miłości. Wtedy, przez telefon zdążyłam mu jeszcze powiedzieć, że będę kochała go nawet jeśli wróci bez rąk i nóg. Byleby wrócił. Do końca pobytu w Wietnamie, pomimo wielu stoczonych walk w dżungli, nie drasnął go ani jeden pocisk. Poza tym, co pisał w listach, nigdy nie opowiadał mi o rzeczach, które wydarzyły się po naszej rozmowie telefonicznej.

Kiedy jego roczna zmiana dobiegała końca, napisał, że jeśli wciąż chcę z nim być, to muszę się zacząć pakować. Jedynym miejscem naszego spotkania, które wchodziło w grę, były Hawaje. Tak zadecydował. Nic nie rozumiałam. Wyciągnęłam mapę USA, ale Hawajów tam nie było – nie obejmowała Polinezji. Nie miałam pojęcia gdzie te wyspy leżą, ale wiedziałam, że kocham Wojtka. Tajemnica drogi życiowej nie obiecuje wolności przemieszczania się. Niekiedy jedziemy z własnej woli, częściej jednak los wiezie nas przez życie, nie pytając o zgodę.

Rozdział 8

# Podróż do *Ground Zero*

Hawaje? Wojtek Powiedział: „Hawaje." To OK.

Wyciągnęłam z półki naszego chicagowskiego mieszkania encyklopedię: „Najmłodszy spośród pięćdziesięciu stanów USA, dołączony w 1959 roku. Jedyny leżący wyłącznie na wyspach wulkanicznych. Położony w północno-środkowej części Oceanu Spokojnego." – Czytałam bardzo zainteresowana. – „Nie posiada łączności lądowej z kontynentalną częścią kraju, od której jest położony ok. 4 tysiące kilometrów. Stolicą stanu jest *Honolulu*, leżące na wyspie *O'ahu*."

– ...jest *Honolulu*, leżące na wyspie *O'ahu*, do której właśnie się zbliżamy, ale to na pewno państwo już wiecie. – Kapitan samolotu DC10 miał sympatyczny głos. Podziękował za rejs nad Oceanem Spokojnym i poprosił o stosowanie się do zaleceń stewardes.

Za kwadrans miałam znaleźć się po raz pierwszy w życiu na *O'ahu*. Dziś myślę: ten pierwszy raz! Nie miałam pojęcia, czego się spodziewać. Lot z Chicago wydawał się trwać całą wieczność. Najpierw cztery godziny do Los Angeles, potem długie oczekiwanie na przesiadkę i kolejne pieć wprost na kilka wulkanicznych kawałków skały, którym chciało się wynurzyć na samym środku Oceanu Spokojnego.

Wyjrzałam przez okienko samolotu. Pogoda była cudowna. Po niebie nie szwendała się ani jedna chmura. Byłam przyzwyczajona, że już z daleka widać szachownice pasów startowych, terminal, przedmieścia lub nawet wieżowce. Tym razem zobaczyłam wynurzający się z oceanu potężny krater wulkanu. Był wielki jak Giewont, choć tego porównania mogę dokonać dopiero teraz. Kiedy kilka lat przed lądowaniem na *O'ahu* opuszczałam Polskę i Stalową Wolę, która była moim całym dotychczasowym światem, nad morzem i w polskich górach przecież nigdy wcześniej nie byłam.

Na widok witającego nadlatujących nad Hawaje turystów wulkanu Diamond Head opadła mi szczęka. To był widok obłędny, którego nie mogłam do niczego porównać. Odcinający się od morza kolos stawał się większy i coraz większy, aż w końcu zniknął za samolotem niemal w momencie, gdy koła dotknęły pasa startowego. DC10 podkołował do terminalu i zaczęliśmy wysiadać. Nie spodziewałam się lotniska takiej wielkości jak w Chicago czy Los Angeles, ale to, co zobaczyłam, przeszło moje najśmielsze oczekiwania. To był port lotniczy... pod palmą. Dosłownie! Wieża kontroli lotów była barakiem wyższym o jedno piętro od baraku nr 2, który stanowił halę przylotów i odlotów. Ot, kilka budek i mnóstwo palm kokosowych dookoła. Zaraz po wyjściu z samolotu poczułam miłe ciepło i orzeźwiający powiew powietrza. Była to diametralna zmiana po doświadczeniach sprzed kilku godzin. Na Lotnisku w Los Angeles spadł na mnie całym ciężarem nieludzki upał Kalifornii. Wychodząc z samolotu w LA pomyślałam przez chwilę, że musiałam znaleźć się w strudze powietrza z silnika, że po prostu nie może być tak nieznośny upał. Ale tak właśnie wygląda kalifornijskie lato. Na Hawajach, które paradoksalnie leżą bliżej równika, panuje klimat zwrotnikowy morski, który zapewnia stabilną, komfortową pogodę przez cały rok.

Ja z Wojtkiem w *Honolulu*, w 1971 roku. To nasze tygodniowe spotkanie na Hawajach miało nam zastąpić miesiąc miodowy, który „ukradła" nam armia i wojna.

Było miło, było orzeźwiająco, było pięknie!

Stałam w baraczku nazywanym przez Hawajczyków „halą przylotów." Miałam w kieszeni sto dolarów, w sercu natomiast wielką tęsknotę. Przyleciałam dzień wcześniej, musiałam znaleźć hotel, wynająć dla nas pokój, ale przede wszystkim uzbroić się w cierpliwość.

24 godziny, które musiałam spędzić sama, aż do momentu przybycia mojego ukochanego, wydawały się wiecznością.

– Potrzebujesz tego bardziej niż ja. – Jakiś wysoki, przystojny mężczyzna założył mi na szyję wieniec z wonnych kwiatów plumerii – *lei*. Zauważył pewnie, że nikt na mnie nie czeka. Nie było nikogo, kto powitałby mnie zgodnie z hawajską tradycją. Musiałam wyglądać smutno i samotnie. To był pozornie mały gest, ale zapamiętałam go do końca życia. Bardzo dużo dla mnie znaczył. Teraz, po latach, kiedy witam gości w *Honolulu*, na lotnisku dla każdego mam wieniec z plumerii. „*Oh, there is Plumeria Lady*", mówią znające mnie panie z obsługi naziemnej portu, jak tylko zobaczą, że znowu po kogoś przyjechałam obwieszona kolorowymi wieńcami.

Był 1971 rok i na Hawajach roiło się od żołnierzy walczących w Wietnamie, którzy korzystali z tygodniowego urlopu w ramach Rest & Recuperation. Hawaje były idealne, nie tylko ze względu na swój urok. To po prostu był skrawek amerykańskiej ziemi, położony najbliżej strefy walk. Żołnierze mieli tylko tydzień urlopu. Armia to niegłupio wymyśliła. Sensowniej było dać im urlop na Hawajach, a ich bliskich przetransportować na archipelag z kontynentu. Podróż w rodzinne strony, w różne i odległe zakątki USA, mogłaby pochłonąć większość z czasu przyznanego żołnierzom na urlop.

Nie wiedziałam, czego tak naprawdę doświadczył Wojtek podczas walk. Miałam go zobaczyć za 24 godziny i cieszyłam się jak dziecko, że jest cały i zdrowy. Z budki pod palmą nazywaną „lotniskiem w *Honolulu*" wzięłam taksówkę do centrum i zapytałam kierowcę wprost: mam sto dolarów, a przed sobą tydzień z ukochanym, który przyjedzie w ramach urlopu. Co powinnam zobaczyć, gdzie – jego zdaniem – powinniśmy iść. Uśmiechnął się tylko, pomyślawszy zapewne, że za sto dolarów, to mogę co najwyżej posiedzieć na plaży. Miało się to okazać nieprawdą... Bo już wkrótce miał się zdarzyć pierwszy z całej serii moich „hawajskich cudów"...

Taksówkarz powiedział jednak, że na pewno muszę odwiedzić „Paradise Park" w dolinie *Manoa*.

Miał rację, to magiczne miejsce dwa kilometry od betonowej dżungli *Honolulu*, bajkowy świat, przez który prowadzi kręta, kilometrowa ścieżka. Biegnie ona przez tropikalny las, pełen endemicznych drzew i roślin, o których istnieniu nie miałam pojęcia. „Paradise Park" to ulubione miejsce producentów Hollywood, którzy potrzebują planów udających Afrykę, Amerykę Południową, bądź jakąkolwiek inną dziewiczą dżunglę na świecie. Kręcono tam m.in. „Tears of the Sun" – *Łzy Słońca*, z Brucem Willisem, a ostatnio drugą część filmu „Hunger Games" – *Igrzyska Śmierci* i wiele hawajskich seriali. Jak znany również w Polsce „Hawaii 5.0", oraz – może przede wszystkim – „Lost", *Zagubionych*.

„Paradise Park" to do dziś ważne dla mnie miejsce, które regularnie odwiedzam i zabieram tam wszystkich odwiedzających mnie gości.

Na jaki hotel mnie było stać? Stówka w kieszeni, Wojtek też coś będzie zapewne miał, ale powinniśmy oszczędzać na inne atrakcje niż hotel – pomyślałam wynajmując dość obskurną dwójkę w małym pensjonacie. Noc – siedem dolarów. Ubikacja na korytarzu. Żadnych luksusów. Ale ich nam nie potrzeba. Będziemy spacerować, rozmawiać i kochać się pod gołym niebem.

Rozpakowałam walizkę, wzięłam prysznic, zmieniłam sukienkę i poszłam na wieczorny spacer. Usiadłam w jednym z nielicznych barów w luksusowym hotelu w centrum miasta i zamówiłam drinka. *Honolulu* w 1971 roku w najmniejszym stopniu nie przypominało dzisiejszej, wielkiej metropolii, pełnej wspaniałych wieżowców, hoteli, pól golfowych i w pełni przystosowanych do surfingu plaż. Bilet z Chicago na Hawaje kosztował osiemdziesiąt dolarów. To było bardzo dużo jak na tamte czasy. Życie – na pierwszy rzut oka – wydawało się droższe niż w kontynentalnej części USA. Jednak, kiedy siedziałam w restauracji hotelowej, pomyślałam nagle, że moja podróż ze Stalowej Woli właśnie dobiegła końca. Tak to odczułam, jakby wewnętrzny głos powiedział do mnie: *tu jest twoje miejsce! Tu możesz chodzić do szkoły, pracować, robić co tylko chcesz. Nie w szarym, zimnym Chicago. Nie wśród ulicznego kurzu, dziesiątek przecznic i goniącego za pieniądzem miasta na wschodzie USA.*

To było oczywiście szalone, byłam w *Honolulu* od kilku godzin, nikogo tu nie znałam, nic o Hawajach nie wiedziałam. Urzekł mnie błękit nieba, klimat „lotniska" pod palmą, amerykański żołnierz, który założył mi wieniec kwiatów. To co poczułam, mogę dziś nazwać intuicją – bardziej niż zachcianką. To było głębokie wewnętrzne odczucie, że powinnam przeprowadzić się na Hawaje i kropka...

Jak zwykle miało to pociągnąć za sobą wydarzenia niezwykłe, od których do dziś cierpnie mi skóra.

– Pani na kogoś czeka? – To był łagodny, miły głos. Podniosłam głowę, ale w półmroku restauracji widziałam tylko zarys postaci. – Nazywam się Tommy Katayama i niespecjalnie udaje mi się znosić widok pięknej kobiety, rozmyślającej samotnie nad kieliszkiem „*Blue Hawai'i*".

– Dzisiaj na nikogo nie czekam – odpowiedziałam. – Ale jutro przylatuje z Wietnamu mój mąż. Chcemy spędzić cudowny tydzień. *Honeymoon*, którego nie mieliśmy, bo zaraz po ślubie ukochanego porwała mi armia.

Rozmawialiśmy jeszcze chwilę o pięknie miejsca w którym jesteśmy. Tajemniczy pan Katayama niespodziewanie zapytał.

– Gdzie się pani zatrzymała?

Opowiedziałam o hotelu za siedem dolarów z łazienką, do której trzeba wychodzić z pokoju.

– Tak się składa, że mamy teraz, zerknął na zegarek, prawie północ. O piątej rano muszę być w samolocie na kontynent. Wzywają mnie obowiązki służbowe. Przerywam urlop. Mój pokój, apartament w hotelu *Princess Kaiulani* – ogarnął wnętrze ruchem ręki – opłaciłem jednak z góry. Macie państwo siedem pełnych dni. Powrót planowałem dopiero za tydzień.

Zatkało mnie! Wziął ode mnie paszport, poszedł do recepcji i przepisał apartament. Od ręki zrealizował to, co obiecał.

– Dziś jednak musi się pani przemęczyć w tym pokoiku za siedem dolarów – dodał z uśmiechem. – Aha i jeszcze jedno – powiedział wręczając mi swoją wizytówkę. – Jeżeli kiedykolwiek, cokolwiek by się Pani w życiu nie ułożyło, proszę dać mi znać.

Rano obudziłam się w swoim pokoju i pierwsze co zrobiłam, to sprawdziłam czy wizytówka pana Katayamy istnieje naprawdę, czy był to tylko sen... o kim właściwie? O Aniele Stróżu? Przeznaczeniu, które potwierdzało to, co podpowiadała mi moja intuicja: tak, masz tu zostać, to jest twoje miejsce na ziemi! To nie był sen. Luksusowy apartament dla dwojga był zarezerwowany na moje nazwisko... właśnie zdarzył się mój pierwszy hawajski cud.

Zobaczyłam go z odległości dwustu metrów. Szedł w kurzu, z workiem przerzuconym przez ramię. Chwile wcześniej wielki samolot transportowy odkołował od pasa i powoli opuścił tylną rampę. Kilkudziesięciu marines wysypało się na płytę lotniska w *Honolulu*.

Mimo tego tłumu, zobaczyłam Wojtka od razu. Wysoki, przystojny, umięśniony jak nigdy, jakby ta wojna wyszła mu na zdrowie – mógłby pomyśleć ktoś naiwny i niedojrzały, jak ja wtedy. Miałam 19 lat. Mało w głowie. Ale za to wspaniałego męża i najnowszy pomysł na życie!

Tydzień, który spędziliśmy razem był jak bajka, jak sen. To czas bez wad, bez rys, coś co pamięć przechowuje jak piękną pocztówkę. Więcej: otacza kultem. Zwłaszcza w kontekście późniejszych życiowych trudów, kiedy przychodziło zmierzyć się z codziennością i boleśnie odczuć na własnej skórze, czym różni się turystyka od emigracji...

Hawaje na początku lat 70. cywilizacyjnie różniły się od tych, które witają turystów dzisiaj. Oprócz „lotniska pod palmami", które na przestrzeni lat zmieniło się w duży port lotniczy, przemiany zaszły przede wszystkim w samym *Honolulu*. To teraz duże miasto, pełne zieleni, ale i wieżowców, stolica stanu, metropolia. Wówczas, podczas mojej pierwszej wizyty, na największe miasto archipelagu składały się przede wszystkim... hotele skupione wokół plaży *Waikiki* i wielka, górująca nad miastem sylwetka krateru Diamond Head. Jedno na Hawajach pozostało niezmienne i – jeśli człowiek nie zechce całkowicie zdominować przyrody – zapewne nie zmieni się nigdy. Hawaje to przede wszystkim niezwykła, niespotykana w żadnym innym miejscu na świecie natura. Po prostu: nie-sa-mo-wi-ta! W naturalnym pięknie Hawajów odwiedzający wyspy zakochuje się natychmiast. W ciągu kilku godzin, a później to uczucie tylko się pogłębia. I tak jak w moim przypadku – zostaje na lata. Osiem wysp wulkanicznych na środku Oceanu Spokojnego, to miejsce z wszech miar magiczne.

Każda z nich stanowi odrębny, odmienny od pozostałych, cud natury. Największa, na samym dole archipelagu, który dla obserwatora mapy świata wygięty jest w łuk – to *Hawai'i* nazywana Big Island – wyspa wulkanów. W ciągu najbliższych 40 lat czekało na mnie wiele przygód związanych z Big Island. Miałam na własne oczy zobaczyć lawę spływającą na drogę, wprost pod koła hamujących samochodów. Przyjdzie w trakcie tej opowieści czas, żeby opowiedzieć tę historię w detalach. Hawaje powstały dzięki wulkanom tarczowym, których erupcja jest powolna i niemal nieustanna. To mały procent wszystkich wulkanów świata, bo większość stanowią znane Europejczykom stratowulkany, których nagła erupcja zmiata w kilka chwil całe miasta.

Podczas swojego miodowego tygodnia dowiedziałam się, że Hawaje to jeszcze siedem innych wysp – *O'ahu*, *Maui*, *Kaua'i*, *Lana'i*, *Kaho'olawe* oraz *Moloka'i* i *Ni'ihau*. Jeszcze nie wiedziałam, że na *Moloka'i* znajduje się jedno z ostatnich leprozoriów na świecie, do głowy mi nie przyszło, że trąd nie jest chorobą z głębokiego średniowiecza, ale wciąż obecnym zagrożeniem i przede wszystkim powodem do izolowania ludzi na *Moloka'i*. Wspominałam o niej, ale na szczegóły tej niezwykłej opowieści o ojcu Damianie i mrożącej krew w żyłach historii półwyspu *Kala'upapa* też przyjdzie czas…

Klimat poczułam już na maleńkim lotnisku wielkiej wyspy. Odróżnia on Hawaje od reszty świata. Między innymi dzięki niemu archipelag nazywany jest „rajem na ziemi". Nigdy nie jest tu zbyt zimno, ani za gorąco. Nikomu nie grożą tu kalifornijskie skwary, huragany omijają to miejsce, a prądy morskie i położenie geograficzne gwarantują słońce i komfortową temperaturę przez cały rok. Podział na lato i zimę jest na Hawajach umowny. Różnice temperatur między najzimniejszym a najcieplejszym dniem roku nie przekraczają 5 stopni… Nigdzie indziej nie na ma takiej pogody.

Czymś, od czego nie można się oderwać, jest świat hawajskich roślin. Wiele spośród nich to gatunki endemiczne, czyli występujące tylko w tym jedynym miejscu na świecie. Spacerowaliśmy z Wojtkiem po wyspie, oglądając niepodobne do niczego, co wcześniej widzieliśmy, owoce *noni* oraz – przypominające nieco większe cytryny – owoce drzewa chlebowego. Urzekały nas swoim pięknem bambusy oraz tzw. drzewa kroczące, których korzenie rosły... wprost z korony drzewa w dół. Rozpoczynały swą wędrówkę u szczytu, kilka metrów nad ziemią, a później jak liany, opuszczały się na sam dół, by wrosnąć w podłoże, powiększając, obszar na którym stoi drzewo. Niezwykłe. No i te słynne hawajskie wieńce! Zrozumiałam, dlaczego jest to znak rozpoznawczy, symbol wysp. Odurzające swoim zapachem kwiaty plumerii, z których zaplata się wieńce, są na archipelagu niezwykle popularne. W żadnym innym miejscu na ziemi nie ma ich tak wiele, nie pachną tak obezwładniająco i nie stanowią tak ważnego elementu tradycji rdzennych mieszkańców. Polinezyjczycy używali ich do robienia ozdób na długo przed tym, jak biały człowiek odnalazł osiem samotnych oceanicznych wysp...

– A więc zamieszkajmy tu, bo to raj! – wykrzyknęłam pod koniec naszego miodowego tygodnia, który minął w mgnieniu oka.

Wojtek uśmiechnął się łagodnie. Nie dostrzegłam cienia smutku ani sprzeciwu. Dziś myślę, że w tym uśmiechu była obojętność. Całe jego dotychczasowe życie sprowadzało się do wykonywania poleceń, dostosowywania się. Najpierw do decyzji o opuszczeniu Polski, którą podjęła jego matka. Później decydowała za niego armia. Na wszystko miał wyznaczoną porę: na sen, posiłek, zabijanie i na urlop. W istocie nic w jego życiu jeszcze nie zależało od niego w tym sensie, że nie umożliwiono mu podjęcia jakiejkolwiek ważnej, samodzielnej decyzji. I teraz wkraczałam na scenę ja. I mówiłam: jestem szefem, zamieszkajmy tutaj! Uśmiechnął się. Naturalnie nie protestował, czekał, co mu przyniesie najbliższa przyszłość.

Po naszym spotkaniu w *Honolulu* Wojtek wrócił do Wietnamu jeszcze na kilka miesięcy. Znów walczył w pierwszej linii, pchał się na szpicę, był głównym celem czołówek nieprzyjaciela. Pociski śmigały obok jego głowy, mijając ją o centymetry.

– Zawsze masz nadzieję, że to nie ty jesteś tym statystycznym, który polegnie – powiedział potem.

Zaczęłam beztrosko przygotowywać operację: „przeprowadzka na Hawaje", Wojtek miał inne rzeczy na głowie. Codziennie rano gramolił się do helikoptera Huey, by dolecieć na pole bitwy, a potem nieludzko zmęczony walką lub wycieńczającym patrolem, wsiadał by śmigłowiec odwiózł go z powrotem do bazy. Każdego dnia mijał worki z kolegami, trupy Amerykanów z rozpłatanymi głowami, wyrwanymi grdykami, bez twarzy, poszatkowane lub zmienione w garść popiołu. Walczył za tych, których

No i nasz ślub kościelny. Wreszcie spełniliśmy oczekiwania naszych rodziców i powiedzieliśmy sobie „tak" przed Bogiem, w polskim kościele w Chicago.

stracił podczas zasadzki. Teraz nie chciał znać imion nowych kolegów.

– Cześć, nazywam się... – zaczynał nowo przybyły.

– Przedstawisz się, jeśli przeżyjesz miesiąc – przerywał Wojtek i większości imion nowoprzybyłych nie poznawał.

W końcu wrócił. Do Chicago, do mnie. Bez jednego draśnięcia. W Indochinach nawet nie zaciął się przy goleniu. Nadszedł koniec służby, musiał więc zebrać te wszystkie straszne historie, ten cały Wietnam, w jedną pancerną puszkę i upchać gdzieś na dnie samego siebie. Starał się nie dać poznać, co naprawdę czuje. Już za chwilę puszka ta miała jednak z potężną siłą eksplodować.

A ja wciąż byłam szefem operacji „przeprowadzka do raju".

Kiedy powiedziałam o wszystkim Mamie... jaka była jej reakcja? Hawaje... Okej, wszystko pięknie, ale... musicie wziąć z Wojtkiem ślub kościelny!

– Bednarczyk przeżył, cieszcie się, ale bez ślubu nie da rady – twardo oświadczyła.

To była piękna uroczystość w kościele Pięciu Braci Męczenników, w „polskiej dzielnicy" Chicago. Stałam się panią Bednarczyk w majestacie, który wreszcie mogła zaakceptować moja kochana Mama. Przed Bogiem.

Za chwilę okazało się, że w Jego królestwie mogłam zameldować się zdecydowanie przedwcześnie...

Huk usłyszałam dwie, trzy sekundy po tym, jak nacisnęłam hamulec. Do tego momentu sięga moja pamięć. Nie wiem, dlaczego musiałam nagle zwolnić. Wiem tylko, że jadący za mną tir nie zdążył zahamować i wbił się z wielką siłą w mojego Pontiaca Grand Prix, pchał go przed sobą przez kilka krótkich chwil, a później przód mojego auta oparł się o betonowy mur i samochód zaczął się zgniatać w harmonijkę. Wielka siła ciężarówki ściskała mnie siłą gigantycznego tłoka. Ratownicy powiedzieli, że moje ciało zostało wyjęte z przestrzeni niewiele większej od niego samego. Do ściany, do której przygniatała mnie ciężarówka, miałam niewiele ponad pół metra. Zderzak wielkiego auta, które we mnie uderzyło, zatrzymał się tuż za oparciem mojego fotela. Głowa była cała, narządy wewnętrzne też. Prawy staw kolanowy miałam całkowicie strzaskany, złamany piszczel lewej nogi, zwichnięte ramię. Ratownicy i lekarze orzekli jednym głosem: niebywałe wprost szczęście. Po prostu fuks!

Wypadek na chicagowskiej ulicy wydarzył się w chwili, gdy wszystko już było – w związku z przeprowadzką na Hawaje – dopięte na ostatni guzik. Mieliśmy ślub. Mieliśmy dostać od armii samochód – jako weteran Wojtek miał prawo kupić auto za grosze, resztę dokładało wojsko. Mimo „kopert weselnych", liczył się dla nas każdy grosz. Nie wiedzieliśmy nawet, jak bardzo przydadzą nam się pieniądze w *Honolulu* – na Hawajach, które upatrzyłam sobie jako najlepsze z możliwych miejsc do dalszego życia.

Kiedy otworzyłam oczy w szpitalu, Wojtek już siedział przy moim łóżku.

– I co, kochana, Hawaje muszą poczekać…

– Jedziemy, jak tylko stanę na nogi, choćby i o kulach – odpowiedziałam zdecydowanie.

– Nie do końca. Wojsko obiecało mi nowy samochód po minimalnej cenie, ale musimy poczekać kilka miesięcy. Takich jak my są tysiące. Większość chłopców, na szczęście, z tego Wietnamu wraca. Trafiliśmy na koniec kolejki oczekujących na auto. Akurat dojdziesz do siebie. – Wstał i zaczął szykować się do wyjścia.

– Wojtek

– Tak?

– Jak praca?

– Znakomicie, dziękuję, staram się. – I wyszedł.

Do momentu wypadku pracowaliśmy razem w nowo otwartym Sears Tower – chlubie Chicago, jednym z najwyższych budynków świata. Był 1972 rok, World Trade Center w Nowym Jorku miały powstać dopiero za rok.

Póki co, Sears był najwyższy w całych Stanach! Codziennie rano jedliśmy śniadanie, piliśmy kawę, wsiadaliśmy do samochódu i rozstawaliśmy się na dole – przy recepcji. Ja jechałam na 102 piętro, Wojtek na 88. Dostał świetną robotę, dość lekką, doskonale płatną, weterani z Wietnamu byli faworyzowani w kraju pod każdym względem. I dobrze że byli, bo głęboko wierzę, że oprócz zabitych, to były największe ofiary tej bezsensownej wojny.

Drugi przy moim szpitalnym łóżku pojawił się parachute'ing lawyer (dosł. prawnik-spadochroniarz, z własnej inicjatywy reprezentujący klienta za udział w odszkodowaniu). Otworzyłam oczy po krótkiej drzemce i zobaczyłam jego okrągłą głowę i krótką szyję, z której zwisał krawat. Przyglądał mi się z uwagą.

– Proszę mi podpisać pełnomocnictwo – powiedział. Dopiero później się przedstawił, powiedział, że jest prawnikiem, wolnym strzelcem i na pewno będzie proces o odszkodowanie, bo przecież mało nie straciłam życia nie ze swojej winy. Mało mnie nie zabił ten szalony kierowca ciężarówki. Więc jakaś sprawa na pewno, koniecznie, no koniecznie. Bardzo amerykańskie. Faktycznie, proces odbył się za kilka miesięcy i udało mi się uzyskać niezłe, jak na owe czasy, odszkodowanie w wysokości trzech tysięcy dolarów. Kolejna niezbędna – jak się miało okazać – pomoc na nadciągające czasy hawajskie.

Trzecia przy moim łóżku pojawiła się Mama.

– Koniecznie chcecie na te Hawaje? Zobacz, jak los nie sprzyja.

– Mamo... koniecznie.

– Moi znajomi mówili mi, że tam ludzie wytrzymują rok, może dwa, a potem wracają. Wszystkiemu winne jest rock fever (dosłownie: skalna gorączka, wyspiarska).

– Zaryzykujemy, może ją wytrzymamy.

*Rock fever* to dla ludzi mieszkających w Europie zjawisko zabawne, typowo amerykańskie. Polega ono na tym, że mieszkańcy USA sprowadzający się na Hawaje cierpią na poczucie braku przestrzeni życiowej. Czują się ograniczeni oceanem, narasta w nich bunt, że nie mogą wsiąść w auto i – oczywiście nastawiając tempomat – przejechać na wprost trzech tysięcy mil. Bardzo ich to frustruje. Mimo że większość z nich nigdy nie miała takich ambicji, a cały ich świat sprowadzał się do czterech nowojorskich lub chicagowskich przecznic, pomiędzy którymi leżały praca, dom, kino i szkoła dziecka. My, mieszkańcy Hawajów, cieszący się każdym dniem życia na wyspach, trochę się z ich neurotycznych objawów śmiejemy.

– Ale dlaczego te Hawaje? – dopytywała się Mama. – Dlaczego aż drugi koniec świata?

Nie miałam sił jej tłumaczyć, na czym polega miłość od pierwszego wejrzenia i wielka siła i pewność mojego wewnętrznego głosu.

– Mamo...

– To zróbmy tak – przerwała mi. – Masz przecież ukochaną ciocię w Arizonie. Obiecaj mi, że zanim zadecydujesz nieodwołalnie, że lecisz na Hawaje i tylko Hawaje, to pojedziecie do Arizony. Może tam wam będzie lepiej? Tam też jest ciepło, nie ma tej szarości, co w Chicago. Nie ma takich zim. Stan południowy... Obiecaj mi!

Czwarty przy moim łóżku stanął mężczyzna w eleganckim, drogim garniturze.

– Proszę wybaczyć, że panią niepokoję w tym stanie...

– Mój stan jest dobry, mogło być znacznie gorzej.

– Przysyła mnie... pracodawca pani męża. Mamy sprawę. Chcemy ją załatwić dyskretnie ze względu na Wietnam... My możemy wiele zrozumieć...

– Co się stało? – Aż uniosłam się na łokciach.

– Pani mąż od kilku miesięcy nie pojawia się w biurze...

Przestał pojawiać się w nim na długo przed moim wypadkiem. Upchane na dnie głowy jego przeżycia wojenne zaczęły dewastować nam życie. Rano Wojtek jeszcze zjadał ze mną śniadanie, wypijał, kawę, jeszcze zdawał się być człowiekiem w miarę normalnym i pogodnym. Później, kiedy ja wjeżdżałam windą na 102 piętro, Wojtek czekał chwilę przy recepcji w Sears, odwracał się i wychodził z wieżowca. Szedł przed siebie, spacerował godzinami po ulicach, jechał do biednych dzielnic i rozmawiał z żebrzącymi czarnoskórymi weteranami na wózkach, którzy całą pomoc otrzymywaną od państwa przepijali. Kupował butelkę whisky, siadał obok któregoś z nich na ulicy i rozmawiali o bitwie w dolinie *Ia Drang*, szturmie na Hamburger Hill oraz o tym, czy ofensywa *Tet* naprawdę była momentem, w którym Amerykanie powinni byli się wycofać... I tak całymi dniami, zamiast siedzieć w wieżowcu pod krawatem, Wojtek wolał być wśród tych, którzy go rozumieli, którzy nie musieli wyobrażać sobie tego co czuje, bo czuli to samo. Przede wszystkim: odczuwali bolesne wyobcowanie z nowego, cywilnego życia.

Po wizycie pracodawcy Wojtka, zaczęłam rozumieć. Chciałam jak najwięcej pojąć z tego, co mój mąż przywiózł w głowie z Indochin. Jak rozbroić tę bombę? Wtedy jeszcze nie było leków pomagających wydźwignąć się pacjentowi z Zespołu Stresu Pourazowego i Syndromu Pola Walki. Psychiatria i psychologia w zakresie leczenia tych przypadłości była raczkująca.

A ja, jak miały pokazać następne miesiące, także miałam okazać się bezsilna...

Minęło kilkanaście tygodni, dobiegła końca moja intensywna rehabilitacja, wylizałam się szybciej niż myśleli lekarze! Młoda, 20 letnia dziewczyna, która czuje, że świat stoi przed nią otworem – zdrowieje z dnia na dzień. Był już też nowy samochód od wojska! Wreszcie. I też jeszcze pieniądze z odszkodowania, wyszarpane przez „prawnika-spadochroniarza." Mogliśmy jechać! Naturalnie liczyłam, że Mama zrozumie, że skoro nie podchwyciłam z entuzjazmem jej pomysłu zamieszkania w Arizonie, bo „tam też jest ciepło", to Hawaje są nieodwołalne. Mama jednak nalegała: spróbujcie, proszę, najpierw ciocia w Phoenix.

Z jednej strony, byliśmy z Wojtkiem święcie przekonani, że nasz cel to Hawaje, ale może podróż do cioci Wisi, Mamy siostry, będzie tym czymś, co upewni Mamę w naszej decyzji? Zapewni jej spokój. Ale z drugiej strony pomyślałam: czemu nie? Z Chicago do Phoenix jest ponad tysiąc siedemset mil – niemal trzy tysiące kilometrów. Wielka szansa na zwiedzenie sporej części Stanów. Możemy wyruszyć z Chicago, pojechać przez Missouri, Oklahomę i Nowy Meksyk, zahaczając o Teksas. Albo, jeszcze lepiej, skręcić nieco na północ i jechać do cioci przez Kansas i Kolorado. Bo przez Iowa i Nebraskę byłoby już za daleko.

– Od cioci z Arizony będziemy mieli do Los Angeles trzysta mil. Przeskoczymy 10. międzystanową. A z LA statek do *Honolulu* zabierze nas i samochód. Prosta sprawa. Zamiast lecieć – pojedziemy do Kalifornii.

Nie wiedzieliśmy, na co się decydujemy.

Rozłożyliśmy mapę Stanów Zjednoczonych na masce naszego nowego, dużego samochodu.

– Pojedźmy międzystanową 55. do Springfield – zaproponował Wojtek. – Tam jest rodzinny dom Lincolna. Proponuję, żeby to był nasz pierwszy duży przystanek.

– Zgoda. Później wjedziemy na 44. i pojedziemy do Oklahomy, a później w kierunku Nowego Meksyku – dodałam wskazując na mapie odpowiednie autostrady. Ruszyliśmy.

Jazda samochodem przez Stany Zjednoczone jest doświadczeniem unikalnym, nieporównywalnym z żadną inną wyprawą. Kiedy podróżujemy przez Europę, nawet jeśli to długa prosta z Paryża do Warszawy, to drogę taką wyróżnia jedna ważna rzecz: częste zjazdy do miast, miasteczek, mnóstwo autostradowych odgałęzień. Co prawda matowy głos z GPS mówi do ciebie „tysiąc dwieście kilometrów prosto", ale za oknem widzisz mijane w oddali miejscowości. W każdej chwili możesz zjechać, wynająć hotel, odpocząć. Podróżując przez Stany, człowiek bardzo często skazuje się na pustkę, obcowanie z przestrzenią, bezkresem i wstążką drogi, ciągnącą się aż po horyzont, a w istocie biegnącą właściwie tak daleko, że można zwątpić czy dokądkolwiek prowadzi, czy gdzieś się kończy.

Jazda przez Stany to umiejętność wypełnienia czasu częstymi postojami, kiedy jest to możliwe i wskazane, oraz nieprzerwane przedzieranie się przez pustkowia. Podstawą bezpieczeństwa jest właściwe planowanie: kiedy się zmienić za kierownicą, kiedy zatrzymać, a kiedy nie stawać pod żadnym pozorem, by wyrwać się przed zmierzchem z pustyni i dojechać do jakiejkolwiek miejscowości, w której będzie motel, choćby i bez ciepłej wody. Jakiekolwiek schronienie, bezpieczny azyl, alternatywa dla nocy spędzonej w samochodzie, pośrodku prerii pełnej dzikich zwierząt.

Podczas tak długiej podróży istnieją momenty, w których myśli egzystencjalne przychodzą same, rozważania o przestrzeni i celowości życia, a także o tym, ile znaczymy w obliczu natury – są nie do uniknięcia. Wspaniały słoneczny dzień, równina, krótki postój, droga, która ciągnie się po horyzont w jednym i drugim kierunku. I żadnego samochodu, żadnej falującej w słońcu sylwetki na horyzoncie, żadnych domów. Jesteśmy zupełnie sami na świecie.

Panowała złowroga cisza. Wojtek zgasił papieros i zaczął przyglądać się mapie. Było trzydzieści pięć, może czterdzieści stopni Celsjusza w cieniu. Staliśmy na małej drodze gdzieś w Nowym Meksyku. Z autostrady zjechaliśmy tylko na chwilę, żeby zobaczyć Park Narodowy Carlsband Cavens, ale teraz było jasne, że zgubiliśmy się na dobre.

– Pojedźmy tą szosą, powinna doprowadzić nas do Roswell albo Alamogordo – powiedział Wojtek. Mieliśmy kilka galonów paliwa w baku. Być może wystarczą na sto, może sto pięćdziesiąt kilometrów... Dobra wiadomość była taka, że niedawno minęło południe, mieliśmy więc wiele godzin, by odnaleźć właściwą drogę, zanim dopadnie nas noc na odludziu Nowego Meksyku. Staraliśmy się trzymać jak największej drogi, ale rychło zamieniła się ona w gruntową, a później żwirową. Wojtek uznał, że nie ma sensu jechać dalej. Zatrzymał samochód. Siedzieliśmy przez chwilę bez słowa, zastanawiając się, co nas czeka kiedy skończy się benzyna.

– Coś tu nie gra – powiedziałam. – I to na poważnie.

– Zgadzam się, nie gra jak cholera – przyznał rację mój mąż, podpalając następny papieros.

– Nie chodzi o to, że zgubiliśmy drogę. Zauważyłeś, że nic nie słychać?

– Bo jesteśmy sami.

– Nie, Wojtek, nie słychać nawet jednej cykady, jednego świerszcza choćby. Tu panuje grobowa cisza! Powietrze stoi. Spotkałeś się już z czymś takim?

Nie odpowiedział.

Nie wiem co zobaczyłam najpierw: samochód na horyzoncie, czy maleńkie, majaczące w oddali zabudowania. Staliśmy od dobrych piętnastu minut. Auto podjechało do nas na trzysta, może czterysta metrów i zatrzymało się. Wysiadł człowiek i zaczął dawać nam dziwne znaki. Pokazywał, żebyśmy do niego podjechali.

– Policjant – powiedział Wojtek

– Dlaczego nie chce tu podjechać?

– Bo jesteśmy w bardzo złym miejscu, Bożena, wsiadaj szybko! – Wojtek już wiedział. Być może zrozumiał, kiedy zobaczył policjanta, który boi się do nas podjechać. Wtedy połączył fakty: grobowa cisza, okolice miasta Alamogordo, odludzie Nowego Meksyku.

Kiedy dojechaliśmy do radiowozu, policjant tylko pokazał ręką, żeby za nim jechać, po kilku minutach otworzył szybę i krzyknął, żebyśmy się jeszcze nie zatrzymywali, on zadecyduje kiedy staniemy. Wojtek milczał. Nie miałam pojęcia o co chodzi. Bałam się.

Policjant podszedł do okna naszego auta.

– Jakim cudem..?

– Zjechaliśmy z międzystanowej, mój błąd, jak pan widzi jesteśmy z Chicago – wpadł mu w słowo Wojtek.

– Ale jak mogliście przegapić znaki, tablice?

– Jak daleko od epicentrum byliśmy?

– Sto metrów. Może sto pięćdziesiąt – powiedział policjant. – Ile tam staliście? To ma znaczenie, jeśli chodzi o dawkę, którą dostaliście.

– Kwadrans. Może dwadzieścia minut.

Tamten westchnął głęboko.

– Mam 52 lata. Jak to pieprznęło w 1945, w moim domu zrobiło się jasno, jakby ktoś zapalił wszystkie światła! No, ale mówiono nam, że wszystko jest w bezpiecznej odległości. Teraz mojej rodzinnej miejscowości już nie ma, wszyscy się wyprowadzili, część nie żyje.

– To była „Trinity", prawda ? – spytał Wojtek

– Prawda, kolego. Ignorując z niewiadomych dla mnie powodów wszystkie znaki, wjechaliście na Trinity Test Site.

To było miejsce pierwszego próbnego wybuchu nuklearnego, dokonanego przez nasze wojsko 16 lipca 1945 roku. W tamtej chwili, po dwudziestu ośmiu latach, radioaktywność tego miejsca spadła zaledwie o kilka procent. Byliśmy prawie w epicentrum. Nie wiem o ile tam spadła...

– Nie mam sumienia was karać. Powiem jak macie się wydostać na międzystanową.

Do dziś zastanawiam się, dlaczego nie zobaczyliśmy tablic informujących, że zbliżamy się do nieczynnego poligonu nuklearnego. Kiedy w samochodzie włączony jest tempomant, a człowiek ma pewność, że na drodze nie pojawi się żadne inne auto, wyłącza uwagę, jego myśli odpływają, prześlizgują się po dziesiątkach różnych spraw. Wojtek prowadził, ja siedziałam pochylona z nosem w mapie. Nie zauważyliśmy ani jednej tablicy.

A może istnieje inna przyczyna tego przeoczenia? Może tablice zniknęły tylko na chwilę. Albo nigdy tam ich nie było? Okolica, w której byliśmy, słynęła nie tylko z eksplozji bomby bliźniaczej do „Little boy", zrzuconej na Hiroszimę...

Dosłownie kilkadziesiąt kilometrów na wschód od poligonu atomowego leży miasteczko Roswell, w którym postanowiliśmy jednak przenocować. Odnaleźliśmy drogę, wiedzieliśmy jak można by dalej jechać dalej, ale tamtego dnia nie mieliśmy już na to sił. Miasteczko było zakurzone, nieco opustoszałe, przypominało miejsce akcji z „Ostatniego seansu filmowego" Petera Bogdanovicha. Odnosiłam wrażenie, że mieszkańcy Roswell dziwnie nam się przyglądają, wodzili za naszym samochodem wzrokiem. Poczułam lekkie odrealnienie, kiedy portier dając nam klucz od pokoju zapytał:

– A dlaczego właśnie noc w Roswell spędzić chcecie? – i zanim zdążyliśmy cokolwiek odpowiedzieć, zaczął bez końca, przed dobrą minutę, wydawać z siebie odgłos zrozumienia: Aaaaaaaaaaaaaaa..!

„Incydent w Roswell" po prostu wrósł w głowy mieszkańców tego sennego miasteczka. Kiedy następnego dnia w barze opowiedziałam kelnerce o naszej przygodzie z miejscem próbnej eksplozji Trinity i podkreśliłam, że przegapiliśmy wszystkie znaki, prychnęła:

– Schowali je przed wami.

– Słucham?

– Czasem tak robią. Widzą, że jest ktoś nowy i usuwają znaki.

– Kto?

– Goście.

– Jak to usuwają?

– No na chwile powodują, żeby znikły. Ot tak – pstryknęła palcami.

Dzisiaj ponad połowa dorosłych Amerykanów wierzy w to, że rząd ukrywa przed nimi fakt, iż na ziemi USA wylądowało UFO. W Roswell w 1972 roku, podczas naszej wizyty, w istnienie obcych wierzyło całe miasto. Bez zastrzeżeń. Ów incydent, o którym mieliśmy się za chwilę w szczegółach dowiedzieć od kelnerki, to wydarzenie z 1947 roku. 2 lipca wieczorem jeden z mieszkańców – Dan Wilmot – zobaczył jarzący się obiekt, który przeleciał z dużą prędkością nad jego głową. Obiekt przypominał „dwa talerze zwrócone ku sobie wnętrzem". Dzień później inny mieszkaniec zgłosił policji, że na teren jego posesji spadły jakieś szczątki. Policja otoczyła jego dom ścisłym kordonem. Stacje radiowe zaczęły podawać, że na miasto spadł niezidentyfikowany dysk. Ale władze szybko poinformowały, że chodzi o balon meteorologiczny. Od tamtej pory mieszkańcy są przekonani, że armia zestrzeliła nad ich miastem talerz UFO, a szczątki i zwłoki kosmitów zabrało do stacji wojskowej. Zdaniem mieszkańców sprawa była tuszowana na najwyższym szczeblu. Ale nie wszystkich pasażerów zestrzelonego statku udało się im zabić, dobić lub uprowadzić.

– I ci, którym udało się uniknąć naszego wojska, pochowali przed nami znaki ustawione na drodze do „Trinity Test Site"? – spytałam kelnerkę, popijając jajecznicę kawą. Spojrzała na mnie jak na idiotkę. Nie wierzę? Powątpiewam? W Roswell to tak, jak gdyby komuś wejść w brudnych butach na biały dywan.

– Jedziemy? – spytał Wojtek.

– Absolutnie! – odpowiedziałam.

U cioci w Phoenix rzeczywiście było cieplej niż w Chicago. Żar z nieba lał się taki, że zabawiliśmy ledwie kilka godzin, wypiliśmy colę, ucałowaliśmy ciocię w spocone czółko i szybko wsiedliśmy w samochód, by – zgodnie z planem – wysłać go do *Honolulu* statkiem z Los Angeles.

– Musicie to wszystko wyrzucić – powiedział służbista na przystani.

– Co wyrzucić?!

– No wszystko ze środka: koce, paczki, garnki, co tam macie, samochód popłynie, ale pusty, inaczej moglibyśmy zabrać ich dwa razy mniej.

Stanęła mi przed oczami sytuacja z kontenerem, który rodzice przywlekli przez Atlantyk w 1965 roku. Nie było wyboru. Zrobiliśmy jak kazano: wzięliśmy walizki pełne najpotrzebniejszych rzeczy i nadaliśmy pusty samochód statkiem. Resztę przedmiotów wyrzuciliśmy.

Trzeba było się spieszyć, samolot do naszego nowego życia na Hawajach odlatywał za dwie godziny.

Nigdy więcej już nie miałam mieszkać na kontynencie. Mój nowy dom planował mnie przywitać kolejną, bezpardonową lekcją życia...

## Rozdział 9

# *Aloha* znaczy miłość

Spojrzałam na zegarek. Była prawie 12 w nocy czasu kalifornijskiego, ale słońce nad *O'ahu* dopiero zaczynało zachodzić. Od pięciu godzin lecieliśmy w linii prostej na zachód, wydłużając dzień. Samolot obniżał lot, a ja znowu patrzyłam jak zaczarowana na sylwetkę wulkanu Diamond Head, wbitego w samo serce *Honolulu*.

Jednak to lądowanie miało zupełnie inny ciężar. Czułam go. Teraz, w krótkim czasie, miało się okazać czy życie na tym archipelagu, który aż 85% wszystkich towarów importuje z kontynentu, jest w ogóle możliwe. Oczywiście: życie na odpowiednim poziomie. W Stanach, w Chicago, które dobrze znałam, praca była powszechnie dostępna, bo ktoś musiał wytworzyć te wszystkie podstawowe dobra, które później trafiały na Hawaje drogą morską... uśmiechnęłam się do swoich myśli, zapięłam pasy i złożyłam stolik... Ale tutaj? Tutaj, w raju na ziemi, utrudzeni ciężką robotą Amerykanie mieli odpoczywać. A mnie zachciało się tu mieszkać i pracować, porzucając kontynentalne Stany Ameryki Północnej.

Staliśmy z Wojtkiem w centrum *Honolulu* i obmyślaliśmy pierwszy krok.

Mieliśmy trochę pieniędzy i niestety szybko okazało się, że natychmiast jesteśmy zmuszeni je wydawać. „Najpierw mieszkanie" – zadecydowaliśmy. Bardzo rozsądnie, tyle że wynajęcie choćby kawalerki miało się okazać sprawą niemal niemożliwą do zrealizowania. Kupiliśmy gazetę, wybraliśmy jedno z ogłoszeń, zadzwoniliśmy i poszliśmy na spotkanie. Wynajmujący zadał nam pytanie, kiedy sprowadziliśmy się na Hawaje, odpowiedzieliśmy zgodnie z prawdą, że pięć godzin wcześniej, na co usłyszeliśmy „do widzenia". I taka sytuacja powtarzała się raz po raz. Zamieszkaliśmy w tym hotelu za siedem dolarów i dalej usiłowaliśmy wynająć cokolwiek. Jednak dla wynajmujących byliśmy niewiarygodni, nasza „płynność finansowa" stała pod dużym znakiem zapytania – bo byliśmy na Hawajach, gdzie ciężko było wtedy o jakąkolwiek pracę. Więc oferenci nie mogli założyć, że lada chwila coś znajdziemy i będziemy wypłacalni. Doświadczenia z przyjezdnymi podpowiadały im, że odbijemy się od twardych hawajskich realiów życia jak od ściany. Zapłacimy za dwa miesiące z góry, nie znajdziemy pracy i pod koniec trzeciego miesiąca wyjedziemy cichaczem, z poczuciem klęski, porzucając mieszkanie. A wszystkim, co oczywiste, chodziło o minimum roczny, bezpieczny kontrakt lokatorski.

„A więc jednak najpierw praca" powiedzieliśmy sobie. Bardzo rozsądnie. Trzeba było znaleźć cokolwiek. I to szybko! Zanim skończą się przywiezione z kontynentu pieniądze. Po tygodniu błąkania się po obcym, jakże innym od tego pamiętanego sprzed roku *Honolulu*, weszłam do maleńkiego sklepiku z pamiątkami. Na drzwiach wisiała kartka „zatrudnię do działu foto". Zanim pewnym krokiem rezolutnej Bożenki wkroczyłam dalej do sklepu, zanim stanowczym głosem zapewniłam właściciela, że nadaję się do tej pracy jak nikt inny, zanim w końcu zostałam przyjęta, pobiegłam do księgarni i trzęsącymi się rękoma przeglądałam książki o fotografii, ucząc się na szybko czegoś o sposobach wywoływania, nazw chemikaliów, czytałam o czułości filmów i wadze, jaką należy przywiązywać do odmierzania właściwych proporcji substancji używanych w fotograficznej ciemni. Słowem: przygotowywałam się najlepiej jak umiałam do rozmowy kwalifikacyjnej.

Nie mogłam sobie pozwolić na to, by nie dostać tej pracy. I pomimo pewności siebie, luzu i szerokiego uśmiechu podczas tego interview, które odbyło się po tych krótkich przygotowaniach, Hawaje po raz pierwszy przygięły mi karku, ucząc pokory i dając sygnał, że na skróty się nie da, że improwizacja skończyła się na etapie spontanicznego pomysłu o przyjeździe na archipelag. Nie będę miała pracy, nie będę miała gdzie mieszkać. Nie będę miała gdzie mieszkać, wrócę do Chicago. Kropka.

– W ciemni używamy wywoływacza. To teoretycznie wodny roztwór substancji, które redukują halogenki srebra. W ten sposób wywołuje się obraz utajony. Ze względu na przeznaczenie, wyróżnia się w zasadzie dwa rodzaje wywoływaczy: pozytywowy i negatywowy. Można też spotkać wywoływacze uniwersalne, które mogą być użyte w obu procesach. Pozytywowy służy do wywoływania zdjęć, a negatywowy do wywoływania kliszy – leciałam bez zająknienia.

Właściciel sklepiku patrzył na mnie oczami okrągłymi jak spodki. Zdjął nogi ze stołu i zaczął nerwowo obracać w palcach ołówek.

– Bo ja szukałem kogoś na kasę – wybąkał w końcu. – Za trzysta dolarów miesięcznie.

– Świetnie, biorę!

Wojtek załapał się za drugie tyle w sklepiku jednego z hoteli przy plaży *Waikiki*. Mogliśmy wynająć mieszkanie! Stać nas było na M1. Jeden pokój z aneksem kuchennym za 300 dolarów. Cała moja pensja szła tylko na czynsz. W Chicago mieszkanie o tym standardzie można było wynająć bez kłopotów za 60 dolarów. No, ale Chicago było przecież „ciemne, zimne, dżdżyste i szare".

Przez pierwsze miesiące naprawdę ledwie łączyliśmy koniec z końcem. W dosłownym sensie. Bywało, że brakowało nam na jedzenie. Wątpliwości dotyczące tego, czy należy wiązać się z Hawajami na stałe, nie przestawały mnie opuszczać. Za sto dolarów kupiłam maszynę do szycia, żeby zrealizować swój nowy pomysł: zamiast kupować, będę szyła nam ubrania. Cena gotowych ciuchów była wielokrotnie wyższa niż surowych materiałów. Opłacało się. Uszyłam Wojtkowi kilka koszul. Maleńkie mieszkanko całymi tygodniami zawalone było różnymi krojami i walającymi się wszędzie wykrojami z kolorowych magazynów o modzie. Bożena postanowiła zostać krawcową na Hawajach. Naprawdę wtedy myślałam, że może to być nasze dodatkowe źródło utrzymania. Umiem szyć, to dorobię – sądziłam i poniekąd było to myślenie polskie, emigracyjne. Zafundowałam sobie bowiem już drugą prawdziwą emigrację w życiu, ze wszystkimi ekonomicznymi i emocjonalnymi tego kosztami.

Przeprowadzka z kontynentu na Hawaje była tak samo trudna, jak przystosowanie się do życia w Chicago, po dzieciństwie spędzonym w Stalowej Woli. Hawaje to był inny kraj: obowiązywały inne ceny, inna mentalność ludzi, inne krajobrazy, pogoda. Nic, absolutnie nic, akcentu nie wyłączając, nie było podobne do tego, co pozostawiłam w Chicago. Z jednej strony miałam to, o co mi chodziło. Ale prawdą jest też, że spotykał mnie drugi szok emigracyjny w ciągu kilku lat. Wstrząs, który dzisiaj przez psychologów porównywany jest do stresu bojowego. Niedawno czytałam artykuł, w którym ceniony psychiatra mówił, że przystosowanie się na emigracji, ludzki mózg odbiera z taką sama intensywnością jak wojnę. Bardzo się cieszę, że nie wiedziałam tego wtedy, kiedy byłam zmuszona ułożyć sobie życie w *Honolulu*.

Mimo kilku ładnych lat spędzonych w USA, zaczynałam wszystko od zera.

– Jest!

– Co?

– Chyba to, co powinno być.
– Ile? – spytał zaciekawiony Wojtek.
– No spójrz!
– Dwie.
– Dwie – potwierdziłam.
– Jedna na pasku kontrolnym, że się udał. A tu druga… też niebieska – mówił Wojtek, jakby nie wiedział, o co w ogóle chodzi.
– Co taki zdziwiony jesteś, instrukcja jest zrozumiała dla ludzi z IQ poniżej stu punktów: jedna albo dwie. Proste.
– No dwie – mówił Wojtek. W szoku był chłopak, to wielkie szczęście spadało na nas dość niespodziewanie.
– A tu druga kreseczka niebieska jest – udawał dalej nierozgarniętego.
– Wojtek… są dwie kreski. Kropka.

Patrzyliśmy na siebie przez chwilę w ciszy, ale w naszych spojrzeniach była ta sama emocja. Wreszcie!
– Ma pani syna. – Salowa podała mi Marka i wyszła na chwilę z porodówki.

Był 1973 rok, na świat przyszedł Marek Bednarczyk, mój ukochany syn. Człowiek obdarzony ogromną liczbą talentów. Do tamtego momentu działałam na zasadzie: najpierw idea, ekstra pomysł, potem szybka decyzja, a na koniec już, w trakcie zaawansowanego procesu realizacji, zapoznawanie się z ewentualnymi przeszkodami. Można ten styl nazwać prościej: głową do przodu. Wraz z przyjściem Marka na świat, musiałam – choćby na kilka lat – zrezygnować z mojego ulubionego stylu mierzenia się z życiem. Obecność dziecka wymagała drobiazgowego planowania, przewidywania, poskromienia osobistych ambicji, skupienia się na tym, co od września 1973 roku stanęło nieodwołalnie w centrum mojego życia. Byłam szczęśliwa!

Mój syn, Marek, przyszedł na świat 4 września 1973 roku w *Honolulu*.

Powoli szczegółowo zapoznawałam się też z miejscem, które wybrałam sobie do życia. *Honolulu* leży na południowym krańcu wyspy *O'ahu*, przeciętej doliną biegnącą między dwoma masywami wulkanicznymi: *Ko'olau* i *Wai'anae*. Wzgórza wulkaniczne *Wai'anae*, leżące na południowo-zachodnim krańcu wyspy, okazały się idealną zasłoną dla setek japońskich samolotów, które zaatakowały trzydzieści lat wcześniej Pearl Harbor.

7 grudnia 1941 roku, kiedy Amerykanie stukali palcami w monitory radarów nie wierząc, że pokazują prawdę (czyli dziesiątki japońskich myśliwców Mitsubishi Zero, zbliżających się do wyspy), piloci japońscy postanowili pogłębić efekt zaskoczenia. Niebo było bezchmurne, więc gdyby zdecydowano się na atak bezpośrednio od strony oceanu, samoloty można byłoby dostrzec gołym okiem na kilka minut przed atakiem. Japończycy zmienili więc kurs, polecieli na zachód i uderzyli wynurzając się zza masywu *Wai'anae*. Wyskoczyli zza gór, znalazłszy się za plecami kompletnie zaskoczonych amerykańskich żołnierzy. Dlatego pierwszy atak był tak skuteczny i nie spotkał się z żadną obroną.

Dzisiaj pamiętny 7 grudnia, jedna z najważniejszych dat w historii USA, stanowi na Hawajach, pewną – ujmę to trochę karkołomnie – dyplomatyczną złożoność.

Naturalnie wszyscy wiemy, że atak na Pearl Harbor włączył USA do wojny w Europie, wiemy co powiedział prezydent Roosevelt – o hańbie i zbrodni. Nawet niektórzy Japończycy przyznają dziś, że był to czyn haniebny i poniekąd tchórzliwy. Ale... dziś, kiedy piszę te słowa, Japończycy stanowią największą grupę turystów na Hawajach. Właśnie oni najwięcej tutaj inwestują, angażując gigantyczne środki w rozwój ekonomiczny archipelagu.

Z drugiej strony, na *O'ahu* funkcjonuje wielkie muzeum poświęcone wydarzeniom z 7 grudnia. Nad zatopionym pancernikiem Arizona wzniesiono biały pomost widokowy, który stał się jednym ze znaków rozpoznawczych współczesnych Hawajów. Dodatkowo na Ford Island, jako atrakcja turystyczna, zakotwiczony jest USS Missouri, na którego pokładzie, trzy dni po zrzuceniu bomby atomowej na Nagasaki, Japończycy podpisali akt bezwarunkowej kapitulacji, kończący 2 września 1945 roku II wojnę światową. Pokład, na którym stał stół, gdzie przedłożono pokonanym upokarzający dokument kapitulacyjny, jest dziś honorowo ogrodzony. W tym właśnie miejscu zatrzymują się wycieczki, by wysłuchać króciutkiego wykładu o tamtym dniu w Zatoce Tokijskiej. A przewodnikami udzielającymi tych prelekcji (z szerokim hawajskim uśmiechem na ustach) są… Japończycy (a dokładnie Amerykanie japońskiego pochodzenia). To naprawdę doskonali przewodnicy po muzeum Pearl Harbor. Drobiazgowo, bez emocji tłumaczą, jak przebiegał atak na bazę, wyjaśniają, że jego konsekwencją było zrzucenie bomb atomowych, które zabiły prawie 200 tysięcy ludzi, a kolejne kilkadziesiąt tysięcy ofiar choroby popromiennej skazywały na śmierć jeszcze przez wiele lat po wojnie. Cierpliwie odpowiadają na pytania.

Dlaczego o tym piszę? Dlaczego opowiadam o czymś, co dla mieszkańców Hawajów oraz większości turystów nie jest niczym wyjątkowym? Otóż przykładam do tej japońsko-amerykańskiej umiejętności zamknięcia historii tam, gdzie należne jej miejsce, czyli w muzeum, polską perspektywę. Myślę o tych wszystkich naszych „krwawiących ranach". Amerykanie i Japończycy nie żyją historią. Szanują ją, pamiętają o niej, potrafią uczciwie o niej mówić, ale różnica między nimi a Europejczykami – zwłaszcza Polakami – jest taka, że nie wykorzystują wydarzeń sprzed 70 lat w debacie publicznej. Zawsze o tym myślę, kiedy czytam w Internecie, że „Wołyń 1943 to wciąż nie zagojona rana", a Wrzesień 1939 jest datą, „która powinna być drogowskazem wskazującym niezmienną niemiecką naturę". Jestem nawet bliska opinii, że ci, którzy uprawiają politykę historyczną, zostali tą umiejętnością zainfekowani przez PRL. Metody których używają, niewiele różnią się od tych stosowanych np. przez Władysława Gomułkę, który ciągle straszył „niemieckimi rewizjonistami."

Zostawmy jednak te rozważania na boku. Chciałam po prostu napisać w kilku słowach, jak Amerykanie i Japończycy potrafią bardzo bolesną historię (myślę, że nawet bardziej bolesną niż nasze sprawy, o których nie możemy zapomnieć), zamknąć w muzeum wspólnego szacunku. I żyć razem. Cieszyć się. Ktoś powie: bo jednym zależy na pieniądzach drugich. Takiemu komuś odpowiem: przyjedź na Hawaje, zobacz jak wspaniała i bezinteresowna relacja panuje tutaj między Japończykami, Amerykanami i przedstawicielami dziesiątków innych narodowości. Przyjaźń i szacunek na plażach, ulicach, w restauracjach, biurach, pubach, na trzeźwo i nie. Bez względu na porę roku: czy jest to 4 lipca czy 7 grudnia.

Mój syn Marek przyszedł na świat 4 września 1973 roku. Musieliśmy z Wojtkiem zrozumieć, że to oznacza ogrom nowych obowiązków. Być może matce jest łatwiej dostosować się do nowej sytuacji, do ciągłej obecności dziecka. Być może w jakiejś części decyduje o tym instynkt. Na pewno łatwiej jest matce, która, w odróżnieniu od Ojca, podejmowała już ważne życiowe decyzje. Wojtek nie potrafił odnaleźć się w naszej nowej sytuacji. Wielki wpływ miały na to – z całą pewnością – doświadczenia

Nasze szczęśliwe rodzinne chwile na Hawajach... Niebawem to szczęście prysło jak fala rozbita o rafę...

z Wietnamu. W tej chwili, z perspektywy lat, nie mam do niego żalu za to, że pewnego dnia postanowił od nas odejść. Wtedy jednak mój świat runął.

To było w 1974 roku, układało nam się już znacznie lepiej niż na początku. W USA obowiązuje prawidłowość, wedle której ciężka praca pozwala dojść do pieniędzy. Nigdy nie jest to dreptanie w miejscu, bez względu na wysiłek, nadaremny trud podejmowany wbrew jakimś koleżeńskim układom. Ciężko pracujesz, to zarabiasz. Mieliśmy już porządne, większe mieszkanie. Pamiętam tamten dzień: karmiłam Marka, Wojtek wszedł, zaczął mówić i od tego momentu wszystko działo się jakby w zwolnionym tempie. Im więcej słyszałam, tym mniej realne wydawało mi się to, co Wojtek chce mi powiedzieć. Słuchałam w milczeniu jego tłumaczeń o tym, że dwa lata siedział w dziurze wykopanej w ziemi, szedł na szpicy i nie rozumie obowiązków, które na niego spadają w cywilnym życiu, nie, on nie chce takich ograniczeń, musi być wolny.

– Nie mam planu – pamiętam, że tak to ujął. – Czuję się strzaskany i zniewolony sytuacją – dodał i w ciągu kilku dni wynajął dla siebie mieszkanie, do którego się przeprowadził. Papiery rozwodowe miały przyjść za kilka tygodni.

Wojtek Bednarczyk to wspaniały, mądry człowiek, przyjaźnimy się do dziś, bywa że sporo spacerujemy, rozmawiamy, wciąż słyszę, że „zawdzięcza mi Hawaje, ten raj na ziemi".

Wtedy jednak nastąpił mój osobisty koniec świata.

Podejście do małżeństw w USA jest zupełnie inne niż w Polsce. W Stanach ludzie często się przeprowadzają, rozpoczęcie nowego życia w innym stanie, to kwestia trzech tysięcy dolarów w portfelu i samochodu pod ręką. Można wstać od stołu, spakować walizkę, podjechać do bankomatu, przeciąć kraj z jednym postojem na tankowanie i z powodzeniem osiedlić się kilka tysięcy mil dalej. To kusząca perspektywa, przez którą ludzie nie przywiązują się do siebie tak bardzo. Ale nie tylko przez nią. Rodzina w Stanach Zjednoczonych nie jest tak istotnym elementem społeczeństwa, jak w Polsce, gdzie nazywa się ją wszakże „podstawową komórką społeczną". Nie ten wymiar, nie ta skala, zero kultu rodziny jako wartości niemal religijnej. Dostrzegam zalety takiego podejścia. Więcej jest jednak wad. Ludzie mają zakodowane, że łatwiej im się rozwieść, przeciąć problem, niż próbować go rozwiązać. Małżeństwa w Stanach są niezwykle kruche. W grupie 50- i 60-latków przeważają single. Stwierdzenie: „to moja trzecia żona" ma mniej więcej taką samą wagę jak w Polsce – „to moja trzecia dziewczyna na dłużej". Naprawdę można zatęsknić do „zniewalającego na całe życie", konserwatywnego modelu rodziny. Być może w USA istnieje owa wolność, ale brakuje rodzinnego wsparcia, zaplecza, możliwości odniesienia się do czegoś naprawdę trwałego i stałego, niezawodnego.

Z drugiej jednak strony, w Stanach człowiek musi szybko stanąć na nogi, usamodzielnić się, odciąć pępowinę. Mieszkanie do trzydziestki z mamusią na jej koszt, co np. dla Włochów jest sprawą w miarę normalną, w USA traktowane byłoby jak upośledzenie życiowe. Dysfunkcja.

– *But why?* – Dopytywaliby wszyscy.

Jednak wtedy w 1974 nie byłam oczywiście gotowa na rozpad związku i nie trafiały do mnie te wszystkie opowieści o wolności.

Byłam młodą kobietą, zostawioną z dzieckiem na ręku.

Zanim jednak nadeszły te dramatyczne dni, poleciałam na *Moloka'i.* W zaawansowanej ciąży. Odważnie wsiadłam do maleńkiego samolotu, żeby zobaczyć najbardziej tajemniczą wyspę archipelagu hawajskiego. To dziwne miejsce. Pełne rdzawego wulkanicznego kurzu, który widać z daleka, zanim jeszcze turbośmigłowy samolocik, po 10-minutowym locie z *O'ahu*, usiądzie na pasie maleńkiego lotniska. Pomarańczowy, ceglasty pył jest wszędzie, wciska się w każdą szczelinę, jest wewnątrz wynajętego samochodu, na chodnikach, trawnikach, nawet na twarzach mieszkańców wyspy...

Mężczyzna w wypożyczalni, tuż przed przekazaniem mi auta, przeciera światła mokrą szmatą, która natychmiast zmienia kolor.

*Moloka'i* to dziwna, cicha wyspa, której nie lubią surferzy z *O'ahu*, szukający dobrej fali na południowo-wschodniej stronie wyspy. Od *Moloka'i* wieje bowiem osobliwy wiatr nazywany *Moloka'i Express*. Po pierwsze: tłumi falę. Po drugie: jest niebezpieczny, bo wyciąga surfującego w kierunku oceanu. Bywa, że *Moloka'i Express* wpada w gwałtowne porywy, a chwilami słabnie i usiłuje oszukać znawców surfingu, swoim chwilowym milczeniem.

Jak już wspominłam, wyspa *Moloka'i* słynie z jednego z ostatnich czynnych leprozoriów na świecie i złowroga cisza tego miejsca pasuje do jego historii.

Sto lat temu trąd na Hawajach był chorobą powszechną. Prawdziwy problem stanowił nawet jeszcze pięćdziesiąt lat temu. Kiedy w Europie choroba Hansena (inna nazwa trądu) od dawna kojarzyła się z wczesnym średniowieczem, na Hawajach stworzono miejsce odosobnienia trędowatych na półwyspie *Kala'upapa*, odcinającym się od *Moloka'i*, niczym kiosk okrętu podwodnego od jego linii.

Leprozorium działało od połowy XIX wieku. Podpływano – od zawietrznej – na odległość dwustu metrów od wyspy i wrzucano chorych do wody. Niezależnie od tego, czy byli to mężczyźni w sile wieku, małe dzieci czy sędziwi starcy.

Na tych, którym udało się dopłynąć do brzegu, czekał koszmar półwyspu, na którym nie obowiązywały żadne prawa. Chorzy sami musieli zatroszczyć się o wszystko. Panowała anarchia, prawo dżungli. Zmienił to później jeden człowiek. Odważnie wszedł między trędowatych z pełną świadomością, że najprawdopodobniej sam kiedyś zachoruje i umrze. Tak też się stało, ale zanim ojca Damiana, jezuitę z Belgii, dopadła choroba Hansena, stworzył on na *Moloka'i* cywilizowane warunki. Nauczył cierpiących zesłańców godności, miłości i szacunku do samych siebie.

Piszę o tym tak, by brzmiało to jak bajka, jak opowieść o zamierzchłej przeszłości, bo tak właśnie myślałam o całej tej historii trądu na Hawajach 40 lat temu, kiedy pierwszy raz poleciałam na *Moloka'i*. Nie miałam pojęcia, że leprozorium wciąż działa, że na półwyspie mieszkają ludzie, którzy po prostu nie chcą opuszczać tego „rajskiego więzienia", bo całe życie spędzili właśnie w nim, wśród chorych. Nie wiedziałam wtedy, że wiele lat później, dzięki mojej przyjaciółce, dziennikarce telewizyjnej Pameli Young, poznam Makię Malo – siedemdziesięciolatka, który będzie uosobieniem najnowszej historii półwyspu i jego mieszkańców. Makia większość czasu spędzał w szpitalu w *Honolulu*, na oddziale dla trędowatych. Jego dom jest jednak w leprozorium na *Kala'upapa*.

Trafił tam jako nastolatek, pod koniec lat 40. Mimo że znano już wtedy penicylinę, choroba wciąż była traktowana jako zagrożenie, które trzeba zażegnać w sprawdzony i „najbardziej skuteczny" sposób – zesłaniem na *Kala'upapa*. W *Honolulu* działali wtedy „łowcy" chorych, których można porównać do polskich, wojennych, warszawskich szmalcowników. Kręcili się po mieście i szukali osób z objawami choroby. Wypytywali, uważnie przyglądali się ludziom, wypatrując wczesnych oznak zakażenia, często wchodzili do mieszkań pod byle pretekstem. Za każdego dostarczonego do wywózki chorego dostawali od władz parę dolarów.

Tak właśnie mój przyjaciel Makia został odebrany rodzinie i przymusowo zesłany do kolonii trędowatych.

Dzisiaj, przebywając w *Honolulu*, czuje że do szpitala przyjechał „tylko na chwilę." Jego dom to *Moloka'i*. Tam się wychował, dorósł, spędził dojrzałe życie i się zestarzał. Mimo, że znano antybiotyki i chorobę można było zatrzymać (skomplikowaną długą terapią), na *Kala'upapa* zsyłano aż do początku lat 60. XX wieku. Dzisiaj w leprozorium na półwyspie, do którego wstęp z zewnątrz jest bardzo utrudniony, mieszka osiemnastu chorych, w bardzo zaawansowanym wieku. Stan Hawaje zapewnia im wszelkie udogodnienia, a na koszt USA zatrudnionych jest ponad …sto osób obsługi! Chorzy, u których rozwój trądu zatrzymano terapią antybiotykową, mogliby przeprowadzić się do *Honolulu*, porzucając piękny skrawek lądu owiany złą legendą. Jednak nie chcą. Uważają, że to ich dom. Tam chcą umrzeć i dopóki to się nie stanie, jedno z ostatnich leprozoriów na świecie będzie działać. Do 2016, a może nawet 2020 roku.

Siedziałam w domu: w ciągu dnia zagryzałam zęby, ruszając do obowiązków związanych z małym dzieckiem, a nocami płakałam w poduszkę. Liczyłam, że Wojtek wróci, że to chwilowe odejście, na pewno zatęskni, przecież musi, to nie może być zupełnie trwałe rozstanie! Im więcej czasu mijało, tym wyraźniej do mnie docierało, że stoję przed faktem już dokonanym. Musiałam sobie radzić sama. I wtedy przypomniało mi się, że na dnie jednego z kartonów, gdzieś głęboko w szafie, mam wizytówkę pana Katayamy, owego sprawcy pierwszego hawajskiego cudu w moim życiu, dzięki któremu krótki urlop Wojtka mogliśmy spędzić w luksusowym hotelu.

Wykręciłam numer. Oczywiście, że liczyłam na pomoc…

– Czy ja panią pamiętam?! – zapytał, jakbyśmy nie widzieli się kilkanaście godzin, a nie aż parę lat. – Nie mogę o pani zapomnieć! Można powiedzieć, że przez tych wiele miesięcy czekałem na ten telefon. Jestem na *O'ahu*, spotkajmy się. Mam dla pani pewną propozycję. – Oświadczył pan Katayama.

Tommy Katayama. Mój dobry duch i wielki przyjaciel domu na Hawajach.

Umówiliśmy się w restauracji tego samego hotelu, w którym spotkaliśmy się kilka lat wcześniej, podczas mojej pierwszej wizyty w *Honolulu*. Pan Katayama przyszedł uśmiechnięty, wyluzowany i jak stary znajomy spytał czy pobyt się udał.

– Mąż odpoczął po trudach walki? – w głosie pana Katayamy była autentyczna troska. – A czy umiałaby pani poprowadzić restaurację? – Spytał po kilku minutach rozmowy.

Wtedy po raz pierwszy i jedyny pomyślałam, że to nie żaden Anioł, którego dobry Bóg stawia na mojej drodze, tylko członek Yakuzy, który pewnie ma na plecach tatuaż przedstawiający gigantycznego smoka, przy kostce nóż o chowanej klindze i ta znajomość nie może oznaczać dla mnie niczego szczęśliwego. Chodzi o werbunek do mafii? – myślałam gorączkowo. Jako blondynka z Polski, z wielkimi problemami osobistymi, podeszłam do nagłej propozycji bardzo ostrożnie.

Jak się później okazało – niesłusznie.

Miałam więc, wedle słów mojego znajomego Japończyka, z dnia na dzień zostać szefową restauracji. Z jednej strony naszły mnie wielkie wątpliwości, z drugiej – było to kolejne wyzwanie, które być może, pozwoli mi odepchnąć życiową traumę i przede wszystkim umożliwi zarobić wystarczające pieniądze na utrzymanie siebie i syna.

Knajpka była urocza, rzucona nad brzeg oceanu, przy jachtklubie należącym do pana Katayamy. Pamiętam, że nazywała się „Yacht Harbor" i kiedy weszłam do niej po raz pierwszy, japoński kucharz (przy którym zawodnicy sumo to naprawdę szczupli faceci) wytarł starannie dłoń w fartuch (by nie musieć podawać mi łokcia), spojrzał głęboko w oczy i zanim japońskim zwyczajem pokłonił się po samą podłogę, powiedział:

– Witam nowego szefa. Drobna blondynka. W środku na pewno mocna...

Wiedział o czym mówi. Robota była 24-godzinna. Na początku nie było mnie stać na żadną opiekunkę do dziecka, zresztą Marek był zbyt mały, musiałam więc jednak, wyrobić w sobie umiejętność bilokacji, by jednak być w dwóch miejscach w tym samym czasie. Cóż: *rzeczy niemożliwe załatwiamy od ręki, na cuda potrzeba nam ciut więcej czasu.* Do moich obowiązków należało koordynowanie dostaw jedzenia, zwłaszcza świeżych owoców morza: kałamarnic, krabów i rekinów. Jeśli dobrze się wychyliłam przez okno knajpy, mogłam od czasu do czasu zobaczyć rekinie płetwy w odległości dwustu, może trzystu metrów od nabrzeża i już wiedziałam, już byłam prawie na sto procent pewna, że taki delikwent lada dzień wyląduje na talerzu jednego z moich gości.

„Poradzisz sobie", „dasz sobie radę", „masz w sobie siłę, wiem to" mówił pan Katayama, kiedy składał mi propozycję poprowadzenia restauracji. Szybko zdałam sobie sprawę, że było to zagrzewanie mnie do samotnego boju. Wszystko było na mojej głowie: kucharze, kasjerki, towar, rozliczenia, popsuta klimatyzacja. Jedną rękę dzwoniłam, żeby ją naprawili, drugą podpisywałam dostawcy rekinów pokwitowanie, trzecią wydawałam obsłudze polecenia na piśmie. Nie spałam, nie jadłam, prawie nie chodziłam do toalety. Każdą wolną sekundę spędzałam z dzieckiem. Marek codziennie był ze mną w pracy. Bo i z kim miałby zostać?

Moja praca w restauracji trwała rok. Był to rok twardej nauki biznesu i ciężkiej pracy pod presją czasu. Wszystko to miało zaowocować w przyszłości, wszystko miało się przydać.

Na wylot poznaję hawajską kuchnię. Poza nieskończoną gamą owoców morza, ryb i rekinów, spośród których serwowaliśmy żarłacze białe, tygrysie i błękitne, dowiaduję się też o tradycjach kuchni polinezyjskiej. Okazuje się, że fundamentalną rolę pełni w niej świnia. Zwykły prosiak, który dla mieszkańców Hawajów jest niespotykanym rarytasem, sprowadzanym z kontynentu. Pierwszy raz wieprzowiną poczęstował miejscowych odkrywca wysp – kapitan Cook. Zjedli i zachwycili się świniną bez reszty. Kiedy prowadziłam restaurację, nie było to tanie danie. Wieprzowinę trzeba przecież było przywieźć z bardzo odległego kontynentu. Na wyspie było niewiele hodowli.

Zdumiony kapitan Cook skonstatował to w roku odkrycia wysp – w 1778: Hawaje to najbardziej oddalone od jakiegokolwiek większego lądu wyspy na świecie. Są tak daleko, że słynny podróżnik nie potrafił wytłumaczyć „jakim cudem Polinezyjczycy tak bardzo rozpierzchli się po tym gigantycznym oceanie. Mój statek ledwie daje radę, to jak oni pokonywali drogę z innych wysp?" – Pytał retorycznie w swoim dzienniku. Był oczywiście europocentrycznie przeświadczony o wielkości floty brytyjskiej. Odkrywca Hawajów i jego notatki na temat wysp to bardzo ciekawa lektura. Są pełne zdumienia, że jeszcze niemal do czasów Rewolucji Francuskiej świat nie miał pojęcia o istnieniu tego archipelagu. Najpóźniej odkryty ląd na świecie: Hawaje.

W restauracji podawaliśmy wszystkie hawajskie przysmaki, w pełni jednak świadomi faktu, że na Hawajach spotykają się tradycje kulinarne ze Wschodu, Zachodu, europejskiego kontynentu oraz, oczywiście, wszystkich innych wysp Polinezji. Tak naprawdę, do naszych czasów przetrwały tylko nieliczne kulinarne zwyczaje i dania rdzennych Hawajczyków. Dieta dawnych mieszkańców wysp opierała się przede wszystkim na owocach drzewa chlebowego, bulwach jamu, bananach, orzechach kokosowych, no i bulwach taro, z których do dziś wytwarza się *poi* – hawajski przysmak, który konsystencją przypomina budyń. W smaku natomiast jest delikatny, nadaje się jako dip, ale może być podawany równie dobrze jako danie główne. To masa o fioletowym, naturalnym dla korzeni taro, kolorze. Jeśliby próbować porównać *poi* do czegokolwiek znanego w Europie – byłby to hummus. Jednak to, tak popularne w krajach basenu Morza Śródziemnego danie z ciecierzycy, ma znacznie węższe zastosowanie w kuchni Izraela, Libanu, Syrii czy Turcji, niż *poi* w kuchni hawajskiej.

Prowadząc knajpę zapoznałam się też z drinkami serwowanymi na wyspach. Najpopularniejszym jest „*Mai tai*", na który składa się rum, wermut i sok ananasowy. Prosty, ale jaki pyszny! Jest również „*Blue Hawai'i*" – ulubiony drink Elvisa Presleya, o czym mieszkańcy archipelagu mieli przekonać się 14 stycznia 1973 roku, podczas wizyty Króla. Presley zagrał wtedy w *Honolulu* koncert „*Aloha from Hawai'i*". Show przeszedł nie tylko do historii rocka, ale i telewizji. Był to bowiem pierwszy, transmitowany za pomocą satelity występ, dzięki czemu dotarł w najodleglejsze zakątki kuli ziemskiej. Pamiętam plakaty, podniecenie ludzi na ulicach, a później brzmiący w oddali na stadionie głos Elvisa, ale sam rok 1973 był dla mnie dość ciężki i to wydarzenie nie było w stanie przysłonić mi moich osobistych trosk...

Jednak na odsłonięcie pomnika Presleya, który postawiono w 2007 roku, w rocznicę show „*Aloha from Hawai'i*", byłam oficjalnie zaproszona i widziałam każdy moment tej wielkie ceremonii. Pomniki na Hawajach to w ogóle odrębny temat rzeka. Po pierwsze: nie trzeba się wsławić tragiczną śmiercią, żeby być godnym pomnika. Po drugie, w ogóle nie trzeba umierać – w *Honolulu* przy plażach stoją solidne, wykonane z brązu, pomniki jak najbardziej ciągle żywych surferów. Nie do pomyślenia, prawda? Jaka profanacja!

Szło mi coraz lepiej. Po roku pracy w restauracji postanowiłam pójść wyżej, rozwijać się. Pomocną dłoń znowu miał wyciągnąć pan Katayama, który znalazł dla mnie miejsce w firmie zajmującej się handlem nieruchomościami. Na Hawajach to duża sprawa. Wielki, bardzo lukratywny biznes. Czekały mnie miesiące nauki, zakończone egzaminem pozwalającym pracować w tym zawodzie. „Ździałaś" – pan Katayama z sympatii do mnie nauczył się kilku polskich słów.

Zdałam i zaczęłam ostro sprzedawać. Hawaje też się rozpędzały. Istotną rolę pełnił w tym rozwoju japoński kapitał. Pan Katayama na szczęście nie należał do Yakuzy. Był człowiekiem, który badał grunt pod inwestycje dużych japońskich firm. Sondował rynki, pisał raporty dla największych i miał mnóstwo możliwości, dzięki czemu mógł mi pomóc.

Od każdej sprzedaży brałam prowizję. Po roku kupiłam własne mieszkanie – w nowo wybudowanym wieżowcu. Była druga połowa lat 70., a ja wreszcie, dzięki ciężkiej, niezłomnej pracy, zaczynałam odnosić na Hawajach finansowy sukces. „Śpsiedałaś?" – dopytywał życzliwie pan Katayama, a ja w 90 procentach przypadków mogłam udzielić mu twierdzącej odpowiedzi. Te kilka lat, to był prawdziwy boom inwestycyjny i budowlany. Ja zarabiałam, a Marek był zdrowym i uśmiechniętym dzieckiem.

Tommy Katayama był moim wielkim przyjacielem, chciał nam, mnie i Markowi, uchylić nieba, dziś wiem, że mogłam mieć przy nim wszystko, beztroskie wspaniałe wspólne życie, bo był zakochany we mnie do szaleństwa!

Ale wciąż, jeszcze przez całe siedem lat, aż do 1980 roku, gdzieś na dnie mojego serca utrzymywała się tęsknota za Wojtkiem. I nadzieja: a nuż wróci? Oczekiwanie beznadziejne, ale jak wtedy uważałam – nieusuwalne. Bolało mnie, kiedy dowiadywałam się, że Wojtek kogoś ma, nie potrafiłam się od tego odciąć. Tłumaczyłam sobie, że ma do tego prawo, bo to jego życie, a zachowuje się wobec nas (mnie i Marka) bardzo przyzwoicie. Nie wychodziło. Byłam zazdrosna. Kochałam drania.

Po naszym rozstaniu Wojtek także odnosił sukcesy zawodowe. Jego historia to temat na osobną książkę. Chyba muszę go namówić do jej napisania. Skończył w USA fizykę jądrową. Okazał się wybitnym studentem, więc armia zaproponowała mu pracę przy reaktorach atomowych, napędzających łodzie podwodne. Nigdy o tym nie opowiadał w szczegółach, ale jego wpływ na zimnowojenne działania jest niepodważalny. Jako człowiek „od silników atomowych" odbył niejeden tajny rejs w łodziach podwodnych typu „Los Angeles", czołgających się bezgłośnie gdzieś po dnie Morza Północnego, Barentsa, a może nawet Bałtyku?

Pod koniec lat 70. boom mieszkaniowy trwał, a ja mieszkałam w swoim bardzo ładnym mieszkaniu na 37. piętrze, w centrum *Honolulu*. Pewnego dnia odebrałam w biurze telefon.

– Słuchaj, jakaś Japonka chciałaby kupić mieszkanie w twoim budynku, bardzo jej zależy. Nie mamy nic w ofercie, może coś wymyślisz? – Powiedział mój szef, guru sprzedaży nieruchomości na Hawajach.

– Co mam wymyślić, moje nie jest na sprzedaż.

– No nie wiem, proszę, wymyśl coś, to ważna klientka, liczymy na ciebie.

Ważna klientka zadzwoniła za pięć minut. Musiałam podejmować decyzje w kilka sekund. Wpuściłam ją do swojego mieszkania, w którym zaczęła podskakiwać z zachwytu, podałam więc jej jakąś kosmiczną kwotę, aż trzykrotnie przewyższającą najwyższą rynkową cenę za tego typu mieszkanie i poszłam do kuchni zrobić lemoniadę z lodem, co – miałam nadzieję – dodatkowo ją ostudzi. Kiedy wróciłam... wypisywała czek.

O ile dzięki pracy w nieruchomościach byłam człowiekiem, który nie mógł narzekać na zarobki, o tyle teraz, w kilka minut stałam się naprawdę zamożna.

– Tu są pieniądze – powiedziała już chłodniej – podając mi czek. – Tylko proszę wszystko zostawić: meble, dywany, sprzęt kuchenny. Może pani zabrać ubrania z szaf. Spojrzała na moją osłupiałą minę. – No co, po prostu podoba mi się pani gust wnętrzarski!

Za te pieniądze kupiłam duże mieszkanie na 27 piętrze wieżowca, leżącego wtedy w tylko trochę gorszym miejscu, o nazwie Contessa. W *Honolulu* każdy wieżowiec ma swoją nazwę, nie trzeba adresu, aby do niego trafić.

Na Hawajach snobizm nakazuje trzymać się jak najbliżej centrum *Honolulu* i plaży *Waikiki*. Japonce za astronomiczną (jak dla mnie) kwotę, udało się odepchnąć mnie kilka ulic dalej.

Miałam w ręce sto tysięcy, odpowiednik dzisiejszego miliona dolarów.

Tęskniłam wciąż za Wojtkiem, za co byłam na siebie coraz bardziej wściekła.

Wiedziałam, że Marek powinien uczyć się języka polskiego – wciąż miałam to w tyle głowy. Miał już prawie siedem lat, ktoś powinien go uczyć lepiej niż ja to potrafię.

I wtedy zadzwonił telefon.

– Myślę, że powinnaś przyjechać do Polski, tu się dzieją niesamowite rzeczy – usłyszałam podekscytowany głos. To była moja koleżanka, która często odwiedzała rodziców w Chicago, ale mieszkała na stałe w Polsce.

Szybko dodałam do siebie wszystkie fakty. Kilka miesięcy w kraju... Marek pójdzie do polskiej szkoły, ja odpocznę od myśli o Wojtku, nieruchomościach, megabogatych Japończykach... Może należy mi się urlop od Hawajów, a co?

– Też myślę, że powinnam przyjechać, będę za kilka dni. – Bach, decyzja w chwilę. Jak zawsze. Zadzwoniłam zabukować bilety na samolot.

Był 30 sierpnia 1980 roku, porozumienia w stoczni właśnie podpisano, gdy ja byłam gdzieś nad Atlantykiem.

Leciałam, a karnawał „Solidarności" właśnie się rozpoczynał. Ale ja musiałam na nowo, powoli, tę pozostawioną w czasach Gomułki Polskę zrozumieć. Miała to być bardzo brawurowa lekcja. Jazda na jednym kole. Wstyd to przyznać, ale dosłownie: na jednym.

## Rozdział 10

# Wyjedź przed wojną, Bożenka

Na Hawaje leci się z Warszawy minimum 24 godziny, oczywiście pod warunkiem, że nie będziemy zbyt długo czekali na przesiadkę, ani że żaden lot się nie opóźni.

Najpierw trzeba przeskoczyć do jednego z głównych europejskich węzłów, z którego rozlatują się samoloty na cały świat. Później przeprawić przez Atlantyk, najlepiej od razu na zachodnie wybrzeże, nad Grenlandią i Alaską, bo przecież tamtędy prowadzi najkrótsza droga. Potem jest już tylko 5-godzinny lot do *Honolulu*, kilka tysięcy kilometrów nad błękitem Pacyfiku...

W 1980 roku czekała mnie długa podróż w drugą stronę. Z *Honolulu* poleciałam do Chicago, gdzie odwiedziłam rodziców oraz moją ukochaną „małą" siostrę Lucy, która była już mężatką z dwójką pięknych synów – Nicolasem i Robertem (obaj są moimi chrześniakami). Stamtąd zabrał mnie do Warszawy IŁ-62 „Kościuszko", duma „LOT-u", który siedem lat później rozbił się w Lesie Kabackim.

Radzieckie samoloty wydawały, pamiętam to do dziś, taki przeciągły gwizd. Kiedy silnik wchodził na wysokie obroty, dźwięk był niesamowity, jak gdyby turbina kręciła się dwa razy szybciej niż w Boeingach czy Airbusach. Pierwszy raz zwróciłam na to uwagę podczas lotu „Kościuszką". Później ten świst usłyszałam jeszcze raz – na pokładzie rządowego TU-154. Ale o tym już było.

Pół roku przed moim lądowaniem na Okęciu rozbił się „Kopernik" z Anną Jantar na pokładzie. Podczas podchodzenia do lądowania w Warszawie atmosfera była więc trochę napięta. Ludzie najpierw, w czasie lotu, opowiadali sobie, jaka to była straszna strata dla polskiej kultury, a później, tuż przed przyziemieniem, nakręceni tymi opowieściami, mało nie mdleli w fotelach ze strachu.

Terminal na Okęciu był wtedy, w roku 1980, jeszcze takim przedłużeniem normalności. W sensie ekonomicznym, konsumpcyjnym, normalności jaką znałam z USA. Prawdziwa Polska zaczynała się kawałek dalej, przy ulicy Żwirki i Wigury. Na terminalu można było dostać papierosy, słodycze, ubrania i inne reglamentowane w kraju towary. Kupiłam prezenty dla znajomych i w dobrym nastroju poszłam na postój taksówek. Już chcieliśmy z Markiem do jednej, dużego fiata 125p, wsiadać, kiedy przez okno wychyliła się głowa taksówkarza.

– Gdzie?

– Słucham?

– To ja słucham. Gdzie chce jechać i gdzie się pakuje?

– Chcielibyśmy z synem pojechać do centrum.

– Odpada! – Taksówkarz splunął kawałkiem gryzionej zapałki przez okno.

– Przepraszam?

– Na Żoliborz czekam. Albo Bielany, żeby to miało sens.

– Co ma mieć sens?

Wychylił się bardziej, spojrzał na mnie jak na przybysza z innej planety. Zmierzył wzrokiem. Znów splunął.

– Sens, żeby nie robić żabich skoków, tylko kurs normalny. Wezmę panią. Dziesięć dolarów to kosztuje.

To była pierwsza, jeszcze łagodna lekcja, nie widzianej od lat ojczyzny. Nie wiedziałam ile to jest dziesięć dolarów. Nie miałam pojęcia, że to równowartość tygodnia pracy lekarza specjalisty. Zapłaciłam taksówkarzowi dwudziestokrotną stawkę taryfy bez dyskusji.

Centrum Warszawy, do którego dojechaliśmy po kilkunastu minutach, w niczym nie przypominało tego, które pamiętałam sprzed kilkunastu lat, kiedy przyjeżdżaliśmy z rodzicami ubiegać się o wizę do USA. Wtedy, w 1965 roku, nie stał jeszcze wieżowiec hotelu Forum, nie było budynku Uniwersalu ani Domów Towarowych Centrum, z obracającym się neonowym wiatrakiem. Rotunda dopiero powstawała, wyłaniając się z bezkształtu stalowego szkieletu. Teraz widziałam ją już odbudowaną, po eksplozji z 1978 roku, o czym w drodze do śródmieścia dokładnie opowiedział mi taksówkarz. W ogóle zrobił się bardzo miły – stać go było!

Cała Warszawa wyglądała inaczej, niż ją zapamiętałam. Mój syn Marek widział ją po raz pierwszy w życiu. Stał, patrzył i nie komentował.

Natomiast Stalowa Wola, moje rodzinne miasto, wydawało się być zastygłe w czasie, jak komary w bursztynie. Nie musiałam biegać i mówić jak repatrianci na filmach dokumentalnych: tu było to, a tu tamto, tu mieścił się sklep pana Kazia, a tam piekarenka. Wszystko stało, wszystko trwało, czas moich rodzinnych stron nawet nie musnął! Z drugiej strony – nie minęło aż tak wiele czasu, choć w sensie społeczno-politycznym wyjeżdżałam z Polski w okresie małej stabilizacji, by ponownie ujrzeć ją na oczy w pierwszych dniach epoki Solidarności.

Na razie trudno mi się było do tego odnieść. Znajomi, z którymi zaczęłam się spotykać, byli podekscytowani. Tłumaczyli mi gorączkowo, co udało się wywalczyć w Gdańsku. Mówili, że porozumienia podpisane przez stronę rządową w stoczni, to dokument bez precedensu za Żelazną Kurtyną. Krzyczeli, że tak bardzo jeszcze nigdy komuniści nie ustąpili i cholera wie, jak się to wszystko skończy! Potrzebowałam kilku tygodni, by zyskać perspektywę pozwalającą zrozumieć to, co się wokół mnie dzieje.

Dla kogoś, kto przyjechał z USA, Polska była w roku 1980 krajem kompletnie zrujnowanym gospodarczo. W sklepach nie było prawie nic. Mimo lata, unosił się taki szary kurz, który – takie można było odnieść wrażenie – pokrywał wszystko: ulice, samochody, ubrania i nawet twarze przechodniów. Gierkowska *dolce vita* za pożyczoną kasę minęła bezpowrotnie. Kraj wyglądał jak zgrany hazardzista nad ranem.

Kupowałam w sklepach Pewexu i Baltony, ale jak na standardy amerykańskie, były to sklepy zaopatrzone – delikatnie rzecz ujmując – dość kiepsko. Z drugiej strony byłam na tyle przytomna, żeby widzieć jak wielką zazdrość wzbudzam w przypadkowych przechodniach po wyjściu z Pewexu, obwieszona pełnymi torbami zakupów. Jednorazowo wydawałam przecież więcej, niż przeciętny Polak zarabiał przez miesiąc czy dwa. W ramach próby poprawy nastrojów władza zamiast towarów zaproponowała ludziom „VETO – Tygodnik Każdego Konsumenta", który zaczął ukazywać się mniej więcej w okresie, w którym przyjechałam do Polski. Był kolorowy, wydawany na ładnym papierze, zawierał przepisy na tanie dania i siermiężne reklamy niedostępnych towarów. Sądzę, że rozwścieczał bardziej, niż mój widok pod Pewexem. Czarnorynkowy kurs dolara wynosił około 200 złotych i rósł niemal z dnia na dzień, żeby w marcu 1981 roku osiągnąć 400 zł. Chleb kosztował mniej więcej 5 złotych. Kostka masła 20, a samochód polonez, jeśli się chciało mieć go od ręki, na giełdzie „chodził" po 300 tysięcy. Kiedy przeliczyłam, ile mogę mieć polonezów za przywiezione pieniądze i porównałam ten wynik z tym, ile dekad musiałby pracować przeciętny Polak na jednego, trochę ugięły się pode mną nogi. Pomyślałam, że może powinnam pomóc jak największej liczbie znajomych opuścić ten nieszczęsny kraj, stworzyć jakiś kanał przerzutowy do Chicago? Albo żeby choć mogli sobie ten normalny, zachodni świat pooglądać… Być może wtedy po raz pierwszy zatliła się w mojej głowie myśl, która wiele lat później zaowocowała firmą turystyczną?

Na razie jednak postanowiłam kupić poloneza! W dolarach? Gotówką? *No problem*, szanowna pani poczeka kwadransik. Na giełdzie w Tarnobrzegu trwało to chwilę.

Za moment miał nadejść wrzesień i udało mi się zapisać Marka do podstawówki w Tarnobrzegu. Wsiadłam w samochód i pojechałam do Krakowa. „Poldek" był pierwsza klasa! Nowiutki, czerwony, w niczym nie przypominał wielkich amerykańskich wozów. Kiedy puszczało się sprzęgło i naciskało gaz, przód unosił się jak dziób motorówki, natomiast podczas hamowania cały samochód tak dziwnie nurkował, jak niemiecki bombowiec „Sztukas".

Pomyślałam, że skoro trafiłam na tak liberalny okres w historii PRL-u i – pomimo biedy – obcuję z tak pogodnymi ludźmi, to czas w mojej dawno nie widzianej ojczyźnie spędzę beztrosko. W Krakowie zameldowałam się w hotelu Cracovia i postanowiłam ściągnąć z Warszawy moją przyjaciółkę, która namówiła mnie na przyjazd do Polski.

– Będziesz?

– Jasne, lecę do ciebie. Umówmy się za kilka dni na lotnisku Balice. Przeskoczę samolotem w godzinę i idziemy na imprezę. Jeszcze się odezwę – krzyknęła do słuchawki podczas krótkiej rozmowy.

Miała być więc impreza, łażenie po Krakowie, wspólne wycieczki w malownicze miejsca. Miało być fajnie. Chciałam, żeby wreszcie bolesne wspomnienie Wojtka Bednarczyka przestało mnie dręczyć. I przestało, ale…

Przyjeżdżam na lotnisko o umówionej porze i czekam w hali przylotów. Jest samolot z Warszawy, wychodzą pasażerowie, ale jej nie ma. Wychodzą stewardessy, później piloci. Wstaję, podchodzę do najprzystojniejszego, wysokiego bruneta i mówię: przepraszam tym samolotem miała przylecieć moja koleżanka.

– Pani Bednarczyk, prawda? – mówi ten pilot.

– To ja.

– Pani koleżanka, wchodząc po schodkach do naszego samolotu, złamała nogę i została odwieziona do szpitala w Warszawie. Zapomniałbym powiedzieć, gdyby pani nie podeszła. Męczący lot.

Osłupiałam.

– Kiedy to się stało?

Uśmiechnął się promiennie i cierpliwie powtórzył:

– Wtedy, kiedy półtorej godziny temu wsiadała do naszego samolotu w Warszawie. Potknęła się i… przepraszam na moment.

Drugi pilot i mechanik zatrzymali się w pewnej odległości i czekali aż skończy, dał im znak, że już idzie, jeszcze sekunda.

Ten jego promienny uśmiech... nie ukrywam, poraził mnie od razu. Rzuciłam okiem na tamtych dwóch.

– To może się z panem zabiorę do Warszawy, odwiedzić chorą koleżankę? – zagadnęłam.

– Bardzo proszę, wracamy jutro lotem o siódmej rano.

– A dzisiaj Panowie nocujecie w Krakowie?

Znowu ten uśmiech.

– Tak, nigdzie się nie ruszamy, bo jutro o siódmej mamy wylot – powtórzył. – Nocujemy w hotelu Cracovia – podniósł swoją walizeczkę.

– Tak się składa, że też tam jestem zakwaterowana i mogę pana podwieźć. Po co ma pan wydawać na taksówkę?

Patrzył na mnie przez chwilę bardzo uważnie. Wysoki, w mundurze, pogodny i pewny siebie.

– Jerzy Rusin – powiedział, wyciągając do mnie dłoń. Facet nie wyciąga pierwszy dłoni do kobiety... Kobieta pierwsza nie proponuje podwózki.... No nie wiem... Nie zastanawiałam się nad tym. Miałam gdzieś wszelkie konwenanse. Byłam trafiona tym jego uśmiechem.

Jerzy Rusin. Byliśmy z Jurkiem tacy zakochani i szczęśliwi w Polsce, pełni marzeń na wspólne życie na Hawajach... Wszystko to przekreślił wypadek samolotu.

– Bożena – odpowiedziałam.

Odstawił walizeczkę na podłogę.

Spojrzał na swoich pilotów i machnął, żeby jechali sami, bo on zabierze się ze mną.

No i się zaczęło. Cóż mam powiedzieć... Czegóż więcej trzeba? Jakich romantycznych okoliczności? Pochód Solidarności trwa, a ja mam 29 lat, poloneza i chłopaka pilota. Czy można chcieć od życia czegoś więcej? Mój plan był od początku dalekosiężny. W ogóle: moje relacje z mężczyznami nigdy nie były chwilowe, powierzchowne, nakierowane na kilka tygodni zabawy. „To nie były te czasy, co dzisiaj" – ktoś powie i po części przyznam mu rację. „Ale było już po 1968 roku i rewolucja seksualna zrobiła swoje" – doda ktoś inny i wtedy przypomnę mu, że miałam 29 lat i syna, co być może odrze tamtą sytuację z beztroskiej, romantycznej otoczki. Chyba chciałam stałości.

Po pierwsze: nie powiedziałam Jurkowi, że mieszkam na stałe w USA. Podczas szalonych tygodni w Krakowie i w Warszawie tłumaczyłam, że posiadam pieniądze ze spadku, mieszkam w Tarnobrzegu, rozwiodłam się z mężem, mam syna. Wiedział o mnie wiele, ale nie to, że jestem obywatelką Stanów Zjednoczonych, mieszkająca na stałe w *Honolulu*.

Powiem wprost: widziałam jak wygląda Polska i nie chciałam, żeby od razu potraktował mnie, jak szansę na wyjazd. Chciałam, żeby się zakochał i dopiero wtedy ze mną wyjechał. Ja już miałam wszystko w głowie. Wiedziałam, że lotnictwo cywilne w USA rozwija się w błyskawicznym tempie. Jurek był młody, jako pilot bez trudu się przesiądzie z Antonovów na Boeingi – sądziłam.

Chyba się zakochał, bo po trzech miesiącach poradził, żebym porzuciła pokój w hotelu Cracovia i wprowadziła się do jego warszawskiego mieszkania. Nie zastanawiałam się ani chwili. To było silne uczucie. W Warszawie zaczęłam poznawać przyjaciół Jurka – środowisko pilotów. To byli niesamowici ludzie, zwłaszcza jeden z nich, przyjaciel i nauczyciel mojego ukochanego – Stanisław Kluk. Był instruktorem pilotów, wielokrotnym mistrzem Polski w szybownictwie, znał każde słowo z zawiłej terminologii lotniczej, a jednak zawsze, kiedy mówił o pilotażu i powietrznych przygodach, używał języka, który rozumieli wszyscy go słuchający. Opowiadał niesamowite historie. Jedna z nich szczególnie zapadła mi w pamięć z powodów osobistych. Ale to się miało okazać dopiero później. Stanisław opowiadał o „czynnikach ludzkich", które prowadzą do katastrof lotniczych. Siedzieliśmy w mieszkaniu Jurka, piliśmy wino i słuchaliśmy jak bardzo „samcze ego" pilota potrafi być niebezpieczne. Przeświadczenie o nieomylności, pewność siebie, brawura. Te cechy „zabiły i zabiją jeszcze tysiące osób w lotnictwie cywilnym" – mówił Stasio. – „Latanie uznawane jest za aktywność pasującą do mężczyzn o charakterze macho. Macho nigdy się nie myli, zawsze wychodzi z opresji obronną ręką i nigdy nie zawodzi. Jeśli jest zadanie do wykonania – samiec alfa podoła, bez względu na wszystko! To prowadzi do tego, że piloci odczuwają czasami swoistą presję powstałą w skutek tzw. efektu Zeigarnik: stresu wywołanego nieukończonym zadaniem, silnym zwłaszcza wtedy, gdy coś pokrzyżuje zamiar lądowania." Pamiętam tamtą opowieść z roku 1980 niemal słowo w słowo. Pamiętam też Jurka, który jako jedyny słuchał jej z uprzejmym, ale obojętnym wyrazem twarzy.

– Wpadł mi do głowy pewien pomysł. – Stasio przysiadł się do mnie podczas jednej z imprez w gronie lotników. – Jak sądzę, całkiem niezły. Masz poloneza, prawda Bożena?

– Całkiem nowego.
– No właśnie, a ja mam sekret, który chciałbym ci powierzyć.
– Mam nie mówić nawet Jurkowi?
– Nawet jemu. Otóż, nie potrafię prowadzić samochodu.

Nie umiał! Nie mógł się nauczyć i kropka. Kiedy puszczał sprzęgło, za każdym razem wykonywał żabi skok. Mistrz pilotażu, as „LOT-u", jeden z najlepszych polskich pilotów powojennych, nie miał siły ani ochoty podchodzić do egzaminu na prawo jazdy.

– I dlaczego mi powierzasz ten sekret, Stasiu?
– Bo jako jedyna masz samochód. I często bywasz w Tarnobrzegu, u Marka.

Faktycznie, przynajmniej raz w tygodniu odwiedzałam syna uczącego się w tarnobrzeskiej podstawówce. Dbałam, żeby widywać go jak najczęściej. Marek miał tam wspaniałe rodzinne warunki, mieszkał u siostry Taty, cioci Zosi, która pragnęła mieć więcej dzieci, ale nie było jej to dane. Przyjęła mojego Marka z wielkim sercem i traktowała jak wymarzonego syna.

– Ja mam w Tarnobrzegu rodzinę i znajomych, którzy ciężko pracują na roli, bez możliwości kupienia wędlin – kontynuował Kluk. – Robimy tak: bierzemy twoje auto, lejemy paliwo lotnicze, zajeżdżamy do zaprzyjaźnionych ze mną zakładów masarskich i zaopatrujemy cały Tarnobrzeg. Tam w zasadzie w ogóle nie ma mięsa.

Pomysł był brawurowy, a mój „Poldek" na tej lotniczej 100-oktanówce niemal unosił się nad ziemią. Wykonywaliśmy dwa, trzy kursy w tygodniu. Marek był zachwycony, bo widział mnie bardzo często. Stasio był zachwycony, bo mógł pomóc przyjaciołom i swojej rodzinie. Pół Tarnobrzega było wniebowzięte, bo w zamian za cebulę, kartofle i inne płody rolne, których im nie brakowało (brakowało ich natomiast w dużych miastach), dostawali od nas mięso i wędliny, których po prostu nie mieli w sklepach. Nie wiem jak poważny musiał być układ Stasia z fabryką mięsa, wiem, że woziliśmy towar strategiczny, który potrafił obalać władzę, zapełniać ulicę demonstrującymi robotnikami, wpływał w sposób bezpośredni na społeczne nastroje. Nie wiem także co by nam groziło, gdyby władza dowiedziała się o naszej działalności, o układzie z lotniskiem (zaopatrującym nas w dobrą benzynę do Iłów), masarnią – wypełniającą po brzegi bagażnik antrykotami, szynkami i czym tam jeszcze.

Może groził nam stryczek? Kombinowanie przy nielegalnej sprzedaży mięsa już doprowadziło niejednego na szubienicę. Chodzi mi oczywiście o aferę mięsną z 1964 roku i wyrok na Stanisława Wawrzeckiego. Ryzyko było spore, adrenalina jak podczas akrobacji lotniczych. Polonez na lotniczej benzynie bez trudu przekraczał fabrycznie ustaloną prędkość o 30 km/h, zużywając silnik pięć razy szybciej. Stasio mówił, żebym nie odchodziła od samochodu, kiedy on idzie załatwiać sprawy. Raz go nie posłuchałam, odeszłam na chwilę, a kiedy wróciłam, jacyś faceci zabierali się do odkręcania kół. Uciekli, ale razem z naszymi piórami od wycieraczek.

– Przecież prosiłem, żebyś nie spuszczała samochodu z oczu! – marudził Stasio, zatykając za kikuty wycieraczek szmaty. Najbliższy Polmozbyt był w Warszawie. Przy założeniu, że po ośmiu godzinach stania w kolejce, udałoby się nam zamówić pióra do wycieraczek, przyszłyby za dwa tygodnie. No chyba, że znowu sprawę rozstrzygnąłby banknot dziesięciodolarowy. Na razie byliśmy w środku Polski i musieliśmy sobie radzić inaczej. W Tarnobrzegu Stasiu powiedział, żebym się na chwilę zatrzymała, ale nie wyłączała silnika, dwoma susami doskoczył do milicyjnego poloneza, sprawnym ruchem zsunął pióra z wycieraczek, wrócił, trzasnął drzwiami. Nie trzeba było mi mówić, że mam ruszać ile sił! Po chwili powiedział: oni nie muszą czekać, mają na magazynie. Nie miałam wyrzutów sumienia, przechodziłam przyspieszony kurs relatywizmu moralnego, który wpisany był w codzienne życie w kraju socjalistycznym.

Do Tarnobrzega i z powrotem jeździliśmy kiedy to tylko było możliwe. Czasami zabierał się z nami Jurek. Zazwyczaj jednak latał na liniach krajowych. Było tak miło, że nie zwróciliśmy uwagi na nadciągające czarne chmury. Najpierw zadzwoniła Mama i poprosiła, żebym wróciła do Stanów przed wojną w Europie.

– Przed jaką wojną? – spytałam.

– Przesada – powiedział Jurek.

– A manewry „Sojuz 81" tuż przy naszej granicy to też przesada? – wtrącił się Stasio.

Później powiedziałam do Jerzego, bez cienia wątpliwości:

– Zabieram Cię do Stanów.

Milczał dwie-trzy sekundy.

– Jutro zacznę się starać o paszport – odpowiedział.

Nie miał problemów z wyrobieniem dokumentów, dostał też wizę. Wszystko zaplanowaliśmy w najdrobniejszych szczegółach: ja wracam do USA z Markiem w grudniu 1980 roku, Jerzy leci do Chicago trzy może cztery miesiące później, w zależności od tego jak wiele czasu zajmie mu rozwiązanie umowy z „LOT-em". Wszystko miało się udać. Ale nie udało się w zasadzie nic. Choć wydawać by się mogło zupełnie inaczej.

Jurek wylądowal w Chicago w kwietniu 1981 roku, stan wojenny nie zdążył go zatrzymać w kraju.

Wybuch stanu wojennego w Polsce był dla mieszkańców Hawajów drobnym epizodem po drugiej stronie kuli ziemskiej. W gazetach pojawiły się jakieś notki na piątych czy szóstych stronach dzienników. Mieszkańców archipelagu nie interesowało nawet to, że sprawa polska żywo zajmuje Waszyngton, a prezydent Reagan wydał specjalne oświadczenie i nawet wystąpił w tej sprawie w telewizji. Ciężko to sobie wyobrazić ludziom, posiadającym europocentryczny punkt widzenia. Dotyczy on większej części Azji, Afryki Północnej, dużej części USA, ale nie Hawajów. Na Hawajach zajmuje nas Azja, a przede wszystkim Japonia. To jest centrum naszego świata.

Odetchnęłam z ulgą. Miał pomieszkać chwilę u mojej Mamy, a później wsiąść w samolot i lecieć do mnie, na Hawaje. Wychodziłam z założenia, że nie będzie problemów z tym, żeby zaczął latać na liniach hawajskich, a nawet na ogólnoamerykańskich. W Polsce uznawany był za zdolnego młodego pilota, wszyscy wróżyli mu świetlaną przyszłość. Były więc plany i marzenia o stałości.

– Wiesz co, Bożena, dzieje się coś dziwnego – powiedziała mi Mama przez telefon.

– Co, Jurek chce wracać do Polski i walczyć z komunistami? – zaśmiałam się.

– Nie, nie. Planuje lot na Hawaje, ale... Ty mówiłaś, że to jest otwarty, uśmiechnięty, serdeczny człowiek.

– Tak ci mówiłam, bo taki jest.

– Że przypomina ci Tatę Zamisza z moich opowieści...

– Kubek w kubek.

– To być może przyleciał do nas ktoś inny.

– Słucham?

– No nie mówiłabym ci tego, Bożenko, gdyby ten człowiek, który jest moim gościem, i o którym mówisz, że chcesz spędzić z nim resztę życia, nie odbiegał w tak dramatyczny sposób od tego, co o nim mówiłaś.

– Co robi?

– Nic.

– Nic nie robi?

– Nic, Bożena, nic, absolutnie! Mało je, nic nie mówi, siedzi w pokoju, w sufit patrzy. Zachowuje się jak autystyczne dziecko.

– Jurek? Niemożliwe. Daj go do telefonu.

Brzmiał jak zza grobu. Potwierdził nasze plany. Tak, przyleci na Hawaje. Tak, wie że jesteśmy umówieni. Odnosiłam wrażenie jakby czytał z kartki. „Muszę kończyć. Przylatuję za tydzień" – powiedział i odwiesił słuchawkę.

– Rozumiesz coś z tego? – spytała moja Mama, kiedy do niej oddzwoniłam.

– Nic a nic. Ale zaczynam się bać.

A to było tak:

Jurek miał zaplanowane następne 48 godzin co do minuty. Najpierw rejsowy lot Antonowem 24 do Słupska. Leciał jako kapitan, na lewym fotelu. Później nocleg, powrót do Warszawy, ostatni dzień na pożegnanie się z krajem i następnego ranka podróż do Chicago. Lotnisko Słupsk-Redzikowo nie należało do najlepiej oświetlonych, w zasadzie był to jeden pas ze światłami progowymi, przy którym stała betonowa wieża kontroli lotów. Wokół kilometry uprawnych pól. Lot przebiegał spokojnie, Jurek podniósł turbośmigłowego AN-24 do wysokości trzech tysięcy metrów i w ciągu godziny miał zacząć procedurę zniżania. Problemy pojawiły się, kiedy nawiązał kontakt z wieżą. Usłyszał, że nad Słupskiem, nad którym miał się znaleźć już po zmroku, chmury wiszą niziutko nad ziemią, a do tego wszystkiego dochodzi jeszcze mgła. Wiem, że to brzmi znajomo, bo i katastrof związanych z tzw. podejściem „nieprecyzyjnym", czyli „bez widoczności ziemi" było w lotnictwie bez liku. Tu-154 wyróżniał się tylko zawartością kabiny pasażerskiej. Jurek się nie bał. To dla niego była rutyna. Był przekonany, że wszystko pójdzie jak po maśle. Nawet nie zauważył, kiedy pojawił się u niego efekt Zeigarnik, czyli zawężający uwagę stres wywołany perspektywą nieukończenia zadania.

Kilka minut po godzinie 21 Jerzy rozpoczął schodzenie do wysokości 300 metrów. W tym momencie kontrola lotów poinformowała go o wysokości ciśnienia, które pilot musi natychmiast wprowadzić do wysokościomierza, by wiedzieć w jakiej odległości od ziemi się znajduje. Jurek skupił się na podejściu do lądowania. Wysunął podwozie i wypatrywał ziemi, która pojawiła się nagle, w ułamkach sekund, wbrew temu, co pokazywał nieprzestawiony kilka chwil wcześniej wysokościomierz. Zapomniał. „Tunelował" się na lądowaniu. Samolot rąbnął w ziemię płasko, na szczęście podwozie wytrzymało. Turbośmigłowy AN-24 nie był złą maszyną. Samolot odbił się i lekko przechylił na lewe skrzydło, ale nie zahaczył o ziemię, było o co walczyć. W tym samym momencie Jurek pchnął więc maksymalnie do przodu manetkę gazu i usiłował wyrównać sterami. Zanim silniki zdążyły osiągnąć maksymalną moc, Antonow odbił się od ziemi po raz drugi, co go dodatkowo wyhamowało, stracił siłę nośną, pochylił nosem do przodu i zarył w pole ponad półtora kilometra od progu pasa startowego. Zaległa całkowita cisza.

Nie wybuchł pożar. Antonow był gruby i ciężki, wszystko odbyło się na niewielkiej prędkości. W samolocie odrzutowym nie mieliby żadnych szans. Jerzy odpiął pas, wyczołgał się z kokpitu przez rozbite okno i zeskoczył na ziemię. Drugi pilot próbował zrobić to samo, ale zsunął się po kadłubie, spadł głową w dół i złamał kręgosłup. Załoga nie była w stanie kontrolować paniki, która wybuchła wśród pasażerów. Ludzie zaczęli wychodzić przez gigantyczną dziurę w kadłubie. Część z nich doszła o własnych siłach do lotniska. Inni, w większości ranni, rozeszli się w szoku po polach. Przez wiele godzin szukał ich później milicyjny helikopter. Zginęła tylko jedna osoba. Jak się dowiedziałam się po latach od Stasia Kluka, zmarłym był cukiernik ze Słupska, starszy człowiek. Skonał zakleszczony w fotelu. Był ciężko ranny i nie miał siły wydostać się z samolotu. Drugiego pilota przewieziono do szpitala. Zanim zajrzano do pustej kabiny, służby ratownicze były przekonane, że w lewym fotelu znajdą zwłoki kapitana. Nigdzie go jednak nie było…

– Jak to okazją wróciłeś?

– No najpierw błąkałem się po polu, potem doszedłem do dużej drogi i jakiś facet podwiózł mnie do Torunia. Później kupiłem cywilne ubranie, przebrałem się w toalecie dworcowej i wsiadłem w pociąg do Warszawy.

– Przecież mogłeś mieć obrażenia wewnętrzne!

– Nie myślałem o tym. Działałem jak w transie. Następnego dnia w moim mieszkaniu ciągle dzwonił telefon. Ale ja nie odbierałem, spakowałem resztę drobiazgów, pojechałem na Okęcie i wsiadłem w samolot do Chicago.

– Jerzy… usiadłam i skryłam twarz w dłoniach. Podobno, kiedy zobaczyła go moja Mama, był cały posiniaczony, jak po meczu bokserskim. Utykał, ledwo niósł torbę.

– Bożena, wszystko było dopięte na ostatni guzik. – Nie myślał trzeźwo. – Miałem paszport, wizę, bilet. Musiałem wykonać tylko ten ostatni rejs do Słupska. – Rozmawialiśmy już w moim mieszkaniu w *Honolulu*.

– Jerzy, przecież oni cię tam pożrą żywcem! Skażą zaocznie na karę śmierci, albo nie wiem na co.

– Ja też nie wiem co będzie. Na pewno nie mogę wrócić – przerwał na chwilę. – Nie wracam – dodał z lodowatym spokojem.

To już faktycznie nie był on.

– A co planujesz? – spytałam.

Nie miał planu, był rozbity, leżał całymi dniami i wpatrywał się w sufit. Przez kilka tygodni starałam się go jakoś wspierać, liczyłam, że wyjdzie z szoku. Wiedziałam jednak, że o karierze pilota w USA może raczej zapomnieć. Amerykanie z pewnością zasięgnęliby opinii u jego polskiego pracodawcy. W tajemnicy przed Jurkiem zdzwoniłam się ze Stasiem Klukiem, który powiedział, że nie jest dobrze. Co prawda sprawa nie była specjalnie nagłośniona medialnie, ale nikt nie miał wątpliwości, że sprawca katastrowy, w której zginął człowiek, zbiegł do USA. I tym samym przyznał się do winy. Jeśli sąd zdecydowałby się na wyrok ogłoszony zaocznie, byłby on bardzo surowy. Obrady sądu zawieszono jednak ze względu na nieobecność oskarżonego, a Jerzy miał już nigdy do kraju nie wrócić...

Podobno Jurkowi udało się wyjechać w ostatniej chwili. Milicja wyważyła drzwi jego mieszkania kilka godzin po tym, jak wsiadł do taksówki i pojechał na Okęcie. W ciągu następnych kilkunastu godzin Służba Bezpieczeństwa znała już dokładnie jego plany. Jerzy jednak lądował wtedy, jako pasażer, z widocznością, na lotnisku O'Hare w Chicago.

Nie mówiłam mu o tym, co dzieje się wokół jego sprawy w Polsce, i tak był strzępem człowieka. Zastanawiałam się: co teraz będzie? Co ma mi przeznaczenie do zaoferowania? Następnego mężczyznę, który wymaga opieki, bo jest w całkowitej rozsypce psychicznej po tym, jak doświadczył go los? Wiele na to wskazywało. Mijały tygodnie, a stan Jerzego nie ulegał poprawie. Siedział i oglądał telewizję. Jak miał za daleko do pilota, siedział i wpatrywał się w jeden kanał, choćby leciały same kreskówki. Nie szukał pracy, nie był niczym zainteresowany... mną również. Bardzo się martwiłam. Usiłowałam z nim rozmawiać, namówić na wizytę u psychologa. Psycholog? Nie było o tym mowy. W USA wizyta u tego rodzaju specjalisty jest czymś naturalnym. W Polsce była wtedy świadectwem braku normalności. Pilot u psychologa? Macho radzi sobie sam. Nie przestawił przyrządów, rozbił samolot PLL „LOT", zginął człowiek – wszystko to złamałoby najtwardszego, ale pilot do psychologa nie chodzi. Bo do psychologów chodzą przecież świry. Nie miałam pojęcia jak mu pomóc.

Pewnego dnia na ulicy wpadłam na dawno niewidzianego kolegę. Miły, męski gość. Poszliśmy na kawę. Opowiedziałam mu o problemie, z którym muszę się mierzyć. Podszedł to tego bardzo poważnie. Obiecał pomoc. Potraktowałam to jako kurtuazję, ale faktycznie – pomógł. Nie będę tego trzymać w tajemnicy, to był Voytek Jarnot, mój przyszły mąż. Polak urodzony w Poznaniu, który przyleciał na Hawaje kilka lat po mnie.

Przyznał mi rację, że faktycznie, po takiej wpadce, kariery w liniach Continetal czy Pan Am Jurek już raczej nie zrobi, ale i z tej sytuacji jest wyjście, można przełamać ten impas. W ciągu dwóch tygodni załatwił –

poprzez swoich znajomych – pracę dla Jurka, na lotnisku w San Francisco, w obsłudze naziemnej.

Voytek przyjechał do nas, żeby spotkać się z Jerzym. Pogadali jak dwóch facetów. Jurek przyznał mu rację, że to coś konkretnego, coś co pozwoli mu stanąć na nogi, zrozumiał, że wyjazd na zachodnie wybrzeże jest rozsądnym rozwiązaniem. I kilka tygodni później Jurek spakował swoją walizkę. Wyposażyłam go na drogę jak trzeba i pocałowałam w czółko. Kilkumiesięczny okres „niańczenia" dobiegł końca. Widziałam, że Jerzy jest gotowy stanąć na nogi.

Mój ślub z Voytkiem Jarnotem na Hawajach, sylwester 1983 roku. Przysłowie powiada, że ten drugi raz chodzi się już dwoma stopami po ziemi. Chyba coś w tym jest, bo byliśmy już dojrzalsi i bardziej odpowiedzialni. Udało nam się wspólnie przeżyć ze sobą 20 lat i wychować dzieci (na fotografii). Wojtek pozostał do dziś moim bliskim przyjacielem.

Byłoby, dla całej naszej czwórki, dość krzywdzącym skrótem myślowym, gdybym napisała teraz: „a Voytek wprowadził się zamiast niego."

Byłam po miesiącach przejść z drugim już w swoim życiu mężczyzną, którego na koniec zastawałam w całkowitej rozsypce. Voytek dał mi pewność, stabilność, silne ramię, którego tak wtedy potrzebowałam. Był człowiekiem, na którym mogłam polegać. Planował, działał, wywiązywał się z obietnic. To sporo. Moje doświadczenia z mężczyznami kazały mi doceniać te cechy. Potrzebowałam twardziela, nawet jeśli z tym związkiem miała się wiązać tylko stabilizacja i pewność, a nie wielka i romantyczna miłość. Dojrzewałam i wiedziałam, że są również w życiu inne ważne emocje i uczucia, a nie tylko szał miłosny. Voytek to był wtedy prawdziwy gość, muszę przyznać. Żaden tam macho. Zamiast tego: stuprocentowy facet. Filarem tej męskości była odpowiedzialność. Napisałam przed chwilą „dla całej naszej czwórki", bo Voytek miał 7-letnią córkę z poprzedniego małżeństwa, którą wychowywał sam. Jeannie była zaledwie o 8 miesięcy młodsza od mojego Marka i razem tworzyli naprawdę wspaniałe przybrane rodzeństwo.

Ponadto Jarnot miał klasę i gest. No i pasję, którą mnie zaraził. Zbierał Cadillaki. Po tym jak za siebie wyszliśmy, dwa lata później, w 1983 roku, mieliśmy chyba 15 tych kultowych aut. Takimi byliśmy kolekcjonerami. W naszej „stajni" były najróżniejsze wozy: różowe, czerwone, z płomieniami namalowanymi na tylnych spoilerach. Pracy przy nich było od groma, każde auto wymagało pielęgnacji, trzeba je było regularnie odpalać, garażować, konserwować. Razem wyszukiwaliśmy nowe modele, razem rozważaliśmy czy warto je mieć, razem sprawdzaliśmy limit osiągnięć repliki różowego Cadillaca Elvisa Presleya, którą oczywiście mieliśmy. Ten wóz nie chciał pojechać szybciej niż 150 kilometrów na godzinę. Przy takich prędkościach, które udało nam się rozwijać tylko na międzystanowej, palił trzydzieści-czterdzieści litrów na setkę. Przeliczam te wartości teraz na szybko – z mil na kilometry i z galonów na litry. Myślę, że niektóre z naszych aut paliły nawet sto na setkę. Ale to były czasy, kiedy benzyna była tania, a źródła ropy naftowej zasilającej Amerykę pewne, dostatnie i niezagrożone islamskim fundamentalizmem.

Żyło nam się więc nieźle, rozwijaliśmy we dwoje spółkę Voytka, która produkowała sprzęt klimatyzacyjny – firmę Pace Air Conditioning. Ja miałam dodatkowo własną firmę, zajmującą się sprzedażą nieruchomości. Tak, przeszłam na własne. Umożliwił mi to certyfikat stanowy, który uzyskałam po powrocie z Polski, mimo problemów z Jurkiem. Zajmowałam się również kontrolą rynku nieruchomości, pracując dla urzędu stanowego. Spokojnie, nie było kolizji interesów, miałam dbać o zupełnie inne sektory tej branży.

Było nieźle, było stabilnie finansowo i życiowo. Było fajnie, miałam męża, na którym mogłam polegać. No i oczywiście dwójkę wspaniałych dzieci, wspólną pasję podróżowania; uwielbialiśmy razem wyskoczyć choćby na narty do Colorado.

Kończyły się lata 80. Brakowało mi jednak... polskości. Polaków na Hawajach prawie nie było. Wszyscy trzymaliśmy się razem, wszyscy się znaliśmy. Kiedy po represjach związanych ze stanem wojennym pojawiły się na wyspach trzy pary z Polski, które zamierzały osiedlić się na archipelagu, mówiliśmy niemal bez ironii, że oto mamy do czynienia z falą emigracji lat 80. To daje wyobrażenie o odległości geograficznej, kulturowej i mentalnej między Hawajami a Polską. I wtedy przyszło mi do głowy, żeby te wielkie przestrzenie zasypać. Wszystko odbyło się w moim stylu, na zasadzie wchodzenia śmiało, „bez kasku" w gigantyczne przedsięwzięcia i zapoznawanie z trudnościami, związanymi z tym działaniem dopiero później, już na bieżąco.

Na Hawajach nie działał żaden polski ośrodek kulturalny, stowarzyszenie czy organizacja. Wszyscy, którzy mogliby coś takiego zbudować, byli moimi znajomymi, a jak mówiłam, była nas garstka. Postanowiłam więc wziąć ten obowiązek na siebie. Owszem, przez kilka lat działało „polskie skrzydło" przy ośrodku kultury węgierskiej, bo dla Hawajczyków byliśmy w zasadzie nie do odróżnienia.

– Skąd jesteś? – spytał mnie kiedyś przemiły mieszkaniec *O'ahu*.

– Z Polski.

– Super, mam koleżankę w Lozannie. Już ci mówię nazwisko. – I rzucił się do notesu w nadziei na odnowienie tego europejskiego kontaktu.

Wcale nie chodziło o to, że pomylił Polskę ze Szwajcarią. Chodziło o to, że Europa była dla niego, jak i dla wielu moich hawajskich przyjaciół, postrzegana jako jeden duży kraj.

No to ja postanowiłam zasiać w ich myśleniu wątpliwość.

A później diametralnie ją zmienić.

Rodzinna fotografia: Marek i Jeannie ukończyli studia. W USA jest takie powiedzenie: nasze dzieci i nasze pieniądze chodzą na studia. 20 maja 1996 roku, NY.

## Rozdział 11

# *Aloha* i *Ohana*

Tsunami zabija jak rozwścieczona kobieta. Raczej nie topi, uderza czym popadnie – deskami, wyrwanymi fragmentami budynków, kołami samochodów, wszystkimi tymi przedmiotami, które zabiera, wpadając na ląd z siłą zdolną łamać słupy telegraficzne jak zapałki...

11 marca 2011 roku syreny alarmowe zawyły w *Honolulu*, *Kailua Kona*, *Wailea Makena* i w innych hawajskich miastach leżących nad brzegiem oceanu. Był piękny słoneczny poranek, na schodach prowadzących do konsulatu spotkałam Nikodema, swojego współpracownika. Czekał na mnie blady jak ściana.

– Idzie fala – powiedział bez „dzień dobry". – W Japonii przygrzmociła w elektrownię atomową, mają awarię.

– Za ile będzie u nas?

– Cholera wie, dopiero pierwszy raz wyły syreny.

Wyjrzałam przez okno na gładką jak lustro taflę Oceanu Spokojnego.

Jeden z moich współpracowników powiedział, żebym „zapięła pasy", bo fala z Japonii będzie u nas za dziesięć minut. Spojrzałam jeszcze raz. Z daleka jej grzywa wyglądała jak z pocztówki zachęcającej do surfowania...

Fala weszła od zachodniej strony *O'ahu*. Tuż przed uderzeniem w ląd jak gdyby raptownie się zmniejszyła, pokorniejąc przed ciosem, który ma zadać, wahając się nad własnym okrucieństwem. Ale to były tylko pozory. Kilkadziesiąt zacumowanych w porcie łódek zaczęło się bujać jak gumowe zabawki w kąpieli. A później jak gdyby lekko unosiły się w powietrze i upadały na bok, lub stępką do góry, w zależności od tego, na co ta potężna, miotająca nimi siła miała ochotę. Bardzo szybko zorientowałam się, że nie będzie tak źle, a przynajmniej nie tak dramatycznie jak w Japonii. Po potężnym trzęsieniu ziemi fala przeszła już ponad dwa tysiące kilometrów, wytraciwszy moc, która kilka godzin wcześniej w pełnym natężeniu niemal przewróciła elektrownię jądrową Fukushima.

– Przeżyjemy – powiedziałam do Nikodema, który rano informował mnie o zbliżającej się fali.

– Raczej tak, raczej to nie będzie tak jak w *Hilo*.

Największe tsunami w historii Hawajów uderzało w drugie co do wielkości miasto archipelagu, *Hilo*, leżące na wschodnim wybrzeżu Big Island, dwukrotnie: 1 kwietnia 1946 roku i ponownie, 23 maja 1960 roku. Pierwsze powstało po wielkim trzęsieniu ziemi na Aleutach, na Północnym Pacyfiku, drugie jako fala po tzw. Wielkim Trzęsieniu Ziemi u wybrzeży Chile. Obie fale przeszły jak burza przez niemal cały Pacyfik, zbierając po drodze ofiary z ludzi i siejąc zniszczenie. Tsunami z 1946 roku zabiło 158 osób na Hawajach, z czego 98 ofiar było w *Hilo*. Drugie niszczycielskie tsunami z 1960 roku, którego fale osiągnęły u brzegu ponad 10 metrów wysokości, pochłonęło 61 ofiar w *Hilo* i zdewastowało blisko połowę miasta. *Hilo* nazywa się czasem „stolicą tsunami w USA", choć mało kto chciałby przeżyć ponownie taki kataklizm. Już pierwsze tsunami uzmysłowiło rządowi, że potrzebny jest system ostrzegania przed takimi katastrofami, dający ludziom choćby minuty na ratunek, przecież czasem to właśnie one decydują o szansach na przeżycie, gdy zbliża się fala wysokości 4-piętrowego budynku. Dziś, a właściwie już od 1949 roku, właśnie w *Hilo* działa najstarsze na świecie centrum ostrzegania przed tsunami, The Pacific Tsunami Warning Center. Drugie działa na *O'ahu*, w regionie *Ewa*. Oba świetnie się sprawdziły także podczas kolejnych trzęsień ziemi na Pacyfiku i myślę, że każdy mieszkaniec Hawajów mówi dziś o nich z respektem i poważnie przyjmuje ich komunikaty.

Uderzenie, które przyjęły na siebie nasze wyspy po trzęsieniu ziemi w 2011 nie było wielkie. Straty, na szczęście, były głównie materialne. Fala nie wdarła się głęboko w ląd, choć gdy nadchodziła, zapowiedzi wydawały się apokaliptyczne. Później moi znojomi surferzy twierdzili, że gdyby nie ten cały system wczesnego ostrzegania, tak nowoczesny i nieprzyzwoicie skuteczny, to oni wzięli by tę falę za *Maverick* i popędzili z deską na plażę. Tak, łatwo tak mówić po fakcie, ale wierzcie mi, mieszkając na Hawajach, takie komunikaty o tsunami należy traktować bardzo poważnie.

Ta fala jednak sporo zabrała ze sobą. Tsunami zachowało się tym razem jak wielka ręka, zagarniająca do oceanu nie swoją własność. Zazwyczaj zabija, tym razem kradła, powiększając jedno z najbardziej niezwykłych zjawisk na świecie, niechlubne dzieło człowieka – Wielką Pacyficzną Plamę Śmieci, nazywaną przez niektórych „Atlantydą Śmieci".

To obszar kilkukrotnie większy od Polski, szczelnie pokryty odpadami – plastikowymi butelkami, kawałkami poszycia jachtów, oponami, bojami… dosłownie wszystkim, co wypadło za burtę lub zostało zabrane z lądu. Jakby osad pozostały w wannie po kąpieli kogoś bardzo brudnego. Śmieciowa plama dryfuje po północnym Pacyfiku. Niełatwo zobaczyć ją z lotu ptaka, ale można w nią wpłynąć, choć leży poza trasami kursów liniowców pasażerskich, czasami w samym środku niej znajdzie się, wraz ze swoim gigantycznym statkiem, załoga jakiegoś transportowca. Wtedy trudno ocenić, w którym miejscu śmieciowej plamy znajduje się statek. Plastikowe, drewniane i inne elementy ciągną się po horyzont, bez względu na to, przez którą burtę człowiek wyjrzy. Piszę o tym dlatego, że pierwszy Wielką Pacyficzną Plamę Śmieci odkrył mieszkaniec Hawajów, Charles Moore, żeglarz i oceanolog. W 1997 roku postanowił popłynąć na kontynent bardziej północnym kursem i wtedy odkrył, że prądy morskie zabierają z brzegów i gromadzą na środku Pacyfiku niezliczone tony odpadów. On jako pierwszy zaalarmował świat o „Plastikowym Oceanie", który zagraża biosferze nie tylko Hawajów, ale Alaski i północnych wybrzeży Ameryki.

Tsunami z 2011 roku nie zdewastowało *O'ahu*, ani innych hawajskich wysp, ale o naszym archipelagu trąbiły wszystkie media. Najpierw podawano informację o rozwalonej elektrowni jądrowej w Fukushima, a później dodawano „fala dotarła także do Hawajów." Ta zbitka informacji powodowała, że telefony dzwoniły nieustannie, ludzie chcieli się przede wszystkim dowiedzieć, czy żyjemy. Cierpliwie odpowiadaliśmy wszystkim, że przede wszystkim oberwała Japonia, na Hawajach nie ucierpiał żaden Polak, jedynie kilku Amerykanów zostało rannych.

Zadzwonił też mój syn, Marek. Wcześniej pisałam, że ja telefonowałam do niego podczas zamachów na WTC, a teraz wspominam jego telefon 10 lat później, kiedy media sugerowały, że nas zalało po szyję, więc czytelnik może uznać, iż istnieje między nami relacja, która polega na tym, że rozmawiamy ze sobą tylko podczas największych katastrof. Tak oczywiście nie jest, rozmawiamy również podczas pomniejszych.

Marek po tym, jak rzucił gonitwę za kasą, zdjął garnitur maklera i bezpiecznie w telewizji obejrzał, jak jego znienawidzone miejsce pracy obraca się w popiół, postanowił iść za głosem pasji i uczyć ludzi gry w golfa. Udało mi się namówić go, żeby pojechał do Polski i spróbował tam rozwinąć swój interes.

– Podaj choć jeden sensowny, racjonalny powód? – pytał.

– Jesteś z pochodzenia Polakiem, to twój kraj…

– Mamo... jestem stuprocentowym Hawajczykiem!

– Okej, w takim razie: mała konkurencja w branży?

– No to już sensowniejszy argument – odparł.

Pojechał, po kilku miesiącach zadzwonił:

– Mamo, miałaś rację, pod względem rynku jest tu cudownie, nie ma żadnej konkurencji, jeżeli chodzi o szkółki golfowe! – Dodał tylko jeszcze, że nie ma także ani jednego chętnego do uprawiania tego sportu. Znaczy nie... jeden będzie dojeżdżał z Katowic, tak obiecał, a drugi z Łodzi, tylko nie na każde zajęcia. Ponadto jest zimno i nie wyrośnie tu żadna trawa do golfa, nie ma też pól golfowych... no zero infrastruktury.

– Wracam – mówił.

Ale nie wrócił. O, nie! Poznał Marysię, swoją obecną żonę. To była miłość! Wielka miłość. Zadzwonił po kilku tygodniach, żeby mi o tym opowiedzieć. I po następnych paru miesiącach miał się odbyć ślub...

Ach, co to był za ślub!

Dzień 11-go września 2004 roku. Kościół Mariacki w Krakowie.

Ślub Marka i Marysi. Taka miłość pokonuje oceany! To był na pewno pierwszy w historii hawajski ślub w Krakowie! Szkoda, że tylko żaden współczesny Wyspiański nie uwiecznił tego w literaturze...

Szczęśliwa mama z synem

Dokładnie zaplanowana uroczystość. Żeni się Hawajczyk z Polką. Połączenie kościoła Mariackiego z tradycjami hawajskim wydało mi się wspaniałym pomysłem. Uznałam, że wszyscy goście, a było ich kilkuset, powinni mieć na szyi wieńce *lei* ze świeżych kwiatów. Ja poleciałam przodem przygotowywać uroczystość, a wieńce miał dowieźć Wódz. Wtedy nastąpił pierwszy kryzys logistyczny: Wodza Sielu Avea z taką ilością świe-

Na weselu Marka i Marysi działy się rzeczy niezwykłe. Wystąpił niecodzienny kwartet: Nina Terentiew, Majka Jeżowska, Justyna Steczkowska, i ja... Zaśpiewałyśmy nowożeńcom specjalnie dla nich skomponowany utwór „Aaach, co to był za ślub!".

żych kwiatów zwyczajnie nie wpuszczono do samolotu. Bez uzasadnień. Nie, bo nie. To było dopiero trzy lata po zamachach na WTC i ludzie, którzy odpowiadali za bezpieczeństwo na lotniskach w USA, często nie wpuszczali do samolotów bez podania przyczyny. Wielki Samoańczyk, który nadał dwieście wieńców, a na pokład chciał zabrać kolejne sto, po prostu wydał im się podejrzany. Nie było dyskusji. Kwiaty na szczęście dotarły. W ostatniej chwili przywiozły mi je koleżanki z Honolulu. Przed kościołem miała czekać honorowa konnica, mnóstwo statystów ubranych w krakowskie stroje ludowe, lajkoniki i piękne Hawajki w strojach ludowych. Chciałam, żeby ślub mojego syna wyglądał tak, że każdy, kto się zatrzyma, będzie chciał zadać pytanie: a co to za książę się żeni?! Marzyłam, aby to byla polsko-hawajska bajka.

Pogoda dopisała. Na początku dnia zanosiło się na deszcz, co mocno nadszarpnęłoby oprawę ślubu i wesela Marka, jednak słońce wyszło w południe i zostało z nami do samego zmierzchu.

A wieczorem, podczas wesela, które odbyło sie na pięknym polu golfowym pod Krakowem, Marek dostał fantastyczny prezent od Niny Terentiew, Majki Jeżowskiej i Justyny Steczkowskiej. Panie – we trzy – kilka dni przed uroczystością, napisały specjalnie dla niego nową wersję piosenki Wojciecha Młynarskiego „Ach, co to był za ślub", a podczas wesela uroczyście ją zaśpiewały. Ach, co to był za występ! Marek był wniebowzięty. Oczywiście cały ślub został opisany przez prasę branżową. Marek i Marysia trafili na okładkę „Magazynu Golfowego".

Mój syn narzekał, że w Polsce nikt nie gra w golfa, lecz była to przesada. Po prostu nie dało się zainteresowania tym sportem w żaden sposób porównać do tego, co pamiętał ze Stanów. W istocie Marek Bednarczyk bardzo szybko stał się ważną postacią w polskim środowisku uprawiania tego sportu. Klub i szkołę oczywiście założył – „Olympic Golf Club" – i układa mu się znakomicie. Uczył grać w Golfa Wiktora Zborowskiego oraz Andrzeja Strzeleckiego, który uchodzi za najlepszego golfistę wśród aktorów (i nie tylko), ale Marek profilaktycznie raz na jakiś czas boleśnie go ogrywa, żeby aktor mógł zobaczyć, ile jeszcze pracy przed nim. Mój syn uczył przez chwilę nawet Aleksandra Kwaśniewskiego. Podobno Prezydent szybko się zniechęcił, ale podczas jednej z lekcji doszło do zabawnej sytuacji. Mój Marek języka polskiego musiał się nauczyć... To dla niego, co naturalne, w pewnym sensie był język obcy. Posługuje się nim biegle, ale czasami zdarzają mu się błędy. Tak jak podczas lekcji z Kwaśniewskim, kiedy powiedział do urzędującego Prezydenta:

– Niechaj pan kijem ruchnie.

Chciał chyba zbyt szybko, zbyt syntetycznie powiedzieć o tym, że trzeba wziąć zamach i mocno ruszyć, w znaczeniu, silnie uderzyć kijem piłeczkę. No, a wyszło tak jak wyszło.

Kwaśniewski zerknął na niego wyrozumiale, uśmiechnął się pod nosem i powiedział tylko:

– Spokojna głowa.

Wielkie, cudowne wesele mojego syna, skończyło się o 8 rano. Jeszcze nie opadł kurz po przyjęciu, wieńce *lei* wciąż leżały porozkładane na krzesłach, leżakach i trawie, jeszcze trwała wspaniała atmosfera święta, kiedy do moich drzwi hotelowych zapukała grupa amerykańskich przyjaciół. Otworzyłam szybko, pełna energii, wciąż w weselnej kreacji, nie zdążyłam jeszcze położyć się spać. Oni natomiast skończyli wesele około północy i teraz byli ubrani turystycznie. Aparaty fotograficzne zwisały im z ramion.

– Bo myśmy się wyspali i chcieliśmy powiedzieć, że wesele było wspaniałe, że Marek i Marysia wyglądali cudownie, i że bardzo dziękujemy, a teraz chcieliśmy poprosić, bo mamy wieczorem samolot, żebyś nam powiedziała jak dojechać do Auschwitz.

Moim oczkiem w głowie już wkrótce miał stać się Kai – wnuk, który przyszedł na świat w *Honolulu* w 2005 roku. Mieszka i chodzi do szkoły w Polsce. Mój ukochany Kai! Absolutnie straciłam dla niego głowę. Często odwiedza mnie na Hawajach. Jest żywym srebrem. Bystry, inteligentny Kai, patrzy z uwagą na babcię pracująca przy komputerze – teraz właśnie, w moim domu na *O'ahu*, kiedy piszę te słowa.

– Piszę o Tobie – mówię – o tym, jaki jesteś cudowny.

– Tak możesz pisać – powiedział i zniknął w drugim pokoju.

Mam też drugiego wnuka, Daniela. Wspaniały chłopak! To syn Marysi (mojej synowej) z pierwszego małżeństwa. Bystre, inteligentne, zdolne dziecko. Jako babcia czuję się spełniona w stu procentach.

Tak, to piszę ja, Bożena Jarnot, zamieszkała w *Honolulu*. Jeśli się dobrze przyjrzeć, można mnie zobaczyć w samochodzie konsularnym na środkowym pasie autostrady prowadzącej do dzielnicy *Kaimuki*, w której mieszkam. Tam też znajduje się konsulat. Jadę środkowym pasem, bo jestem w samochodzie sama. W *Honolulu* lewy, najszybszy pas, zarezerwowany jest dla aut, w których podróżują co najmniej dwie osoby. Informuje o tym specjalny znak w kształcie spłaszczonego rombu. Jeśli policja zatrzyma kogoś, kto jedzie lewym pasem samotnie, mandat wynosi dwieście dolarów. To prawo, które ma pozwolić na szybsze przemieszczanie się większej liczby ludzi. Z samego rana do *Honolulu* z całej wyspy ściąga sznur samochodów, więc na rozładowanie korka Hawajczycy wynaleźli... zmienną szerokość autostrady. Pasy jezdni oddzielone są od siebie nie barierkami energochłonnymi (jak w Europie), tylko betonowymi zaporami, które można przesuwać. I tak z samego rana, wielki, szeroki na 10 metrów pojazd przypominający kombajn, sunie środkiem autostrady i za pomocą wielkiego przesuwnego dźwigu unosi zaporę z jednego miejsca i stawia ją pas dalej, po-

Kai i Daniel – moje dwa ukochane wnuki.

Kai urodził się na Hawajach, a mieszka w Warszawie... Tak naprawdę ma dwa domy po dwóch stronach kuli ziemskiej...

szerzając całą autostradę. Wygląda jak gigantyczny suwak. Po południu, tuż przed początkiem korków w drugą stronę, wielka sprzączka od suwaka jedzie w odwrotnym kierunku. Każdy betonowy słup jest unoszony przez łapę z przodu pojazdu i stawiany po drugiej stronie. Proste? Niekoniecznie. I kosztowne, ale na dłuższą metę – wygodne i opłacalne.

Jadę więc środkowym pasem autostrady i zastanawiam się nad popularnym na cały świat słowem „*Aloha*". To filozofia Hawajczyków, nie tylko zwykłe powitanie. To nie suche „cześć". *Aloha* to nasz styl życia. *Aloha spirit*, który nakazuje życie w harmonii z naturą i z innymi ludźmi, który jest esencją otwartości i serdeczności mieszkańców archipelagu. *Aloha spirit* to także *życie na hawajskim czasie*, pełne luzu. Hawajczycy potrafią doceniać to co mają, są wyzbyci z urojonych potrzeb, do działania rzadko kiedy popycha ich chciwość i kalkulacja. Raczej nie spekulują w stylu: komu dać, od kogo zażądać, z kim się opłaci zjeść obiad, a kogo podjąć tylko kawą. Z otwartymi ramionami przyjmują wszystkich, chętnie zawierając nowe znajomości. To właśnie *Aloha spirit*. Każdy, kto zna trochę Stany, zdaje sobie sprawę jak bardzo *Aloha Spirit* się różni od – dajmy na to – *NY Spirit*...

Podsumowując, zachwycony Hawajami Jack Londan napisał: „W jakim innym kraju powitaniem nie jest *dzień dobry*, albo *jak się masz*, ale *miłość*?" To powitanie to „*aloha*" – „miłość, kocham cię, przyjmij moją miłość".

Na jezdniach w *Honolulu* prawie się nie trąbi. Zderzaki służą do zderzania (a nie pękania i refundacji przez firmy ubezpieczeniowe), są mocne, osłonięte gumą. Gdy się komuś wjedzie lekko w pupę, wystarczy przeprosić skinieniem dłoni. On zobaczy ten gest w lusterku, też skinie, nawet nie wysiądzie, bo pewnie nic się nie stało. A jeśli nawet się stało, jeśli oderwał się kawałek zderzakowego plastiku lub gumy, to co z tego? Warte jest to psucia dnia, warte nakręcania spirali stresu i generowania złych emocji wobec ludzi? Z powodu uszkodzonego przedmiotu? *Aloha* człowieku, zrobiłeś to niechcący.

*Aloha* to kluczowe, jedno z najważniejszych słów języka rdzennych Hawajczyków. Aha: hawajski alfabet ma tylko 13 liter. Dlatego słowa, które powstają, muszą mieć szeroki zasięg znaczeń. *Akamai* – to mądrość, *Luau* – przyjęcie, *Kaukau* – jedzenie, *Ono* - smaczne, *Kane* – to dziecko, *Tutu* – babcia, *Wahnie* – kobieta. Z braku liter słowa często są też bardzo długie – kolorowa ryba, dostępna tylko na Hawajach, lokalny wielki przysmak i wręcz symbol archipelagu, to *Humuhumunukunukuapua'a*. Słowa te są efektowne, bo takie mają być i mimo że wszystko można na-

Nasze busy z rejestracjami „Polska", „Poland", zaskakują nie tylko miejscowych, ale i turystów z całego świata.

zwać, a niuanse językowe rozwiązać intonacją, tym językiem na co dzień raczej nie posługuje się już nikt, z wyjątkiem małej grupy całkowicie odciętych od świata rdzennych Hawajczyków na wyspie *Ni'ihau*. Ale oczywiście, naucza się go w szkołach i na uniwersytecie, powitanie po hawajsku i nieraz całe zdania, stanowią obowiązkowy element oficjalnych przemów na Hawajach.

Na Hawajach, tak na co dzień, właściwie króluje inny język: Hawai'ian Pidgin English, mieszanina rdzennych języków polinezyjskich, angielskiego przywiezionego z Wielkiej Brytanii i kalifornijskiego slangu. Coś fantastycznego! Pidgin jest niesamowity, ma swoje słowa, które ciężko zrozumieć już w San Francisco.

Bo na powstanie tego języka wpływ mieli także nie anglojęzyczni imigranci, którzy dotarli na Hawaje. W pidginie pobrzmiewają słowa hiszpańskie, portugalskie, czasami można odnaleźć źródłosłów niemiecki i francuski. Po angielsku mówią wszyscy i wszyscy są bardzo mili. Jeśli jednak ktoś zacznie używać Hawai'ian Pidgin English, natychmiast, dla każdego Hawajczyka, stanie się osobą bliższą, wtajemniczoną, swoją. Co zabawne: w naszym świecie, gdzie „być tubylcem" to przecież od początku zwrot płynny i nieprecyzyjny. Bowiem na te nasze wyspy zawsze trzeba było przypłynąć. Zostały odkryte jako jeden z ostatnich lądów na ziemi. Świat dowiedział się o istnieniu Hawajów dopiero w styczniu 1778 roku, dzięki sławetnemu kapitanowi Jamesowi Cookowi, który zresztą zapłacił życiem za swoją pychę wielkiego odkrywcy... Największy żeglarz wszechczasów zakończył swój ziemski żywot właśnie na Hawajach, w dzisiejszej Zatoce Cooka (*Cook Bay*) i w miejscu jego śmierci stoi dziś biały monument ku jego czci.

A więc, gdy w Wielkiej Brytanii od 70 lat ukazywała się już regularna gazeta codzienna „Daily Courant", Jan Sebastian Bach pisał piękne koncerty brandenburskie, a Jerzy Waszyngton toczył wojnę o niepodległość Stanów Zjednoczonych z największym brytyjskim kontyngentem wojskowym w historii Imperium, nas wciąż nie było na mapie świata!

Teraz nadrabiamy. Teraz, kiedy prezydentem USA jest rodowity Hawajczyk, tradycja polinezyjska może liczyć na szczególne względy. Jedną z pierwszych decyzji Baracka Obamy było lepsze wyeksponowanie posągu hawajskiego władcy Króla *Kamehameha I*.

Oryginalna statua Króla, który zjednoczył wyspy, stoi dziś w miasteczku *Hilo* na dużej wyspie *Hawaii*. Replika została przez hawajską delegację przywieziona w prezencie do Waszyngtonu w 1969 roku i ustawiona pomiędzy posągami innych prominentnych postaci z historii USA, w National Statuary Hall na Kapitolu. Gdy Obama został 44. Prezydentem USA, zarządził przeniesienie pomnika *Kamehameha* I do bardziej reprezentacyjnego miejsca – Capital Visitors Center, gdzie teraz podziwiać go mogą wszyscy wchodzący do gmachu stołecznego Kapitolu.

A więc, to właśnie ja: dojeżdżam od wschodniej strony do właściwego zjazdu z autostrady, który doprowadzi mnie bezpośrednio pod mój dom. Kończąc tę książkę myślę o swoim życiu, o tym wszystkim, co mi się wydarzyło, z poczuciem lekkiego surrealizmu. Często, odwracając się za siebie, uświadamiając sobie, że powiodły się przedsięwzięcia, które nie miały prawa się udać, ale także rozsypały się w proch rzeczy pozornie trwałe, wtedy muszę powiedzieć sama do siebie: takie *to było twoje życie*. Jak gdyby odległość i skupienie na teraźniejszości stwarzało w mojej głowie iluzję, że być może to nie byłam ja, tylko jakiś film, cudzy los, coś co wydaje się tak dalekie, że aż nierzeczywiste.

Myślę, że mam wielkie szczęście do Wojtków... Z dwoma moimi byłymi mężami żyję do dziś w wielkiej przyjaźni na Hawajach. Voytek Jarnot rodem z Poznania, i Wojtek Bednarczyk rodem z Wrocławia.

Z Voytkiem Jarnotem rozeszłam się definitywnie w 2001 roku, pięć lat po numerze, który wykręcił mi przed wylotem na rewię hawajską w Warszawie. Jeżeli chodzi o rodzinę - mężczyznę, drugą połowę, na której można się wesprzeć - gdzieś w głębi serca czuję niedosyt i nieugaszone pragnienie. Na Hawajach jedno z podstawowych słów poza *Aloha*, to *Ohana*, czyli rodzina, wspólnota. I o ile tworzę swoje wspólnoty, jestem otoczona oddanymi sobie ludźmi (mam na myśli pracę Konsulatu, jak i Hawaii Polonia Tours), o tyle wciąż nie ma przy mnie kogoś, z kim mogłabym stworzyć - że użyję tego stwierdzenia - swoje osobiste, własne *Ohana*.

Marzeniem każdej mamy jest mieć córki. No i mam je już od lat - *Hanai*, czyli takie „przyszywane". Wspaniałe i troskliwe: Kasia, Marysia i Marzenka.

Jestem ukształtowana przez trzy kultury. Kiedy pada pytanie „jakie mam obywatelstwo", z dumą odpowiadam: jestem Polką z urodzenia, Amerykanką z paszportu i Hawajką z wyboru.

Dla Hawajczyków międzypokoleniowa więź jest czymś absolutnie podstawowym, a samotne życie - niemal nie do pomyślenia. Cóż.

Czasami Wódz, mój wielki przyjaciel, zamyśla się, robi tą swoją nieodgadnioną minę i mówi do mnie po hawajsku:

– *Bo, Ike aku, 'ike mai, kokua aku kokua mai, pela iho la ka nohona 'ohanaz.*

W wolnym tłumaczeniu oznacza to: „Bożena, poznawaj i dawaj się poznać, pomagaj i otrzymuj pomoc, na tym polega życie rodziny".

Rodzina... Śmierć Taty. Niestety nie doczekał publikacji tej książki, nie przeczytał hołdów, które dla niego tu napisałam. Nie mieszkam z rodzicami już strasznie długo, ponad czterdzieści lat. Moje serce zawsze najbliżej było Mamy, zawsze to ją odwiedzałam. Mój Ojczym, bardzo dobry człowiek, któremu zawdzięczam opiekę nad nami, gdy byliśmy mali, i opiekę nad Mamą przez

Mama i Tato. Niemal jak na Hawajach: przystrojeni w wieńce *lei*. To ich ostatnie wspólne zdjęcie, które im zrobiłam we wrześniu 2014, gdy odwiedziłam ich w Chicago, w drodze do Polski.

te 60 lat, i też to, że byli blisko razem, tworzyli niesamowite, rodzinne, ciepłe małżeństwo – był bardzo przeze mnie kochany. Był wyjątkowy, dużo fajnego zrobił, miałam duży szacunek do niego, że był wielkim wsparciem Mamy, jej opiekunem. Mama od lat jest niesprawna, ale z wielkiem temperamentem. To ona miała życiowe pomysły, a on był ich wykonawcą.

Z moją ukochaną Mamą w Honolulu. To czas tylko dla nas. Udało mi się ją namówić, by zimę 2014/15 spędziła u mnie, na Hawajach.

Była mi dana świetna rodzina, Ojciec 13-go lutego 2015 roku, miałby 92 lata. 7 listopada wracałam z Polski, gdzie na wszystkich świętych odwiedziłam grób mojego Tatusia Otta w Stalowej Woli. Leciałam przez Chicago do *Honolulu*, gdy dowiedziałam się, że dzień wcześniej pomagając Mamie Ojciec upadł. Wychodził z autobusu, wracali od okulisty. Na prostej drodze upadł i złamał miednicę aż w trzech miejscach – pęknięcia małe, ale strasznie bolesne. Zabrali go do szpitala w czwartek, w piątek ja przyleciałam, w sobotę mogłam go odwiedzić. Spędziliśmy razem z Mamusią 5 godzin w szpitalu, Tata był w strasznym bólu. Szpital wielokrotnie dawkował mu morfinę. Jakieś 2 godziny przed śmiercią przypadkowo wszedł do jego pokoju ksiądz. Tata był bardzo religijny, wyjątkowo religii oddany. Pogodził się z Bogiem. Niedługo po naszym powrocie ze szpitala dostaliśmy telefon, że właśnie zmarł. 13-tego listopada – to był jego ulubiony numer – zjechała się cała rodzina i odbył się pogrzeb. Tata miał już wszystko przez siebie wcześniej przygotowane: wybrany kolor i rodzaj trumny, swoje ubranie. Tak zorganizowanego człowieka trudno dzisiaj znaleźć, że rodzina nie musiała się o nic martwić: spinki do koszuli, sygnet na rękę, krzyżyk, opłacone miejsce na cmentarzu...

A teraz jest mi dane, i cieszę się, że mnie na to stać, że mogę Mamie stworzyć najlepsze warunki, jakie może tylko mieć, że mogę gościć Mamę na Hawajach. Poświęcić jej dużo czasu i nie pozwalać, żeby płakała i tęskniła za nim – cały czas organizuję jej nowe atrakcje, podsuwam nowych przyjaciół, bo ciągle do mnie mnóstwo znajomych przyjeżdża. Tyle lat spędzili razem, w tym roku w kwietniu mieliby 60-tą rocznicę ślubu. Teraz ten czas jest przeznaczony specjalnie dla nas, teraz ja i Mama mamy go dla siebie: tworzymy „Two band", bo jesteśmy jak dwie krople wody.

Wysiadam z samochodu i jak zwykle nie mogę znaleźć kluczy od mieszkania, wyrzucam całą zawartość torebki na podłogę w hollu i windziarzy w ogóle ten widok nie dziwi. Przecież wiedzą: to ta zakręcona blondynka, Bo. Ale są zawsze mili, zawsze szarmanccy i uśmiechnięci.

W ogóle ludzie w USA, a na Hawajach w szczególności, bardzo dużo wybaczają, akceptują, mniej oceniają. I nie jest to wypracowany mechanizm, mówienie sobie: „Ten ktoś zachowuje się głupio, ale nie mi go oceniać." Po prostu Hawajczycy poprzez różnorodność, w której wyrośli, nie mają w sobie takiej lekkości forowania sądów, takiego automatyzmu wystawiania negatywnych ocen. W stu procentach zgadzam się z Januszem Głowackim, który mówi, że jeśli w USA ktoś jest w czymś dobry, to ludzie go promują, bo liczą że dzięki niemu i im uda się coś zarobić. W Polsce natomiast kogoś, kto jest od nas lepszy, lubimy polansować, by później spektakularnie zrzucić go z piedestału na ziemię i wdeptać, ale tak po ludzku, żeby włosy wystawały, żeby jeszcze mógł się podnieść i podziękować z dołu za okres chwały.

Hawajczycy mają pod tym względem święty spokój, nikt pod nikim dołków nie kopie i być może jest to jeden z powodów, dla których mieszkańcy archipelagu żyją 10 lat dłużej niż na kontynencie. Istnieją naturalnie stresy, ale inne i dotyczące czego innego. Trafnie opisała to Kauai Hart Hemmmings w swojej książce „Spadkobiercy". Została ona w 2011 roku z powodzeniem przeniesiona na ekran, a główną rolę zagrał George Clooney.

Na Hawajach nie ma na przykład napięć związanych z wizerunkiem, z kurczowym trzymaniem się przeświadczenia, że „jak cię widzą, tak cię piszą". Bywa, że multimilionerzy mieszkający na Hawajach ubierają się – wedle polskich standardów – jak ostatnie łapserdaki. Podczas gdy polscy bogacze rozważają w wielkim stresie: pojechać na to spotkanie w garniturze za 30 czy za 15 tysięcy, Bentleyem czy Ferrari..? W tym samym czasie ich koledzy z Hawajów wrzucają na siebie koszule w kwiaty i idą na rozmowę w sandałach. Wiem, wiem, specyfika miejsca, raj na ziemi, te sprawy... Chciałam tylko pokazać, co może być powodem dłuższego życia Hawajczyków.

Znajduję te klucze, wsiadam do windy, jadę na swoje piętro i myślę od czego zacząć tę opowieść. Może od miejsc? Od tego, że tuż obok międzynarodowego lotniska w *Honolulu* NASA wybudowała rezerwowy pas dla wahadłowców? Miał służyć jako awaryjne miejsce do lądowania, gdyby prom kosmiczny wszedł w atmosferę nie do końca we właściwym miejscu i znalazł się nad Pacyfikiem (dopiero później dowiedziałam się, że drugi taki rezerwowy pas dla wahadłowców zbudowano na odległej Wyspie Wielkanocnej, ale także pozostał – na szczęście – jedynie zapasowym). Raz już wszyscy czekali, aż na tym gigantycznym pasie (jest tak długi, że największe samoloty odrywają się od niego w połowie jego długości) usiądzie prom kosmiczny Columbia. Zanim jednak spłonął, rozpadłszy się na setki tysięcy kawałków, jego załoga potwierdziła podejście awaryjne w *Honolulu* – to były ich ostatnie słowa, tuż przed wejściem w atmosferę.

Na Hawajach same czary!!! Słynny David Copperfield w moich objęciach. Jak myślicie, czy to jest prawda, czy... moja albo jego kolejna sztuczka magiczna?

Może zacząć jednak od innej atrakcji NASA: od tego mianowicie, że naukowcy uznali, iż wulkaniczna gleba na Big Island tak doskonale imituje powierzchnię Marsa, że łazik Cuiriosity – zanim poleciał eksplorować czerwoną planetę – spędził wiele miesięcy tu, na Hawajach. W ogóle NASA dość często używa największą wyspę archipelagu jako swój poligon.

A może jednak zacząć opowieść o swoim życiu od tego, że na Hawajach można spotkać wszystkie światowe gwiazdy w zupełnie prywatnych sytuacjach? Raj dla paparazzich, których jednak jakoś tu nie ma. Można uciąć sobie pogawędkę z przypadkowo spotkanym na plaży Davidem Coperfiledem (spytałam: zna pan sztuczki karciane? Odpowiedział: A ma pani jakąś talię pod ręką?). Naprawdę zabawna sytuacja miała jednak miejsce wiele lat wcześniej, kiedy byłam w zaawansowanej ciąży z Markiem. Spotkałam tu Toma Jonesa, po prostu podeszłam i zaczęłam rozmowę. On był bardzo miły, dopytywał czy wolałabym urodzić chłopca czy dziew-

Blanka i Bożena. Dwie dzielne i niezłomne blondynki ! Blanka Rosenstiel z Florydy i ja, Bożena Jarnot z Hawajów, obie konsul honorowe, odznaczone za zasługi dla RP.

czynkę i w tym właśnie momencie zaczął mnie odciągać jego ochroniarz, tłumacząc nerwowo gwiazdorowi konsekwencje zdjęć zrobionych przez zbłąkanych paparazzich: „z kobietą w ciąży? wykluczone!" krzyczał bodyguard.

Można by też rozpocząć pisać te wspomnienia, gdy już w spokoju zdjęłam żakiet i usiadłam do komputera. Od opowieści o rajskim klimacie, który również przyczynia się do tego, że mieszkańcy naszych wysp żyją dłużej? Albo o sportach, o tym, że piłka nożna jest popularna u nas bardziej niż na kontynencie, ale jak przyjedzie jakiś Polak i rekreacyjnie ogrywa wszystkich bez litości, to później Hawajczycy nie mogą się nadziwić, że po pierwsze, nie jest zawodowym piłkarzem, po drugie, nasza reprezentacja jest – wedle oficjalnych statystyk – gorsza od Uzbekistanu i Armenii (ranking FIFA, stan na 30 września 2013).

Kiedy dalej zastanawiam się od czego tak naprawdę zacząć, dochodzę do słusznego wniosku: od lądowania w *Honolulu*. I zauroczeniu wszystkimi wyspami. A potem pokazać moje dzieciństwo i w sumie cały proces: polski American Dream, w którym dziewczyna ze Stalowej Woli zostaje Konsulem Honorowym RP na Hawajach. W 2004 roku zostałam też wyróżniona Krzyżem Kawalerskim za zasługi dla Rzeczypospolitej Polskiej. Odznaczenie nadane mi przez prezydenta Aleksandra Kwaśniewskiego, wręczył mi w ambasadzie RP w Waszyngtownie ambasador Przemysław Grudziński.

Tak, zdecydowanie od tego należy zacząć opowieść mojego życia, pokazać, że los może prowadzić do raju po nieznanych, niezbadanych miejscach, bez względu na to skąd jesteśmy i co robimy. Czasami trzeba po prostu dać się ponieść. A czasem zmierzać do celu bez względu na przeszkody, ściśle wytyczoną trasą. Zanim zacznę od moich ukochanych hawajskich wysp i przejdę do dzieciństwa w Stalowej Woli, wcześniej jednak, w prologu, napiszę o tym, jak przestraszona patrzyłam na zbliżają się falę tsunami i nie miałam pojęcia, jakich rozmiarów kataklizm za moment nastąpi.

„Tsunami zabija jak rozwścieczona kobieta. Raczej nie topi, uderza czym popadnie: deskami, wyrwanymi fragmentami budynków, kołami samochodów..." – Tak, taki początek książki będzie całkiem w porządku...

## Epilog

# Marzenia z serca płynące...

Dlaczego napisałam tę książkę? Nie dla promocji samej siebie... Kierowały mną głębsze pobudki, wewnętrzne przekonanie, że moja dotychczasowa historia warta była opisania. Nie tylko z racji wydarzeń, które przeżyłam i ludzi, których poznałam, ale żeby podziękować tym wszystkim, którzy mieli tak wielki wpływ na moje życie. Najukochańszej Mamie, obojgu rodzicom, za to, że dzięki nim znalazłam się w Ameryce... a bez tego nie byłoby przecież i moich ukochanych Hawajów...

Rodzice podjęli niebywały trud i przełomową decyzję, by w swoim życiu wszystko zmienić i zacząć od nowa. Tam daleko, za oceanem, zdani tylko na samych siebie. Byli takimi emigrantami jak miliony Polaków, ale dzięki ich miłości i pracy mogliśmy z moim rodzeństwem czuć się w nowej ojczyźnie bezpiecznie jak w domu. A w Ameryce zaczęła się już tylko moja „emigracja" z Chicago na Hawaje, do mojego raju na ziemi, w którym życie – co starałam się w książce opisać – nie zawsze było takie rajskie i łatwe. Ale sama sobie ten los wybrałam w tym miejscu na ziemi, gdzie jestem już kilkadziesiąt lat. Nie było łatwo, ale przecież taki jest los emigrantów, którzy muszą zmagać się z nowym światem.

Chciałam podziękować moim najbliższym, poprzez słowa i moje wspomnienia oddać im choć część tej miłości i wsparcia, które od nich otrzymałam. Z opisywanych tu przeze mnie rozterek, przygód, smutków i radości na pewno wiele zrozumieją – byli ich świadkami, chociaż na co dzień dzielił nas Pacyfik. Ale pisałam też z myślą o moich bliskich zostawionych w Polsce, o moim synu i jego rodzinie, kuzynach i przyjaciołach, do których zawsze z radością frunę przez całe pół świata. Moj syn, Marek, podjął bardzo odważną decyzję: 13 lat temu wyemigrował do Polski. Zamknął tym samym, tak czuję w sercu, jakiś cykl emigracji w naszej rodzinie, powrócił do korzeni... Wahadło wychyla się raz w jedną, raz w drugą stronę – ciekawa dziś jestem, co wybiorą moje wnuki, gdy dorosną?! Chcę by zrozumiały, że w życiu nie zawsze ma się ciepłą plażę i piękny widok na ocean...

Chciałam im pokazać, że tu czy tam los często stawia przed nami trudne wyzwania, zmusza do poświęceń i walki o byt. Moje życie będzie dla nich babcinym przykładem, że można wiele osiągnąć, jeśli tylko ma się marzenia i gdy dąży się do ich realizacji konsekwentnie i uczciwie. Dziś młodzi ludzie mają większe możliwości i szanse, których ja i moi rówieśnicy, nie mieliśmy. Ale przecież też się potrafiliśmy cieszyć i radować tym, co dawał nam los, nawet jak dziś to wydaje się śmieszne, jak ten szary PRL mojego dzieciństwa.

Zamieszkałam w raju, ale nigdy nie zapomniałam o mojej pierwszej ojczyźnie, Polsce, i często do niej wracałam i wracam. Chciałam się dzielić Polską z Hawajczykami, a Hawajami – z Polakami. Dla spełnienia tych marzeń powstało moje „polsko-hawajskie dziecko", jedyne polskie biuro podróży na Hawajach, któremu oddałam całe moje serce i siły. Nigdy nie traktowałam Hawaii Polonia Tours tylko w kategoriach zawodowych i finansowych, zawsze moją misją było zarażenie miłością do Hawajów jak największej liczby Polaków, których zachęcałam do przyjazdu, i którym ów raj na ziemi przybliżałam. Moich gości zwałam Aniołkami – bo w raju inaczej przecież być nie może! Wracali na kontynent czy do Polski nie tylko ogrzani słońcem Hawajów, ale także oczarowani wspaniałą kulturą i pięknem tego archipelagu.

Zawsze wkładałam w moją pracę wiele serca, pokazywałam Hawaje od samego środka i od podszewki. Wiem, że zabierali stąd wspomnienia niezwykłe, wielu z nich często wracało i ciągle wraca. Moja książka to także ukłon dla wszystkich moich Aniołków, których gościłam na Hawajach. Teraz mamy taki wspaniały wolny świat, wsiadasz w samolot i możesz w kilkadziesiąt godzin pokonać pół świata, spełnić marzenia o dalekich, egzotycznych podróżach. Ale kiedy zaczynałam moją przygodę z biurem podróży, jeszcze tak łatwo nie było, pokonanie dwóch oceanów i barier wizowych było nie lada wyzwaniem. Ale przyjeżdżali do mnie wspaniali ludzie, gotowi spełnić swoje marzenia i choć raz być na Hawajach w *Honolulu*... Jakże nie mogłam im w tym pomóc, ułatwić im tego i cieszyć się ich radością..? Będę szczęśliwa, jeśli poprzez moją książkę raz jeszcze, choć literacko, powrócą na Hawaje i do swoich stąd wspomnień.

Z perspektywy lat wiem, że moje życie, mimo trudów, jest spełnione, rajskie niemal... mogę każdego dnia o poranku zasiąść z kubkiem kawy na tarasie i podziwiać piękny ocean, majestatyczny wulkan nad *Waikiki* i oczywiście snuć dalsze marzenia. Gdy układam te swoje plany na przyszłość, to już wiem, że jest jeszcze takie jedno, bardzo polskie i moje wieloletnie marzenie. Chcę, by na Hawajach powstał DOM POLSKI! Ogromny góralski dom z bali, bo na Hawajach mamy marzenia wielkie, jak ten ocean wokół naszych wysp.

Chcę tu wybudować prawdziwą GÓRALSKĄ CHATĘ, w której rozbrzmiewać będzie polska muzyka i mowa. Gdzie z dumą przyjmować będę nie tylko dyplomatów, ale wszystkich turystów i gości, zapraszać miejscowych na polskie koncerty i spotkania, opowiadać będę o mojej tak barwnej, fascynującej Polsce.

Czasem zazdroszczę innym nacjom na Hawajach, że mają swoje centra kultury i promują swoje dziedzictwo. Jest ośrodek japoński, koreański, chiński, indyjski – siła azjatycka na Hawajach jest oczywiście największa – ale są niemiecki, francuski i kilka innych... Ale wciąż nie ma polskiego! Bardzo chciałabym to zmienić, przybliżać polską kulturę i podejmować ich „czym chata bogata". Oni mają swoje festiwale, swoje spotkania.

Przyszła do mnie przyjaciółka Ania Hawajska, która pracuje na Uniwersytecie Hawajskim i mówi:

– Zobacz, Niemcy, jest ich tak niedużo w porównaniu do nas, są tak świetnie zorganizowani! Mają swoją szkołę, rodzice się spotykają, uczą dzieci języka, mają swoje stowarzyszenie, są rzeczywiście sobie oddani i robią wszystko, żeby utrzymać i promować własną kulturę.

Dlaczego pomyślałam akurat o góralskiej chacie? Może to zabrzmi zaskakująco, ale myślę, że wiele łączy naszych górali z dawnymi polinezyjskimi tradycjami... Hawajskie chaty, podobnie jak nasze góralskie, też były budowane bez użycia gwoździ i jak te na Podhalu, pięknie zdobione snycerką i rzeźbami. A rdzenni Hawajczycy i Polinezyjczycy, podobnie jak nasi górale, równie pięknie śpiewają i tańczą.

Widzę to, mam to przed oczami: taka duża, góralska chata, w której otwarte są okna, duże werandy, gdzie mogą stać stoliki, pianino, gdzie gra się Chopina... W Polsce odbywa się Festiwal Chopinowski, w jury zasiada śmietanka z całego świata, a wygrywa tylko jeden uczestnik i on na pewno z wielką chęcią przyjechałby na rok na Hawaje, za wynagrodzeniem oczywiście, żeby sobie siedział w tym polskim domu i koncertował Chopina, bo Azjaci kochają Chopina do bólu. Będzie to takie miejsce, gdzie wyeksponowane zostaną zasługi Polaków w świecie. Pokazani Polacy, którzy w Ameryce i na całym świecie zmieniali historię. To powinien być taki dom, gdzie wschód spotyka się z zachodem, gdzie jest muzeum, które można w niedzielę zamienić w kościół, które można zamienić w restaurację - jedna duża świetlica, sala góralska. I gdzie dawać można również szansę innym nacjom, żeby w tym domu promowały swoją kulturę, żeby się spotykały, żeby to był dom otwarty dla wszystkich.

Zawsze gdy patrzę na jakieś wielkie drapacze chmur, na jakieś niesamowite, wyjątkowe konstrukcje, które ludzie tworzą, to sobie myślę: Boże, taki góralski dom to jest nic, w porównaniu z tym, co ludzka ręka może zrobić!

GÓRALSKA CHATA, „DOM POLSKI im. JANA PAWŁA II" - na Hawajach, to moje ogromne marzenie, ale i konkretny cel. Mam nadzieję, że los mi w jego realizacji pomoże. I dobrzy ludzie. Już słyszę dumną i wyniosłą muzykę Chopina, czy radosne i skoczne góralskie nuty, stąd się rozlegające i snujące się po lazurowych falach oceanu...

Tę książkę napisałam z nadzieją, że nie tylko ANIOŁKI, ale i wielcy ANIOŁOWIE pomogą mi zrealizować to wielkie polskie marzenie na Hawajach!

Już pomagają!

Na następnych stronach wsparcie dla mnie od moich przyjaciół. Dzięki!

# Od kochanej Niny...

*Hawaje? W niewielu miejscach na świecie bywam tak często, chętnie, spontanicznie i z przyjemnością. Jeszcze rzadziej jestem aż tak serdecznie i po królewsku witana, zadbana i goszczona. Już sama nie wiem, czy magiczność Hawajów wynika tylko z rajskości, tajemniczości i niebiańskości samych wysp, ich usytuowania, przyrody, wody i klimatu, czy może z osobowości, dowcipności, charakteru i gościnności osoby, z którą wybornie spędzam tam mój czas prawdziwej sjesty?*

*Potęga smaku naszego życia polega na kontrastach. Najciekawsze jest ono wtedy, gdy łączymy z sobą odmienne, często przeciwstawne smaki, zapachy, kolory i widoki, dźwięki. Dla Amerykanów Hawaje są najbardziej odległym, romantycznym i egzotycznym zakątkiem Stanów Zjednoczonych, gdzie pobyt jest na tyle kosztowny, że chciałoby się tam lecieć choć raz, w podróż poślubną.*

*Czym dla mnie są Hawaje? Wśród cywilizowanych zakątków naszego globu miejscem najbardziej kontrastowym w stosunku do Polski. Ale przecież Hawaje same w sobie niosą ogrom kontrastu: drapacze chmur wokół Waikiki, przytłaczające tę sławną, malutką plażę. Wyśpiewywana w starych polskich piosenkach, legendarna góra Diamond Head, wznosząca się nad plażami pełnymi surferów, pływaków i opalających się turystów. Wulkany czynne, pełne wylewającej się lawy i wulkany tysiące lat temu zalane przez ocean, gdzie pod wodą możemy oglądać rafy, ryby, żółwie. A przede wszystkim to mekka hollywoodzkich filmowców, gdzie Bóg stworzyl plenery, o jakich można tylko marzyć. I jeszcze duch boskiego Elvisa Presleya, unoszący się nad Honolulu.*

*Ale chyba największym kontrastem pomiędzy moim codziennym życiem i wizytami na Hawajach jest sama Bożka. Autorka tej wzruszającej książki – Pani Konsul Bożena Jarnot. Od wielu, naprawdę wielu lat moja serdeczna przyjaciółka. Bożenka jest do bólu bezpośrednia, serdeczna i ufna, pracowita, twarda i honorowa, zawsze roześmiana, romantyczna i dowcipna. Z jednej strony spiżowa, z drugiej bliska i ciepła, zupełnie inna w porównaniu z tymi, na co dzień przeze mnie spotykanymi osobami.*

*Długo i mocno namawiałam, zachęcałam Bożenkę do napisania tej książki. Wspierałam od początku do końca proces twórczy. Niesamowita wprost kariera, jak „od pucybuta do milionera", tej dziewczyny z PRL-owskiej Stalowej Woli, która zostaje amerykańską business woman, a potem polskim konsulem w USA, na Hawajach, naprawdą warta była opisania.*

*Nina Terentiew*

# Listy, listy...

**Irena Koźmińska**

*Z nieustającą wdzięcznością:*

*Hawaje, które odwiedziliśmy rodzinnie w sierpniu 1997 roku, wspominamy z wielkim sentymentem głównie ze względu na naszą niezrównaną Cicerone, panią Bożenę Jarnot. Przylecieliśmy z Waszyngtonu zmęczeni miesiącami pracy i długą podróżą. Już na lotnisku w Honolulu zostaliśmy – Mąż, Córka i ja – obdarowani przez panią Bożenę naszyjnikami lei z mocno pachnących białych i pomarańczowo-różowych kwiatów. Ta powitalna polinezyjska tradycja była zapowiedzią wspaniałych wakacji. Kilka dni spędzonych na Oahu minęło jak wizyta w raju.*

*Pani Bożena zabrała nas w głąb tropikalnego lasu, ku pięknym wodospadom i gajom bambusowym, pokazywała wyspę z najwyższych górskich szczytów i dała posmakować rodzimej kultury podczas spotkań z rdzennymi hawajskimi artystami. W samym mieście obejrzeliśmy wszystkie ważne miejsca i budowle, w tym uniwersytet, pałac gubernatora i poruszający, surowy Pearl Harbor. A ponieważ nasza wizyta przypadła w czasie, gdy Mąż aktywnie zabiegał o pozyskanie Polonii, a poprzez nią – o głosy stanowych senatorów za przyjęciem Polski do NATO, pani Bożena zorganizowała spotkanie z całkiem liczną na Hawajach grupą Polaków. Ciekawi ambasadora rodacy przylecieli z różnych wysp. Polonia – znów głównie dzięki zaangażowaniu pani Bożeny – zmobilizowała się bardzo mocno na rzecz tego celu i przyczyniła do ostatecznego pomyślnego wyniku: hawajscy senatorowie zagłosowali za przyjęciem naszego kraju do Sojuszu Atlantyckiego.*

*Wakacje kontynuowaliśmy na kolejnych hawajskich wyspach – Maui oraz na Wielkiej Wyspie. Korzystaliśmy z rad i rekomendacji pani Bożeny, która polecała nas swym przyjaciołom, dzięki czemu pobyt był bardzo ciekawy i udany. Na Maui poznaliśmy przemiłą polską rodzinę, państwa Wojtków. W 2012 roku, po piętnastu latach, z radością zawitaliśmy tam ponownie. Nasza córka mieszka na stałe w Los Angeles i czasem odwiedza Hawaje. Zawsze jest to dla niej miłe nawiązanie do pierwszej, wspólnej wyprawy, która pozostawiła w naszych sercach miłość do tego pięknego skrawka ziemi, miłość, którą zaraziła nas pani Bożena.*

*Irena Koźmińska*

**Jean (Genia) Novak**

*Czy uwierzycie, że polski anioł mieszka na Hawajach, na wyspie Oahu? Jeżeli kiedykolwiek spotkasz Bożenę, będziesz wiedzieć, co mam na myśli... Bożena zapadła w serca bardzo wielu ludzi z całego świata. Jej miłość do Polski i polskiej kultury były powodem tego, że otworzyła swoją agencję turystyczną Hawaii Polonia Tours. Chciała pokazać Polakom Hawaje. Jej miłość do obu kultur – hawajskiej i polskiej – była dla niej natchnieniem, by udostępnić kulturę polską na Hawajach i hawajską w Polsce.*

*Pierwszy raz zetknęłam się z Bożeną ponad dwadzieścia lat temu, gdy zaprosiła mój zespół pieśni i tańca Vistula Polish Dance Company z siedzibą w San Francisco, do prezentacji polskich tańców na jej festiwalu w Honolulu. Bożena przyjęła nas po królewsku i nasza grupa rzeczywiście doceniła hawajski duch „aloha". Cokolwiek było nam potrzebne, Bożena z przyjemnością nam to zapewniała. Była wspaniałym organizatorem i gospodarzem tego ogromnego przedsięwzięcia. Każdego ranka witała nas okrzykiem „Aloha Aniołki!" Na koniec wizyty każdemu z nas starała się przygotować album ze zdjęciami, aby wspomnienia podróży i doświadczeń na Hawajach pozostały w naszej pamięci na zawsze.*

*Bożena, jako polski Konsul Honorowy w Honolulu, potrafiła otworzyć drzwi wielu wymianom kulturalnym pomiędzy Polską, a Hawajami – została mecenasem kultury przybliżającym Tatry do Diamentowej Góry. Posiada siły, które potrafią przenosić wulkany, a także grację i piękno delikatnej plumerii. Ciepła, gościnna, z wielkim ładunkiem pozytywnej energii i przy tym zawsze delikatna, z uśmiechem na twarzy. Ma wielki dar do kontaktów i współżycia z ludźmi, zawsze jest gotowa znaleźć wyjście z sytuacji, jednocześnie pracując nad tym, aby zapewnić wszystkim komfort. Kocha życie i ludzi.*

*Jest dla mnie inspiracją i przykładem. Czuję się uprzywilejowana, że spotkałam tak wspaniałą osobę na mojej drodze życia. Bożena spowodowała, że jestem dumna z tego, ze jestem Polką. Bardzo szanuję jej profesjonalizm, cenię jej towarzystwo i jestem bardzo mile dotknięta przyjaźnią z tym Polsko-Hawajskim Aniołem.*

*Kończę mówiąc: Mahalo i dziękuję!*
*Dr. Jean Novak*

**Krzysztof Krawczyk**

*Do raju, to jest na Hawaje, wylecieliśmy na zaproszenie „Chopin Society" i na koncert, z którego dochód zasilił naszą Fundację Dobrych Serc „O uśmiech dziecka". Byłem pierwszym Polakiem, który miał zaśpiewać w Honolulu! Na lotnisku powitała nas urocza i arcysympatyczna pani Bożena Jarnot. „Welcome in Paradise" – powiedziała uśmiechnięta i zawiesiła nam na szyjach pachnący nieprawdopodobną jakąś słodkością tradycyjny wianek z hawajskich kwiatów.*

*Mieliśmy przygotowane prawdziwe hawajskie wakacje pod namiotami – bardzo wygodnymi i przestronnymi, pięknie położonymi wprost nad samym oceanem wśród palm, drzew owocowych i dzikiego lasu modrzewiowego. Do tego cudowny klimat, roślinność, lekki pachnący kwiatami, solą i igliwiem z drzew wiaterek, szum oceanu i śpiew ptaków...*

*Codziennie zaopatrzeni w maski z fajką, płetwy, duży ponton oraz koło ratunkowe, ruszaliśmy na podbój oceanu i niedalekiej, zlokalizowanej 300 metrów dalej, małej wysepki. Przyjazna, ciepła, kryształowa woda, pełna pięknych, bajecznie kolorowych ryb! Świat podwodny tutaj to osobna opowieść, wprawiająca w osłupienie – trudno to wyrazić, bo po prostu brakuje słów. Zwijaliśmy ten obóz z żalem, a przed koncertem zamieszkaliśmy w apartamentach przyjaciół Bożenki.*

*Mieliśmy „Honolulu by night!", oglądaliśmy dom Elvisa usytuowany wysoko w górach, podziwialiśmy folklor tych pięknych wysp w wykonaniu hawajskich tancerek „Kodak Hula Show", jadaliśmy przepyszne owoce morza i... wreszcie nadszedł dzień mego koncertu. Miałem 2-minutowe „wejście" w hawajskiej telewizji, więc była pełna widownia, do tego piękna pogoda, arcysympatyczna publiczność i dobry sprzęt nagłaśniający – koncert wypalił w stu procentach! Większość repertuaru śpiewałem po angielsku, zebrałem dużo pochwał i komplementów od amerykańsko-hawajsko-polskiej publiczności, a na zakończenie wręczono mi medal honorowego członka „Chopin Society of Hawaii".*

*Gdy po paru tygodniach pobytu opuszczaliśmy ten rajski archipelag, czuliśmy jakby to było parę miesięcy. Pakowanie, pożegnalny wieczór z tutejszymi przyjaciółmi i odlot do Los Angeles.*

*Jadą wozy kolorowe taborami... Amerykańskim szlakiem!*

*Krzysztof Krawczyk*

**Michał Bajor**

*Pod koniec 1993 roku byłem w USA aż 10 miesięcy. Koncertowałem dla polonijnej publiczności, a także zwiedzałem Amerykę. Krzysztof Krawczyk dał mi telefon do Bożeny Jarnot, prowadzącej w Honolulu biuro podróży, a także od czasu do czasu organizującej dla hawajskiej polonii recitale artystów.*

*Zadzwoniłem. Nie kojarzyła mnie za bardzo, co zrozumiałe. Tak długo już przecież była poza krajem, a do Polski wpadała rzadko i na krótko. Nie dawałem za wygraną i przy trzeciej rozmowie zaproponowała mi, że zaryzykuje i w ramach wycieczki zaprasza mnie na kilka dni na Hawaje na występ.*

*Na kameralny koncert przyszli wszyscy Polacy z Honolulu, a zaśpiewałem w domu Polki, której mąż-Amerykanin był w młodości krytykiem i agentem takich światowych gwiazd, jak Elvis Presley. Na patio przed ogromnym, otwartym salonem, pełnym tysięcy winylowych płyt, zaśpiewałem recital, który pozostanie jednym z najbardziej pamiętnych w moim życiu. Pan domu wokół wielkiego basenu zapalił hawajskie pochodnie, a publiczność siedziała na ogrodowych krzesłach lub wprost na matach... W absolutnej ciszy mój głos zlewał się z głuchymi grzmotami Pacyfiku.*

*Na Hawajach wszystko okazało się bajkowe! Bożenka urocza i gościnna, z sercem na dłoni dla wszystkich swoich gości, profesjonalna i bardzo serdeczna. Zwiedziłem całą wyspę Oahu z Honolulu na czele, a także Maui i wulkaniczną Big Island. Mój zachwyt nad tym niezwykłym stanem USA, z drobnym deszczykiem rano i wieczorem, prawie stałą, ciepłą lub gorącą pogodą, z uśmiechami tubylców, zjawiskową różnorodnością i cudowną przyrodą był tak wielki, że po kilku latach zabrałem w te same miejsca i też z pomocą nieocenionej Bożeny Jarnot, swoją Mamę i mojego agenta koncertowego Janusza Kulika. Wrażenia po latach powtórzyły się niezmiennie: zapachowo, kolorystycznie, a także widokowo. Tym razem nie miałem koncertu, więc z jeszcze większą uwagą i beztroską mogłem nasycić oczy, uszy i podniebienie wyjątkowością tego archipelagu.*

*Tęsknię za Hawajami, a moi towarzysze podróży uważają, że to najpiękniejsze miejsce, które odwiedzili. A zwiedzili już wielki kawał świata... I coś w tym musi być, bo ja przyznaję im rację...*

*Dziękujemy, Bożenko!*

*Michał Bajor*

**Zenon Żyburtowicz**

*Z całego serca chciałem napisać Ci coś do tej książki. Przymierzałem się do tego już kilka razy, ale jakoś trudno mi się zebrać. Jak wiesz, nie słowo jest moim powołaniem, lecz fotografia. Najchętniej wykonałbym sesję zdjęciową, w której pokazałbym Cię jako dobrą wróżkę, spełniającą życzenia i kaprysy nas wszystkich, których nazywasz Aniołkami. Niestety, czas goni a Ty jesteś daleko.*

*Przed oczami mam kadry bajecznych Hawajów, ale przede wszystkim ogrom ciepła (nie tylko wulkanów) i Twoją serdeczność. Chciałaś nam nieba uchylić, dając nam wszystko i jeszcze więcej. Zawsze będę pamiętał jak ciepło traktujesz rodaków trafiających pod Twoje skrzydełka. Tak naprawdę to Ty jesteś tym dobrym Aniołem.*

*Dziękuję za wszystko i życzę, aby zawsze spotykało Cię dobro, które dajesz innym.*

*P.S.*

*Moździerz z lawy, który dla mnie zdobyłaś, stanowi chlubę mojej kolekcji.*

*Przytulam Cię do serducha,*
*Zenek*

—